KiWi 223

Über das Buch

»Schlafen kann ich, wenn ich tot bin« ist der Versuch, das kurze Leben eines der wichtigsten Filmemacher in der Bundesrepublik zu beschreiben. Rainer Werner Fassbinder war für den deutschen Film mehr als nur innovative Kraft. Er hat sich buchstäblich selbst ausgebeutet und ein Gesamtwerk hinterlassen, das für dieses kurze Leben schier unglaublich erscheint.

Mit seinem Namen verbinden sich Meisterwerke wie *Katzelmacher, Die Ehe der Maria Braun, Lili Marleen, Querelle* und Fernsehproduktionen wie *Acht Stunden sind kein Tag* und *Berlin Alexanderplatz*. An die 70 Filme umfaßte sein Werk, als er am 10. Juni 1982 im Alter von 36 Jahren starb.

Das Buch erhebt keinen wissenschaftlichen Anspruch auf eine Analyse dieses Menschen, es ist die Beschreibung einer halsbrecherischen Freundschaft und ein Dokument der Filmgeschichte. Für alle, die ihn kannten, war sein Tod ein Schock.

»Einer ist da, der noch gelähmter wirkt als die anderen: Harry Baer, der treueste der Treuen. Es gibt wahrscheinlich niemanden, der Fassbinder so gut kannte wie er.«

Hans Christoph Blumenberg, Die Zeit

Über den Autor

Harry Baer, geboren 1947. Schauspieler, Regieassistent, Produktionsleiter, war von 1969 bis zu Rainer Werner Fassbinders Tod 1982 sein künstlerischer Mitarbeiter.

Schlafen kann ich, wenn ich tot bin

Das atemlose Leben
des
Rainer Werner Fassbinder

Aufgeschrieben von
Harry Baer
unter Mitarbeit
von Maurus Pacher

Kiepenheuer & Witsch

Umschlag Manfred Schulz, Köln
Gesamtherstellung Clausen & Bosse, Leck
ISBN 3 462 02055 2

Inhalt

Ich danke allen, die mir geholfen haben:
Maurus Pacher
Marcus Schönbörner
Wolfgang Limmer
Uschi Beller
Christian Braad-Thompson
Reinhard Donga
Lilo Jauch-Simon
Harald Kotze
Paul M. McLernon
Sonja Neudorfer
Toni Reichenbach
Toon Schets
Dieter Schidor
Thomas Schühly
Dr. Bernd Struckmeyer
Rolf Zehetbauer

Harry Baer

Aus dem Kohlenkeller
zum »Movie-Star«

»Ich hab nie versucht, Freundschaften – mit wem auch immer, ob es Männer oder Frauen waren – mit einem einzugehen, der auch nur halbwegs so ist wie ich.«
RWF

Münchner Ostbahnhof, Juli 1969. So schaut die große Freiheit aus, die ich mir nach dem Abitur erträumt habe – nichts tun, mich treiben lassen, ein weiter Trip bis hinunter nach Afrika. Aber das kostet was. Und dafür schinde ich mir beim Kohlenschippen die Lunge aus dem Leib.

Die festangestellten Arbeiter mit Pensionsberechtigung werden für die Knochenarbeit im Akkord bezahlt. Wir schwächlichen Ferien-Jobber müssen bei ihrem Tempo mithalten. Ich lerne, daß es auch unter den Arbeitern gehobene und andere gibt. Die 68er Blütenträume werden von Kohlenstaub zugeschaufelt. Die ausgebeutete Klasse, deren beschissene Arbeitsbedingungen wir sofort abschaffen wollten, scheint sich mit ihrem Los arrangiert zu haben. Von denen mit ihrem hart erschufteten kleinen Spießerwohlstand geht keiner auf die Straße. Die lachen mich für meinen tölpelhaften Eifer auch noch aus, beugen sich höhnisch und schenkelklopfend über die Luke des Kohlenkellers, in dem ich mit meinen untrainierten Muskeln immer mehr ein Bild des Jammers biete. Der Dreck rinnt mir in Bächen der Wut und der Ohnmacht über das Gesicht. Mir, Harry Zöttl, geboren um Kohle zu schaufeln, Kohle zu machen für meinen Urlaub...

Mit provozierendem Grinsen steht plötzlich Fassbinder in meinem schwarzen Verlies, die unvermeidliche Zigarette in der Gosch'n. Mit seiner hellen Hose und der Lederjacke setzt er sich auf den nächsten Kohlenhaufen, als wär's ein Patriarchenthron. »Schau, schau – wie ich sehe, kannst du ja richtig zupacken!«

Unter dem Schwarz, das mir in die Augen fließt, sehe ich rot. Mein Jähzorn zündet wie eine Rakete, plötzlich habe ich eine unbändige Kraft, schleudere die Kohlenschaufel mit den Greifzacken blind gegen den ersten Feind, den ich erwischen kann. Er hat mich wie ein Stierkämpfer taxiert, springt mit ungeheurem Elan, den man ihm gar nicht zutrauen würde, zur Seite. Das Kellerloch hallt von seinem Gelächter. Für heute bin ich schon genug ausgelacht worden! Aber meine kriminelle Energie ist schon verbraucht. Hilflos und kindisch bewerfe ich ihn mit Briketts. Und jeden Wurf, der nicht trifft, beantwortet er mit immer heftigerem Lachen. Irgendwann bleibt mir die Luft weg, ich lasse mich auf die Kohlen plumpsen und lache heulend mit.

»Zigarette?«

Er übergeht großzügig, daß ich ihn gerade umbringen wollte.

»Du, ich dreh wieder einen Film. Hast du Lust mitzumachen?«

Ich hab auf alles Lust, was nicht mit Kohlenschaufeln zu tun hat.

»Dann komm morgen nachmittag in die Klopstockstraße, so um zwei Uhr.«

»Und was spiel ich?«

»So 'n Typen halt. Das wirst du dann schon sehen. Und überarbeite dich nicht hier drin. Und vergiß nicht, dich zu waschen.«

Bevor ich zur Schaufel greifen und unser beider Zukunft jäh beenden kann, hat er sich schon aus dem Staub gemacht.

Der Genuß, mit dem ich mich bei dem Beamten, bei dem ich für meine Einstellung auf die »Verfassung« der Bundesbahn hatte schwören müssen, wieder abmelde, entschädigt mich...

An diesem Tag hatte ich Rainer zum erstenmal richtig kennengelernt – und er mich. Bei meinem wütenden politischen Engagement wäre schon einige Zeit früher Anschauungsmaterial zu liefern gewesen. Inzwischen war die Luft raus, aber 67, 68, das waren Jahre gewesen. Da war ich mit dem Kampfruf aufgestanden und ins Bett gegangen: »Die Amis benehmen sich in Vietnam wie die Schweine, und wem da nicht die kalte Wut hochkommt, der ist entweder Ignorant oder selber ein Schwein.«

Als Klassensprecher im Rupprechtgymnasium drillte ich meinen Schulkameraden die Revolte ein und drosch meine Aggressionen gegen die Coca-Cola-Republik Deutschland in das Schlagzeug der Schul-Band, daß die Fetzen flogen. Dann im April 68. Die Revolte war da. Unser aller Aufstand. Unsere Revolution. Ostern in München. Es flogen Steine, Autos gingen kaputt, Fensterscheiben, Springers Hetzzentrale gestürmt, es gab Tote. Im Mai Paris auf den Barrikaden: »Unsere Revolution ist doch weltweit, da könnt ihr es sehen!«

Wir haßten die Große Koalition in Bonn, das reichte als Argument – fürs erste. Die Notstandsgesetze durch Bundestag und Bundesrat gejagt. Daß wir verspielt hatten – wehe dem, der es von uns auch nur heimlich dachte.

Nochmals ein Aufbäumen. Als Schulsprecher organisierte ich einen Schulstreik, die Hälfte macht mit, die Oberstufe geht fast komplett auf die Straße. Dreißigtausend bei der großen Demonstration in der Innenstadt, man ist nicht allein, ein einziger großer Orgasmus der Solidarität...

Und dann sind die Gesetze doch da. Alles aus. In Vietnam wird weiter gebombt, und wenn wir nicht aufpassen, dürfen auch unsere Machtwächter schießen. Wo ist ein Ausweg?

Fassbinder in »Liebe ist kälter als der Tod«

Meiner führte, ohne daß ich die späteren Konsequenzen er-
kannte, ins Theater. Ins anti-teater.

»Denen ist ein Schlagzeuger ausgefallen«, sagte ein Freund,
der selbst in dieser Zeit nichts Besseres zu tun hatte, als sich
mit Kultur abzugeben. Aus Daffke bin ich hingegangen…

Das anti-teater ist im Hinterraum der »Witwe Bolte« in der
Amalienstraße gegenüber der Universität. Zwei Typen emp-
fangen mich. Ein vornehm Reservierter, mit einer Stimme wie
Samt: Peer Raben, den der andere Willy nennt, weil er eigentlich Wilhelm heißt. Dieser andere, ein Peter-Lorre-Ver-
schnitt mit einer niederbayrisch intrigengeölten Stimme,
glubscht mich Unschuldsengel merkwürdig an. Es ist Kurt
Raab. Ein sonderbares Gespann, die beiden. Später erfahre
ich, daß sie sich ihre Jesuiten-Allüren in einem katholischen
Internat im Freistaat Bayern erworben haben – Kardinal und
Beichtvater in wechselnden Funktionen. »Eine kleine Rolle
wäre da auch noch zu spielen.«

»Von mir aus«, sagte ich in dem gelangweilten Ton, der bald
mein Markenzeichen wird.

Dann dresche ich in die Batterie. Peer-Willy zuckt sensibel
zusammen. Mein Gott, in der Schul-Band haben wir halt Beat
und Rock abgelassen. Habe ich denn riechen können, daß
Kardinal Willy, der Haus- und Hofkomponist, der Klaviatur
Balsamisches entlockt und entsprechend edlen Umgang mit
der Musik auch von mir erwartet.

Kurt Raab führt mir den maskulinen Gang des Polizisten mit
gravitätischem Tänzeln vor. Seine ausladenden Gesten scheinen mir fremd und grotesk. Ich stapfe wie ein Ackergaul über
die Bühne und murmle ein paar Sätze in mich hinein.

»Das g'langt dann schon für einen Polizisten. Mehr brauchst
eh' nicht machen.«

Die Audienz ist beendet. Ich habe eigentlich überhaupt nichts
verstanden. Aber die werden sich schon melden, wenn sie
was von mir wollen…

Weil Not am Mann ist, wollen sie mich auch. Willy bringt mir geduldig leidend einige rhythmische Finessen auf der Trommel bei, der Polizist wird im Rohzustand belassen. Und die letzte Probe mit dem »Restensemble« wird meine erste Stellprobe. Den »Regisseur« dieser Kollektiv-Inszenierung sehe ich nur aus der Ferne. Er lümmelt sich über die Balustrade der Galerie, tuschelt ab und zu mit der Hauptdarstellerin Hanna Schygulla, wenn sie nach ihrem Auftritt zu ihm hinaufeilt. Manchmal tauchen sie unter. Mich läßt er in Ruhe meinen Stiefel machen.

»Ich bin mit der Hanna unter dem Tisch gelegen vor Lachen«, hat er mir lang danach, als ich das schon vertragen konnte, erzählt. »Wie du da mit deinem vertrottelten, verzottelten Gang nach vorne geschlurft bist und das Maul nicht aufgekriegt hast, das war einmalig!«

So geschehen im Februar 1969 in der »Bettleroper« von Gay, bearbeitet von Fassbinder. Wenn mich überhaupt irgend etwas außer den spärlichen »Kohlen« an diesem Theatervölkchen interessierte, dann war es das bizarre Ritual, mit dem Kurti Raab seinen frühen Alkoholismus noch am Zügel hielt. An den ungeraden Tagen gönnte er sich Asbach mit Cola – eine ganze Flasche Asbach, die er sich als Requisiteur beim Fernsehen und einziger Verdiener der Truppe leisten konnte. An den geraden Tagen ließ er sich mit Milch vollaufen. Die Milch bekam ihm weniger, seine ungeheure komödiantische Spielfreude entfaltete sich so richtig nur unter dem guten uralten Asbach-Siegel.

Von dem vielzitierten Einfluß, den Rainer auf das ganze Ensemble nahm, merkte ich überhaupt nichts. Und auch die Vorgeschichte kümmerte mich herzlich wenig; nicht die Zeit des action-theaters, in das Rainer fast so unauffällig hineingeschneit war wie ich in diese Produktion; nicht die Kräche, nach denen ein Rumpf-Ensemble dieses anti-teater hier als progressive Zuflucht gegründet hatte.

Wichtig war mir nur, daß ich für meine paar Kröten Taschengeld nicht mehr mit dem Radl die katholische Kirchenzeitung ausfahren mußte. Und viel spannender als das blöde Theaterspielen war das Flippern nach der Vorstellung im »Kleinen Bungalow« in der Türkenstraße, wo ich wie die anderen die »Abendgage« in Bier umsetzte.

Am Flipper war Rainer nun wirklich der King. Da hatte »babyface« seine großen Augenblicke, turnte mit unglaublicher Reaktionsschnelligkeit und nicht ohne Eleganz an dem Kasten herum, gab mir präzise Regieanweisungen im Umgang mit der Kugel und inszenierte lustvoll ein Spektakel, das für mich ganz was anderes war als das Warten auf Stichworte und Einsätze im Theater. Der Besuch der »Bettleroper« war flau und wurde nach ein paar Wochen immer noch flauer. Zum Schluß spielten wir vor ganzen zwei Zuschauern. Eine Abendeinnahme von zehn Mark ließ sich nicht mehr aufteilen. Nun verstand ich überhaupt nicht mehr, was der ganze Quatsch sollte. Ich wollte ohnehin Lehrer werden, Studienrat an einem Gymnasium für Geschichte, Sozialkunde und irgendwas aufregendes Drittes – denn die Revolution mußte ja weitergeführt, der lange Marsch durch die Institutionen, so sauer er auch war, angetreten werden. Und davor war erst das Abitur fällig. Und nach dem glücklich geschafften Abschluß der Traum vom Traumtrip und sein vorläufiges Ende im Kohlenkeller...

Ahnungslos erscheine ich zum ausgemachten Termin in der Klopstockstraße beim Dreh. Und mit ahnungslos meine ich wirklich total und in jeder Beziehung ahnungslos. Daß es beim Film Liebesszenen gibt, hat jeder schon einmal mitgekriegt. Daß da auch Nackte auf der Leinwand zu sehen sind, ist ebenfalls nichts Neues. Aber ich als Spätabiturient mit meinen einundzwanzig Jahren hatte erst ein paarmal Gelegenheit gehabt, mich mit meinem Mädchen in einsamer Zweisamkeit auszuziehen. Und jetzt soll ich das vor einer gesamten Film-Crew tun! Verdammt noch mal, wozu hab ich mir die Koteletten bis zu den Backenknochen herunterwachsen lassen, wozu den Schnurrbart hochgezwirbelt? Doch bloß, um auch in meinem Kindergesicht meiner revolutionären Mission entsprechend »angezogen« zu sein! Und jetzt wollen sie bloß meinen nackten Arsch!!!

»Da kniest dich hin vor der Elga Sorbas«, schmeichelt Rainer, »die spielt eine Nutte. Du bist der Freier und gibst ihr zwanzig Mark, und dann läßt du die Hosen runter und kniest dich hin. Is' eh nur von hinten, man sieht nix. Stell dich nicht so an!«

Im Hintergrund meiner Gedanken taucht wieder der Kohlenkeller auf. Hier krieg ich für die ganze Rolle wenigstens einen »Riesen«. So viel muß mir mein nackter Hintern schon wert sein. Und motiviert in meinem gesellschaftlichen Anliegen werde ich auch noch: Freier und Hure, das große Schandlied vom Mißbrauch der Gefühle und ihrer Ausbeutbarkeit.

Daß ich mir mit meinen attraktiven einundzwanzig Jahren eine Nutte kaufen muß, hängt mit der Aussage der Handlung zusammen. »Katzelmacher«, die Verfilmung von Rainers erstem selbst geschriebenen Theaterstück, das noch im actiontheater uraufgeführt wurde. Ein Grieche aus Griechenland, der nicht nur Mensch ist, sondern auch gut ficken kann, und dem als Kontrapunkt – rein dramaturgisch gesehen – schlaffe Einheimische mit Schwanz-Problemen und Potenzneid gegenübergestellt werden. Das rührt mich schon an, aber verstehen tu ich's nicht, daß die Hure mich nicht gleich als Makker engagiert und ihren gesamten Wochenverdienst als ersten freundlichen Regen über mich herunterflattern läßt.

Aber mein Selbstwertgefühl wird noch viel empfindlicher getroffen. Mit etwas, das mir noch heute als »Sackhüpfen« in übelster Erinnerung ist. Vonwegen von hinten nichts sehen!

Dem überwiegenden Teil der männlichen Erdenbevölkerung

dürfte unbekannt sein, daß der Hodensack auf Filmlicht unerwartet reagiert. Daß Sack nicht Sack ist, beziehungsweise bleibt, wenn er von Filmlampen erwärmt wird.

»Was hängt denn da«, entdeckt Rainer, »das Dingsda stört!«

Eilfertige Hände pappen mir einen Leukoplaststreifen über die Eier. Scheinwerfer-Hitze, Angstschweiß meinerseits lassen das Leukoplast gleich noch unübersehbarer baumeln, just in dem Moment, in dem die Kamera zu laufen beginnt. Die Crew kreischt. Nicht bloß mein Kopf wird rot wie eine Tomate, auch mein Nacken färbt sich. Der Regisseur kringelt sich auf dem Boden. Das werde ich ihm nie vergessen. Aber ich lasse mich nicht aus der Ruhe bringen, knie stur vor mich hin. Und irgendwann verliert auch der verdammte Sack sein mir unbegreifliches Eigenleben, akzeptiert endlich den Leukoplaststreifen, und die Szene ist im Kasten.

So schnell bin ich in meinem Leben nicht wieder in meinen Klamotten gewesen…

»Katzelmacher« hat bei der Filmwoche in Mannheim Premiere, ich als Mini-Darsteller schau ihn mir in einem Münchner Kino an. Seh mich zum erstenmal auf der Leinwand, stolz. So simpel und einfach bist du ein Filmstar geworden! Riesig!! Und dann kommt die Szene mit der Hure. So dunkel das Kino ist – ich möchte mich vor Scham in die letzte Ecke verkriechen. Unterdrücke endlich einen Jubelschrei – das corpus delicti ist tatsächlich nicht zu sehen. Ich bitte Rainer alles ab: Wenn das nicht Kunst, wenn das nicht Professionalismus ist!

Und dann kommt das dicke Ende, dann kommen die Schlußtitel. Ich kann ihn ebensowenig wie den Sack entdecken, den Harry Zöttl. Ich finde bloß den Namen Harry Bär. Ich glaub, ich spinn’! Das kriegst du retour! Irgendwo find ich dich!!!

Er flippert im »Kleinen Bungalow«. Ich baue mich auf.

»Find’st des b’sonders lustig?«

Am Münchner Ostbahnhof 1969. Nach getaner Arbeit. Requisit
für *Götter der Pest* mit Bildwidmung »In Liebe Franz Walsch«

Keine Antwort. Dafür ein intensives Operieren am Automaten, das die Punktezahl ins Astronomische steigen läßt. Mein Respekt läßt mich nur noch erbärmlich phlegmatisch nachhaken.

»Hätt'st ja wenigstens fragen können…«

Das ist der Ton, der weiche Saiten in ihm anklingen läßt. Er spielt seine Kugel souverän zu Ende, fragt mich dann mit kleinem, freundlich verkniffenem Blick:

»Wieso magst du das nicht? Das ist doch ein ganz schöner Name, ganz toll – Harry Bär!«

Seine Geste ist breit wie eine Leuchtreklame über einen ganzen Häuserblock.

»… jawohl, ein richtiger Künstlername, Harry Bär! Harry Zöttl, wie das schon klingt! Nach gar nichts. Mir gefällt das, und außerdem wird man kein Star, wenn man Zöttl heißt.«

Wir flippern. Nach der dritten Kugel werde ich übermütig:

»Warum nicht Harry Hirsch oder Harry Kuh?«

»Schau dich doch an: So verzottelt, wie du bist, schaust du aus wie ein richtiger Zottelbär, oder so… Und außerdem spielst du in meinem neuen Film die Hauptrolle… Dein Spiel, ich führe. Du holst mich eh' nicht mehr ein!«

So unkompliziert und trivial lernte ich ein Genie kennen.

»Die Verwirrungen
des Zöglings Harry«

Daß dieser Kulturbetrieb so was wie mich damals ge-
braucht hat, das steht wirklich außer Frage, sonst hät-
ten sie es mir nicht so leicht gemacht, Sachen zu ma-
chen, denn es gab viele tausend andere Leute, die ja
auch wahnsinnig gerne arbeiten wollten, die aber keine
Möglichkeiten bekommen haben zu arbeiten.
Ich habe nun meinen ersten Film »Liebe ist kälter als
der Tod« in so eine Situation rein gemacht, wo alle
dachten oder das Gefühl hatten, dieser junge deutsche
Film ist im Arsch und das, was nachgekommen ist, die
paar sind auch im Arsch.
Und da haben sie plötzlich gedacht, da ist so eine Po-
tenz, da ist jemand, der macht nun auch Theater,
schreibt, der macht auch Filme.
Dann kamen gleich innerhalb von einem halben Jahr
4 Filme raus, Also das fanden die toll.
Ich meine, schon 2, 3 Jahre später, als sich das wieder
gefangen hatte in diesem jungen deutschen Film, daß
da wieder mehr Leute gearbeitet haben und produktiv
waren, wäre das nicht mehr so aufgefallen.
Es war nur speziell in dieser Talsohle, in der ich ange-
fangen habe, war das so wie eine Bombe.

(Zitat von RWF aus einem Interview über
seine filmische Blitzkarriere)

»Das böseste Gespräch über den Griechen findet am
Wirtshaustisch statt. Wie die Viehhändler auf dem
Markt über die Sau reden, malen sich die Burschen die
übelsten ›Racheakte‹ an dem Griechen aus, während
dieser dabeisitzt und freundlich ist wie die Sau auf dem
Markt, die auch nichts versteht.«

(Wolfgang Längsfeld in seiner
Kritik über »Katzelmacher« in der SZ)

Im Sommer 1969 sind wir Stammgäste im »Casanova« in der Klenzestraße und probieren jeden Abend aus, wer die meisten Baccardi-Cola in sich hineinschütten kann. Rainer holt sich noch einen besonderen Genuß, indem er die Wahnsinnszeche aus einem Bündel großer Scheine bezahlt, die er jetzt immer in der Gesäßtasche stecken hat – er als Bar-Scheich, sein persönlicher Beitrag zum Kapitalismus. Kurti muß sowieso saufen, damit er seine Hemmungen los wird und sich endlich schwankend und lallend traut, einen Boy anzuquatschen. Und ich rätsle beim soundsovielten Glas, ob das wirklich eine schwule Kneipe sein kann, wo sich doch so viele Weiber herumtreiben. Rainer schluckt und schluckt und säuft uns alle unter den Tisch – eine Kondition wie ein Stier.

Zustände, die außer bei den dankbaren Kellnern nicht gerade Sympathien bringen. Für die besseren Leute in München wird Rainer immer mehr der »häßliche Jungfilmer«. Sigi Sommer schreibt in seiner vielgelesenen AZ-Kolumne »Blasius, der Spaziergänger«: »Das einzige, was er auszudrücken hat, sind seine Mitesser im Gesicht.« Woher will der ihn auch kennen. Und seine Schaffenswut.

An jedem Morgen ist Rainer der erste am Briefkasten und wühlt sich wie König Midas die Schecks aus dem Postberg. Dann schlurft Willy an und wird immer verzweifelter, daß er sich von Rainer die Geschäftsführung und die Büroarbeit hat aufladen lassen. Irgendwie muß es mit seiner mathematischen Genauigkeit des Musikers zusammenhängen, daß er aus dem Wust von scheinbar ungeordneten Papierstößen immer die Unterlagen herausfischt, ohne die's heute nicht weitergehen kann.

Irm Hermann sortiert mit der Verkniffenheit einer Archivarin, die so fabelhaft über die Leinwand kommt, den neuen Schwung Presseberichte vom Ausschnittdienst, legt einen neuen Ordner an und schafft auf dem Schreibtisch damit noch mehr Chaos. Wie Willy das mit stoischer Ruhe erträgt, grenzt an ein Wunder. Ich hätte sie längst umgebracht.

»Für was machst denn den Scheißdreck?« grunzt Rainer, »es gibt sowieso nix Älteres als die Zeitung von gestern! Wennst schon was arbeiten willst, dann mach was G'scheites und geh aufn Strich. Das is doch eh das einzige, was d' wirklich kannst!«

Irm kriegt, womöglich, einen noch kleineren Mund, trumpft in einer Trotzpose auf:

»Du bist gemein. Wie ein Mensch nur so gemein sein kann!«

Aber jetzt wird sie's ihm zeigen. Endlich! Ihre Beine hängen schon aus dem Fenster des vierten Stocks.

»Rainer, ich springe!«

Keiner reagiert.

»Ich spring fei wirklich!«

»Dann spring doch, du blöde Sau!« sagt er, ohne von der Zeitung aufzublicken.

Womit das auflockernde Morgentraining beendet ist. Sie klettert heulend vom Fensterstock und wird zum Einkaufen geschickt. Ich denk mir wieder einmal, wie froh ich bin, daß ich in dieser Kommune nicht mithausen muß. Ich hab meine eigene, da geht's zwar nicht so lustig zu, aber geruhsamer.

Nach dem Frühstück geht's zum Dreh. Rainer arbeitet den ganzen Tag wie ein Besessener und hetzt uns durch die Gegend. Und abends geht's wieder ins »Casanova« zum Saufen. Abermals ein erfüllter Tag.

Und Rainer schwört mir über dem letzten Glas feierlich: »Wirst sehen, in ein oder zwei Jahren hab ich so viel Geld verdient, daß ich alles und jeden Film machen kann, den ich will.«

Später haben Berufene und Unberufene lang darüber nachgegrübelt, ob Rainer die Führung des anti-teater-Teams an sich gerissen hat oder ob sie ihm nachgeschmissen wurde.

Für mich ist das überhaupt keine Frage. Rainer war in diesem Jahr in einem Produktionsrausch, in dem er alles und jeden überrollte. Er war ganz und gar nicht abhängig von seiner »Familie«. Wir alle waren schon damals abhängig von ihm. Und während er Drehbücher fabrizierte wie eine Legehenne und einen Film nach dem andern herunterkurbelte, um uns nicht das Gefühl des Leerlaufs zu geben, verdiente er nebenher noch Geld als Schauspieler und ging als Theaterregisseur »fremd«. Ich glaube nicht, daß es außer Napoleon, der auch mit drei Stunden Schlaf auskommen und drei verschiedene Sachen nebeneinander erledigen konnte, auf dieser Welt jemals so einen Wahnsinnigen gegeben hat.

Chronologie eines Marathons: Im April 1969 der erste Film »Liebe ist kälter als der Tod«. Regie-Kollegen entdecken ihn für Hauptrollen in Fernsehfilmen: Franz Peter Wirth für »Al Capone im deutschen Wald«, Schlöndorff für »Baal«. Im Juni Kabarett-Collage »Anarchie in Bayern« als Gastspiel des anti-teater im Münchner Werkraumtheater. Am 26. Juni Uraufführung von »Liebe ist kälter als der Tod« bei den Berliner Filmfestspielen. Rainer wird von der Pressemeute wütend angegriffen und gnadenlos verrissen. Und macht sofort neue Schulden, um im August »Katzelmacher« zu drehen.

Im September Inszenierung von Goldonis »Kaffeehaus« bei Hübner in Bremen. Am 8. Oktober Uraufführung von »Katzelmacher« bei der Mannheimer Filmwoche. Das Publikum lacht unseren stilisierten bayrischen Dialekt aus, die Filmkritiker überschlagen sich in Form-Analysen: »Die Kameraführung hielt sich zurück, sie sammelt statuarische Szenen.« Kunststück, wo fast alles in zwei Hinterhöfen gedreht worden ist und die 35er Kamera, die »geblimpte« Arri mit ihrem riesigen Schallschutz, so schwer war, daß sie in den lächerlichen neun Tagen Drehzeit nur im äußersten Notfall an einen anderen Ort bewegt wurde. Notlösung als Stilprin-

zip. Irm berauscht sich beim Ausschneiden der hochtraben-
den Rezensionen, obwohl keine Sau weiß, was statuarisch
heißt. Hauptsache: Rainer ist jetzt wer.

Oktober fünf Wochen Drehzeit für »Götter der Pest« mit
dem gigantischen Budget von 180000 Mark, finanziert hauptsächlich aus Sachleister-Krediten: vom Kopierwerk bis zu
den Schauspielern – alle vertrauen auf die Zukunft. Und Rainer leistet sich zwei lächerlich kleine, aber dafür lächerlich
teure Hubschrauberaufnahmen, um's »denen« mit ihrer Sta-
tuarik zu zeigen.

Dazwischen Anfang November ein gemischter »Showdown«
bei Hübner in Bremen mit »Liebe ist kälter als der Tod«,
»Katzelmacher«, »Kaffeehaus« und »Anarchie in Bayern«.
»Selten hat ein Talent«, schreibt Peter Iden, »so nachdrück-
lich sich vorgestellt wie Fassbinder an dem Tag jener Bremer
Kraftprobe.« Und München weiß immer noch nicht, wer er
ist.

Nach der Rückkehr aus Bremen Reparatur von Willys »Kaffeehaus«-Inszenierung. Rainer schmeißt das Konzept, das
wir erarbeitet haben, in einer einzigen Abendprobe um, und
keiner kommt mehr auf die Idee, ihm zu widersprechen.

Im Dezember dreizehn Tage für »Warum läuft Herr R.
Amok?«. Die Schauspieler werden zum Improvisieren ange-
halten: weil wieder eine neue Form ausprobiert werden muß
oder weil beim besten Willen keine Zeit war, um ein ausge-
schriebenes Drehbuch zu erstellen – wer steigt da noch
durch?

Am 20. Dezember wird »Werwolf« vom anti-teater im Berliner Forumtheater aufgeführt, weil uns der Wirt der »Witwe
Bolte« auf die Straße gesetzt hat. Wieder ein Außenseiter-
thema, diesmal aus dem Mittelalter, zu dem ich als Mitschrei-
ber ein paar Szenen beisteuere.

Im Januar 1970 zwanzig Tage Drehzeit für den Fernsehfilm
»Rio das Mortes«.

Und weil der Februar so leer ist, 10 Tage Aufzeichnung vom »Kaffeehaus« für den WDR in Köln.

»Schlafen kann ich, wenn ich tot bin«, philosophiert Rainer über seinem Baccardi-Cola.

Die Stoffe, die er in diesem Affentempo produziert, fliegen ihm nicht zu, sie kommen zwanghaft aus ihm heraus. Kindheits- und Jugendalpträume von mangelnder Zuwendung, Einsamkeit, Kontaktangst und unbewältigter Pubertät, durcheinandergewirbelt mit Bildern der »schwarzen Serie«, jeder Menge amerikanischer und französischer B-pictures und alter UFA-Schinken. Kino als Ersatzleben – Angst vor dem Leben, die sofort wieder in neue Kinobilder eingesperrt wird.

Und das in einer Zeit, in der die Filmpäpste Gefühlsdiät verordnet haben, Glaubersalz gegen seelische Blähungen und kalte Wickel gegen den Spaß am Kintopp. Später, nach seiner Beschäftigung mit Douglas Sirk/Detlef Sierck, konstruiert Rainer seine Melodramen bewußt. Damals kommt das alles aus einer unbändigen, naiven Sehnsucht und einer Traurigkeit, die kein Alkohol ersäufen kann. Und das schmeißt sogar die Meinungsmacher um, daß es so etwas noch gibt, daß sich einer so was traut.

Rainer befreit sich mit diesen ersten Filmen nicht von seinen Visionen, kratzt monomanisch immer wieder alte Wunden auf, quält sich und noch ausdauernder seine Mutter, die diese Tortur mit unbegreiflicher Duldermiene über sich ergehen läßt. In »Götter der Pest« gibt's eine peinigende Schlüsselszene: Ich komme aus dem Knast, meine Mutter (Rainers Mutter spielt sie unter dem Namen Lilo Pempeit) stottert nur grenzenlos verlegen: »Mein Sohn!«, hält sich an meinem Bruder fest und legt total verunsichert eine Platte mit einem auch nicht sehr passenden Revolutionssong auf.

Wir alle denken uns: Was zahlt der Rainer ihr damit heim? Eigentlich ist sie doch eine nette Frau, ein bißchen auf Di-

Aufführung des Stückes *Werwolf* am Forumtheater in Berlin
1969
Harry Baer, Peter Moland

stanz. Und gescheit muß sie auch sein, weil sie ja Chinesisch-Übersetzerin ist. In ihrem eigentlichen Beruf. Daß sie der Rainer mit dieser Rolle (und später auch noch mit einigen anderen) quält, macht ihr erstaunlich wenig aus. Denn sie sieht sich gern als Schauspielerin – beim Sohn. Demütig folgt sie allen seinen Anweisungen – in ihrer Rolle als Schauspielerin und als Mutter.

Was da alles in seiner Kindheit passiert oder vielmehr nicht passiert sein mag – was soll's? In unserer Generation ist einer sowieso defekt, wenn er nicht felsenfest daran glaubt, daß ihn das Elternhaus kaputtgemacht hat.

Da kann ich schon auch mithalten, wenn's sein muß. Unehelich geboren – das ist schon ein Trumpf, bei dem Rainer nicht mithalten kann. Von der Mutter, einer Hotelierstochter, die halt auf ihren guten Ruf, wenn auch recht spät, achten mußte, bin ich zu Pflegeeltern abgeschoben worden – bei Rainer ist bloß der Vater verduftet. Mein Pech, daß ich's mit den Pflegeeltern besonders gut konnte. Und daß mir nie das traurige Los beschieden war, fünf Mark für einen Kinobesuch in die Hand gedrückt zu bekommen, damit das lästige Balg aus dem Haus war.

Rainer kann mit den tollsten Stories aufwarten. Am 31. Mai 1946 ist er geboren. Aber keiner kann ihm ausreden, daß er im Mutterbauch noch die letzten Bombennächte des Zweiten Weltkriegs mitbekommen hat – als Zwölfmonatskind mindestens, Respekt. Und dann der »Mordversuch«, den die Frau Mama schon am Babylein unternommen haben soll!

»Im ersten, extrem kalten Hungerwinter nach dem Krieg hat sie mir nicht die Brust gegeben, nur Äpfel, Äpfel als einziges Nahrungsmittel. Man stelle sich vor: Äpfel! Daran kann ein Kleinkind eingehen!«

»Sei doch froh, daß du überhaupt was zu fressen gekriegt hast!«

Rainer reagiert ganz beleidigt:

»Ja, aber ausgerechnet Äpfel… Jedenfalls weißt du jetzt, warum ich Äpfel auf den Tod nicht ausstehen kann. Ich rühr keinen Apfel mehr an in meinem Leben, und wenn ich krepieren müßte, schon aus Prinzip nicht!«

Und damit wischt er das Thema bis zum nächstenmal vom Tisch.

Rainer und der Apfel. Vielleicht ist der sogar an seinem Schwulsein schuld, weil in der Bibel ja bekannterweise eine Eva dem Adam den Apfel reicht und bekanntlich damit das ganze Unglück anfängt.

Das alles sind Versatzstücke, die beliebig hin und her geschoben werden in seiner großen Inszenierung, die Rainer Werner Fassbinder heißt. Manchmal kommt's mir so vor, als ob wir alle ein Tableau bilden wie auf einem mittelalterlichen Heiligenbild mit ihm im Zentrum…

Später werden Leute versuchen, die frühen Filme aufzuhängen an seinen wechselhaften Beziehungen, an seinem Angezogen- und Abgestoßenwerden vor allem von uns männlichen »Familien«-Mitgliedern. Darüber steht eine ganze Menge in dem Interview mit Wolfgang Limmer:

FASSBINDER: Vielleicht kann man es so sagen: Ich habe dann aus den Freunden mein Alter ego gemacht. Aber das ist etwas, was ich jetzt hier und in der Kürze nicht sagen kann – vielleicht mal in zehn Jahren.

Ihre Helden sind doch oft Ihr Alter ego, in »Götter der Pest« zum Beispiel, wenn Harry Baer Franz Biberkopf heißt.

FASSBINDER: Ja sicher, in Filmen natürlich, das ist klar. Fragt ihr mich nach den Filmen (das muß wohl richtig »Leben« heißen), müßte ich wieder was anderes sagen.

Läßt sich das nicht trennen?

FASSBINDER: Ja doch, weil ich in den Filmen doch schon etwas anders an meine Person herangehe, als ich das im Leben tue.

Lilo Pempeit in *Die dritte Generation*

Können Sie das ein bißchen ausführen?

FASSBINDER: Wenn in dem Film »Götter der Pest« der Harry Baer sicherlich eine bestimmte Ecke von mir darstellen soll, oder wo die Figur eine bestimmte Ecke von mir darstellen soll, dann ist das sicherlich richtig, dann passiert da etwas Bedachteres und Durchdachteres, als wenn ich eine Freundschaft anfange. Da passieren die Sachen, ohne daß ich sie lenken kann oder lenken will. In meinen Filmen hingegen verhalten sich meine Figuren schon so, wie ich möchte, daß sie sich verhalten. Sie entgleiten mir nicht.

In Ihren Filmen sind menschliche Beziehungen immer sehr stark vom Machtkampf geprägt.

FASSBINDER: Ja, das ist richtig. Im Leben ist es tatsächlich so nicht gewesen. Es hat sich letztlich jede Beziehung zu so einem Machtkampf entwickelt. Das war aber immer zu einer Zeit, als die Beziehung schon aus war. Vielleicht ist es einfach so, daß man sich lange nicht zugestehen will, daß eine Beziehung schon von der ersten Minute an aufs Ende hinausläuft.

Die Figuren, die in Ihren Filmen Ihr Alter ego darstellen, sind sehr oft schlanke, schöne Menschen.

FASSBINDER: Ja? Weiß ich nicht.

Das Interview findet 1980 statt. Das klingt weise, als ob sich ein alter Mann an seine – lang, lang ist's her – Jugendstreiche erinnert, aber halt nicht mehr so genau.

Meine Rolle in »Katzelmacher« hab ich schlicht deshalb bekommen, weil Kurti Raab einmal zu oft frech gewesen ist und vom Herrn Oberlehrer bestraft werden mußte. Und was Rainer privat für Pläne mit mir hatte, ist so einfach auch nicht zu definieren. Ihn störte, daß ich als Jungfrau durch die Gegend lief. Und so bekam ich, nicht behutsamer als in einer pubertären Straßenbande, meinen ersten Geschlechtsverkehr verpaßt. Normalerweise darf sich der schlotternde Benjamin beim ersten Mal an einer verständnisvollen Nutte versuchen, mir präsentierte Rainer eine reiche Kollektion – von Kerlen, versteht sich.

Im Herbst lädt er mich zu einem Wochenendtrip nach Paris ein. Für einen, der aus dem Glasscherb'nviertel kommt, was Gigantisches. Ich staune mit offenem Maul und am meisten darüber, wie der introvertiert muffige Rainer sich hier weltmännisch und ganz ungewohnt charmant vom Rhythmus der Stadt treiben läßt. Im Restaurant kann er, der bei Interviews »kaum zu einer Formulierung fähig, von fast stupider Wortlosigkeit« ist (wie ihm gerade in der Zeitung bescheinigt wurde), plötzlich fließend französisch die Speisen bestellen. Im Hotel begrüßt ihn der padron wie einen alten Bekannten. Die beiden beklopfen sich ausgiebig mit »Mais oui« und »C'est vrai?« und anderen einheimischen Grunzlauten die Schultern. Da steh ich als Provinztrampel trotz Abitur ganz schön blöd daneben.

Seine Unternehmungslust findet im Bett allerdings ihr jähes Ende. Ich dreh mich um und penne. Und laufe am nächsten Tag prompt in die Falle. Daß man in einer Weltstadt in die Sauna muß, leuchtet mir ein. Ich kann ja nicht riechen, daß die Araber-Sauna in der Rue Wagram der Mittelpunkt des »gay life« von Paris ist. Bald stolpere ich als keuscher Josef auf der Flucht durch ein Labyrinth von dunklen Gängen. Von überallher kommen grapschende Hände. Hinter mir hör ich immer wieder Rainers altbekanntes blödes Mephisto-Lachen. Er ist wieder am Inszenieren. Am Ende einer Treppe falle ich einem älteren Herrn in die schützenden Arme. Und hab mein erstes sexuelles Erlebnis mit einer Vaterfigur – kurz und schmerzlos.

Daß es überhaupt passiert ist, stimmt Rainer vergnügt. Und zurück in München erzählt er jedem, daß ich nachher mit einem Engelslächeln über die Champs-Elysées geschwebt bin. Ich nehme an, daß ich bloß verlegen war.

Der Schnellkurs nutzt ihm allerdings gar nichts. Jetzt genier ich mich noch mehr bei der bloßen Vorstellung, mit ihm zusammenzusein. Aber merkwürdigerweise probiert er's auch gar nicht mehr. Es genügt ihm, daß ich von meinem Plan zu studieren, Lehrer zu werden und mit Frau und zwei Kindern zu enden, schon einen ersten Schritt abgerückt bin.

Eine wirkliche Passion hat er sowieso nur für Günther Kaufmann. Und der hat sich, bevor er ihn kennenlernte, bedauerlicherweise schon mit Frau und Kindern eingedeckt. Und aus dieser Doppelkonstellation, in der er nicht erhört worden ist, schöpft Rainer lustvoll leidend seinen neuen Film »Götter der Pest« mit uns beiden als unheimlich verquerem Freundespaar.

Der Günther bringt meinen Film-Bruder um, was mich ihm nach Rainers unerforschlichem Plan unheimlich nahebringt. Beim abschließenden Showdown nach einem Überfall im Supermarkt werde ich bloß kühl totgeschossen, krieg einen Stapel Konservendosen aufs Hirn, während Günther schwerverwundet und halbnackt an einem Schaufenster mit Brautmoden seinem hochdramatischen Ende entgegenschwankt. Der darf schön sterben, die Sau! Und kriegt als letzte Worte auch noch Rainers Lieblingssatz: »Life is so precious, even right now!«

Im Film läuft die Freundschaft unseres doppelten Alter ego über eine Frau, die wir uns teilen. Vereinigung über den Umweg einer gemeinsam benutzten Vagina – Verfremdung der Verfremdung seiner Gefühle. So kompliziert ist er eben.

Auf der Alltagsebene ging's wesentlich mehr parterre zu. Und der Zögling Harry bekam weitere Lektionen, die vom Herrn Oberlehrer nicht im Stundenplan vorgesehen waren. Die vierte Insassin seiner Kommune war letztes Souvenir und frühere Chefin aus der action-theater-Zeit – Ursula Strätz. Grenzenlos in ihn verschossen, bis zur Selbstaufgabe, dankbarer Abstreifer für seine seelischen Fußtritte, ein

Köchinnenschicksal am Herd, melancholisch wie in den traurigsten Küchenliedern.

Ein jeder Jüngling hat nun mal den Hang zum Küchenpersonal. So auch ich. Sie revanchierte sich ausgekocht für Rainers Herzlosigkeit. Wenn er meine diesbezüglichen Hausbesuche mitkriegte, was sie immer wieder geschickt zu arrangieren wußte, bekam sie anschließend von ihm neue blaue Flecken auf ihre Seele und ein paar auch auf den stattlichen Hintern. So waren alle zufrieden und glücklich, und jeder hatte das, was er brauchte.

Der Film, der nie ins Kino kam

»Almeria n'existe pas.«   Rainer Werner Fassbinder

Almeria im April 1970. Rainer sprengt mich von meiner Siesta am Bartresen im Hotel auf, wo ich die Hitze mit Cuba libre bekämpfe – so heißt hier unser guter alter Baccardi-Cola.

»Schütt runter, du mußt jetzt zum Friseur.«

Der Maskenbildnerin Sybille Danzer – diesen Namen werd ich mir fürs Leben merken – flüstert er zu: »Aber laß ihn bei der Prozedur nicht in den Spiegel schauen!«

Schon wieder so eine merkwürdige Anweisung, denk ich in meinem Dämmerzustand. Und meine, daß er meint, daß ich sonst schon wieder meine Eitelkeit heraushängen lasse. Denn seit der Fernseh-Produktion vom »Kaffeehaus« gefall ich mir richtig.

Zwei, drei Stunden sitze ich in einer spiegellosen Ecke des altmodischen Frisiersalons, lasse wohlig alles mit mir geschehen und freu mich drauf, welche neue Schönheit ich nun bald an mir entdecken darf. Gekräuselte Haare, das wird mir sicher ganz fabelhaft stehen. Endlich ist der Friseur fertig, blickt wohlgefällig auf sein Werk. Sybille nickt zufrieden. Und ich stolziere wie der Hahn auf einen Spiegel zu…

Ich dreh mich noch einmal um, um zu sehen, was da für ein Monster hinter mir steht. Aber ich bin's selber. Rainer hat mich mit Wasserstoff-Superoxyd total entstellen lassen. Albino-Haare, Albino-Augenbrauen. Wie eine Furie gehe ich

auf Sybille los. Was heißt, wie eine Furie? So, wie ich aus-
schau, bin ich ja eine. Und kreische:
»Du hast ja den Arsch offen!«
Die Wirkung läßt nichts zu wünschen übrig. Sybille zeigt be-
achtliche darstellerische Qualitäten. Großaufnahme: Wiene-
risch gefärbter Aufschrei der Brünetten, die vom Unhold gestellt wird:
»Aber i kann doch nix dafüüür, i bin doch ganz uuunschul-
dig! Da Rainer hat's halt so woooilln!«
Als ich völlig gebrochen, nicht einmal mehr zu Haß fähig, vor
Rainer erscheine, sagt er ganz ohne Ironie:
»Ich find das unheimlich schön!«
Mir kullern dicke Tränen herunter.
Der Rolle ist mein entmenschtes Aussehen sicher angemessen. Die Story spielt im amerikanischen Westen um 1878. Da
ist ein geiler, alter, machtbesessener Gutsbesitzer (Ron Ran-
dell), seine junge nymphomane Frau (Katrin Schaake) und die
beiden Söhne Frank und Davy. Frank ist homosexuell (Ulli
Lommel) und Davy geisteskrank (ich). Eine maßlos übertrie-
bene Vorwegnahme der »Dallas«-Family.
Rainer hat den ganzen Film konzipiert, weil er gegen diesen
weißen Abschaum das reine Halbblut Whity setzen kann, den
Titelhelden, der zum Schluß alle ausrottet und mit der blon-
den Bar-Schlampe mit dem edlen Herzen in die Wüste zieht.
Eine große Rolle für Günther Kaufmann und in der Schlußsequenz eine Hommage an Josef von Sternbergs »Morocco«
und durch die Hanna Schygulla auch an Marlene Dietrich.
Mit dem großen Geld, das der Bundesfilmpreis für »Götter
der Pest« gebracht hat, aus dem Hinterhof gleich der Schiel-
blick auf Hollywood, natürlich in Cinemascope – das impo-
niert uns, wie Rainer da rangeht. Dementsprechend leben wir
auch auf großem Fuß und schmeißen mit den Peseten um uns,
wo eh keiner den Wechselkurs kennt.
Erst einmal okkupieren wir großspurig das Hotel. Die lär-

mende Aufdringlichkeit, die wir an den teutonischen Touristen so verachten, beherrschen wir bald wie die Weltmeister. Erst ist eine ganze Etage von unseren Landsleuten befreit, dann die zweite und dritte. Und die restlichen Unverdrossenen, die dämlich genug sind zu glauben, daß Landsmann gleich Landsmann ist, schaffen wir auch noch. Die Zuschauer, die später in »Warnung vor einer heiligen Nutte« die permanenten Cuba-libre-Orgien für eine leitmotivische Übertreibung halten, befinden sich gewaltig im Irrtum. Die Vorbereitungen vor Drehbeginn bestehen hauptsächlich aus Massen-Versammlungen an der Bar, aus besoffenem gegenseitigem Anbrüllen und aus gröhlenden Zimmerschlachten bis spät in die Nacht. So wie wir uns Hollywood eben vorstellen. Ein Wunder bei diesem Dauer-Rausch, daß überhaupt noch Kraft für sexuelle Ausschweifungen vorhanden ist. Die Maul-Hurereien am Morgen sind jedenfalls gewaltig.

Am großspurigsten thront unser Häuptling am Frühstückstisch. Ihm gehört die Welt, und ausgerechnet so ein untergeordneter Kellner spurt nicht, wagt es, nicht zu spuren, wenn er nach mehr Butter schreit. Wo die Ursel Strätz in der Stollbergstraße doch jedesmal mit einem ganzen Butterberg angehetzt kam.

»Burro!« steck ich ihm mit meinem Urlauber-Italienisch zu, »Por favor, mas burro! mußt sagen.«

»Burro weiß ich selber, und das por favor kann sich der Kellner in' Arsch stecken! Burro!! Burro!!!«

Den Kellner, den er damit in seiner spanischen Ehre zutiefst verwundet, hält nur noch seine Funktion als höflicher Angestellter zurück, zum nächsten Messer zu greifen. Denn Butter heißt im Spanischen »mantequilla«, und »burro« bedeutet schlicht und einfach Esel. Und so ist der Tobsuchtsanfall, den Rainer in Unkenntnis der Sprachfeinheiten kriegt, doppelt ungerecht. Denn eigentlich hat er sich ja bloß aufgeregt, weil Günther noch immer nicht angekommen ist.

Und das zwei Wochen vor Drehbeginn, wo die Darsteller sowieso bloß weiter auf Kosten des Bundesinnenministeriums spazierengehen könnten. Bei Kurti und mir ist das was anderes. Kurti ist diesmal hauptsächlich Ausstatter, und ich habe neben meiner Rolle als Davy wieder die Regieassistenz übernommen.

Regieassistent – kein sehr attraktiver Job, keiner, mit dem man sich große Sporen verdienen kann. Und erst recht nicht erstrebenswert für einen wie mich, der sich so gern vor der Kamera und nicht hinter der Kamera sieht! Und doch drängte ich mich gerade dazu, um meine Eitelkeit auf eine noch intensivere Weise befriedigen zu können. Schon bei »Warum läuft Herr R. Amok?« mit seinen zehnminütigen Sequenzen mit maximal drei Darstellern, wo sich der frischgebackene Regieassistent Harry Bär nun gar nicht wichtig machen konnte, hatte ich bereits das leise Gefühl, daß ich zu Rainers schöpferischer Arbeit einen nicht unwesentlichen Beitrag leistete.

Und nun bei »Whity« mit seinen über vierhundert Einstellungen und einer Massenszene, die, wie ich gehört habe, vom Regieassistenten geführt werden muß. Obwohl ich nicht den leisesten Schimmer habe, wie so was geht, rechne ich mir einen ganz gewaltigen Anteil am neuen Werk aus. Das ist mein Beitrag im Machtspiel, meine Art, auf Rainer Besitzansprüche anzumelden. Ich unterscheide in meiner zweifachen Wichtigkeit, als die Arbeit nun endlich doch beginnt, fein säuberlich zwischen dem Filmstar Bär und dem untergeordneten Regieassistenten. Wenn ich vor der Kamera agiere, kann ich mich ja schließlich nicht um den anderen Mist kümmern. Den überlasse ich dann großzügig Rainer, der über seinen halben Hilfsassistenten Harry Bär immer saurer wird.

Kurti ist als Ausstatter auch nicht so recht bei der Sache, er ist hauptsächlich damit beschäftigt, den spanischen Aufnahmeleiter »Candy« zuckersüß anzuhimmeln. Und so schlittern wir beide in unsere erste unangenehme Panne.

Ein paar Kilometer vor Almeria gibt's in den Bergen eine Filmstadt, in der viele amerikanische Produktionen und Italo-Western gedreht werden, ein Westerndorf mit allem, was so dazu gehört. Und weil jeder aus zahllosen Western weiß, daß die Saloon-Nutte ihr Arbeitszimmer immer im ersten Stock über dem Saloon hat, soll »Whity« Günther, als er heimlich bei der Hanna Schygulla fensterln gehen will, an der Fassade hoch auf einen Balkon klettern und durch die Balkontür zu seiner Angebeteten hineinspazieren.

Die Kamera ist mitten auf der Straße aufgebaut. Rainer schreit: »Action!«

Günther setzt sich in Bewegung, ohne Probe, der klettert sowieso wie ein Trapezkünstler. Schon ist er oben. Will die Tür aufmachen, tut sich plötzlich unerwartet schwer, kriegt die verdammte Tür nicht auf. Schmeißt sich wütend dagegen. Wieder nix. Dreht sich mit einem ganz und gar ungläubigen Gesichtsausdruck in unsere Richtung.

»Auuus!« plärrt Rainer. »Wieso schaut denn der Depp in die Kamera? Was ist denn das für eine Scheiße da oben!!«

Ich stehe neben ihm und schüttle pflichtschuldigst mißbilligend den Kopf.

Günther plärrt zurück: »Da brauchst gar net so rumschrei'n! D'Tür kon ja gar net aufgeh'! Die is ja bloß aufg'maln. Selber Depp!«

»Aaausstaaatung!!!«

Kurti, der sich grad in der Dekoration Sheriff's Office herumgetrieben hat, eilt mit großen Kinderaugen über die staubige Straße herbei:

»Was is denn scho wieder? Kann ma net amal in Ruhe arbeit'n?«

Rainer wird eisig: »Vielleicht ist es auch mal angebracht, daß sich der Herr Ausstatter persönlich am Drehort sehen läßt, wenn gedreht wird. Das wäre wirklich ganz nett. Warum hast du dir denn die Tür da oben nicht angeschaut?«

Und fängt wieder zu toben an:

»Wozu hab ich denn einen Ausstatter? Da kann ich den ganzen Mist doch gleich alleine machen! So, und jetzt steigst da nauf, und zwar sofort!«

Kurti, des Kletterns unkundig, schreit bebend vor Wut nach einer Leiter und quält sich Sprosse für Sprosse mit zittrigen Beinchen hinauf:

»Mei is des hoch!«

Er hält sich geschmerzt die Hand vor die Augen. Tastet sich an die Tür und entdeckt mit seinen sensitiven Ausstatterfingern auch ohne hinzuschauen, daß da bloß eine Attrappe ist. Durch einen Spalt entdeckt er, daß es hinter der Wand ziemlich tief hinuntergeht, stößt einen spitzen Schrei aus und turnt die Leiter wieder herunter, in seiner Panik jetzt sehr behende.

Rainer steht mit verschränkten Armen triumphierend auf der Straße und stellt mit pedantisch erhobener Stimme fest:

»Eigentlich ist das ja auch nicht dem Kurt seine Aufgabe allein! Wozu gibt's denn einen Regie-Assistenten? Wo ist denn der? Harry!!!«

Er weiß ganz genau, daß ich neben ihm stehe. Oder bin ich vor Scham schon halb im Erdboden versunken?

An diesem Abend trinken Kurti und ich die Hotelbar erstmals mit Grund leer und weinen den schönen Zeiten nach, in denen in den Münchner Hinterhöfen Türen noch echte Türen waren. Fortschritt ist eben doch nicht alles!

Rainer hat mit seinem Wutanfall schon recht gehabt. Das darf bei so einer Produktion einfach nicht passieren. Da kommt's auf jede Minute an. Farbe und Cinemascope und ein Produktionsstab, der fünfmal größer ist als das, was wir bisher in unserem Familien- und Rucksack-Unternehmen gewohnt waren.

Abschreckende Symbolfigur für diese neuen Bedingungen und so unförmig, wie ich mir immer einen fetten, unangenehmen Produzenten vorgestellt habe, ist der Koordinator, Herstellungs- und Produktionsleiter Peter Berling. Wie eine Glucke setzt er sich aufgeplustert mitten in alles hinein, ob es ihn angeht oder nicht. Erst nennen wir ihn noch recht freundlich »Mutti«. Später holen wir im Tierreich kräftiger aus und heißen ihn, wenn er wieder so tut, als würden wir alle an seinen Produktionszitzen hängen: »Du deutsche Muttersau!« Schließlich sieht er ja wirklich so aus.

Einmal versucht er sich sogar mit Rainer anzulegen. Da ist grad eine Einstellung gedreht worden, in der Günther ganz toll im weißen Anzug über die beeindruckend verlassene Western-Straße stolziert. Rainer kriegt glasige Augen und ist plötzlich verschwunden. Kein Mensch weiß, wohin. Während wir die Pause genießen, wälzt sich der dicke Berling aus dem Produktionsbüro, rollt bedrohlich auf mich zu. Ausgerechnet auf mich armes Hascherl. Und brüllt, daß ihm aus Atemnot die Stimme überschlägt:

»Warum arbeitet hier keiner? Wo ist der Regisseur?«

Irgendwas lüge ich stotternd zusammen und werde feuerrot, so gelogen ist das. Der deutschen Muttersau reicht das nicht. Der Herr Berling scheißt mich zusammen, als sei er der Herr Unteroffizier vom Dienst. Während ich kleiner und kleiner werde, kommt gemessenen Schrittes der Rainer daher.

»Was soll denn das Gebrüll, liebe Mutti?«

Dem Berling quellen die Augen aus dem Kopf:

»Alles steht hier rum! Keiner weiß, wo's langgeht! So geht es nun wirklich nicht, lieber Rainer!!!«

Rainer hört sich das unflätige Gebrüll eine Zeitlang an und sagt dann mit bedrohlich gesenktem Nacken ganz leise, aber so prononciert, daß es alle mitkriegen:

»Weißt du, wo ich war? Ich war wichsen, aber das verrat ich dir nur, wenn es dir wirklich nichts ausmacht, oder?!?«

So dünn hab ich den Peter Berling nie wieder gesehen.

Vielleicht gewöhne ich mir jetzt auch schon an, meine Lustgefühle durch ein imaginäres Kameraauge wie ein Voyeur abzureagieren. Was dem Kurt sein »Candy« ist, und dem Rainer sein Günther, das wird mir Carlos, ein strammer spanischer Zusatzbeleuchter, der für einige besonders aufwendige Szenen aus Madrid geholt und danach logischerweise wieder nach Hause geschickt wird. Aber das weiß ich nicht, vermisse ihn, suche ihn immer verzweifelter, schluck noch mehr als sonst in mich hinein, will mich bei Rainer ausweinen.

»Aber den hat der Berling doch wieder heimschicken müssen wegen der Produktions-Ökonomie und so. Was das alles kostet...«

Peter Berling taucht am Dreh auf! Ich habe den Schuldigen erkannt, dem das Glück meines Lebens zum Opfer gefallen ist!! Aus einer Arbeitstasche schnappe ich mir ein Messer und gehe mit dem Schrei »Faschist!« in rasender Wut auf ihn los, der gar nicht ahnt, was er da angerichtet hat.

Rainer hilft ihm erst einmal, am Leben zu bleiben. Und überredet ihn dann tatsächlich, den Carlos wieder einfliegen zu lassen, wegen der Harmonie und der Ausgeglichenheit. Der Berling windet sich wie einer, dem man den Geldsack unter dem Hintern weggezogen hat.

Am Flughafen stehe ich mit Blumen, richtig kitschig. Mich interessiert das Geschwätz der anderen nicht. Rainer und einige andere, die sich das Schauspiel nicht entgehen lassen wollen, sind da, und Berling sowieso, denn schließlich will er ja sehen, was er bezahlt hat. Carlos Miguel kommt durch das Gate, begreift den großen Bahnhof nicht, nimmt etwas verwundert meine Blumen, denn schließlich habe ich ihm meine Gefühle ja noch nicht offenbart. Ich strahle wie ein Honigkuchenpferd und bin auch so glücklich.

Natürlich muß das erst mal begossen werden. Und ohne daß mir das überhaupt klar wird, wanzt sich Sybille Danzer an ihn heran. Und schon sind die beiden im Zimmer der Dame verschwunden. Nicht einmal mein tierisches Hämmern stört sie. Rainer und Berling, die mir nachgegangen sind, lachen sich krumm und schief.

»Das hätt ich dir gleich sagen können«, prustet die Muttersau, »die Kosten hätten wir uns sparen können!«

Rainer rettet ihm zum zweitenmal das Leben, nimmt mich an der Hand:

»So sind sie halt, die Weiber. Eine wie die andere!«

Erst später komm ich auf den Gedanken, daß er das alles vorausgesehen hat und daß es ihm sehr gut in seinen Kram gepaßt hat.

Langsam bekomme ich ein Gespür für das Handwerk des Regieassistenten. Was macht man am besten selber, was darf man delegieren? Gerade bei so einer Produktion, wo man die Augen nicht überall haben kann, ist die Fähigkeit zu delegieren, und zwar an die richtigen Leute, schon die halbe Miete. Aber bei solchen Geschichten wie mit der Tür schaue ich in Zukunft lieber zweimal selber nach, als mich auf andere zu verlassen.

Mit der Zeit begreife ich auch, was »Anschlüsse« sind, und daß da eine kleine Unachtsamkeit schon böse Folgen haben kann. In einer Einstellung geht ein Schauspieler mit Hut aus dem Bild. In der Anschluß-Einstellung, die vielleicht aus irgendwelchen technischen Zwängen erst eine Woche später gedreht wird, weil's zu regnen begonnen hat oder weil das Licht nicht mehr gereicht hat, spaziert er wieder zurück ins Bild, ohne seinen Hut. Das merkt man dann womöglich erst am Schneidetisch in München, und dann ist die Katastrophe nicht mehr zu reparieren.

Mit Rainer als Regisseur passieren solche Fehler schon von Anfang an sehr selten. Er hat ein ungeheures Anschluß-Gedächtnis. Wenn ich ohne seine Kontrolle einen solchen Schnitzer mache, tobt er zwar fürchterlich und entläßt wie-

der einmal pauschal alle seine Vertrauten mit dem Standard-
satz:
»Wenn ich alles selber machen muß, dann mach ich es doch
lieber wirklich gleich allein!«
Aber dann ist er so nett, daß er noch eine Zwischeneinstellung
dreht, in der der verflixte Hut in eine Ecke geworfen wird.
Und wenn's ihm ganz egal ist, dann beschließt er sein Don-
nerwetter mit dem friedlichen Resümee:
»Was soll's? Schließlich mach ich keinen Dokumentarfilm
über einen Hut!«
Vor meinem Waterloo in »Whity« bewahrt mich hingegen
seine Tücke. Günther soll laut Drehbuch wieder über den
Hauptplatz zur Schygulla stolzieren, diesmal am hellichten
Tag. Und da sind bekanntlich und zu meinem größten Leid-
wesen Leute unterwegs. Der Aufwand für diesen Tag ist im-
mens. Viele Komparsen sind bestellt, Planwagen mit Pfer-
den, Steigen mit Hühnern, Hunde und was sonst noch alles
kreucht und fleucht in so einer Stadt.
Ich chauffiere Rainer im roten Mercedes zum Dreh. Und
mein Gefühl im Magen wird nicht bloß vom Kater immer
flauer. Mit weitausladenden Gesten bereitet mich Rainer auf
meine heutige Aufgabe vor:
»Hast dir schon überlegt, wie's damals so zugegangen is, wie
die Leut rumgelaufen sind. Oder hast dir überhaupt schon
was überlegt.«
Ich halte mich am Lenkrad fest und versuche Zeit zu gewinnen: »Erst mußt ja einmal die Grundeinstellungen festlegen... und dann... na ja, so eine Idee hätt ich schon...
bloß...«
Rainer hört mir gar nicht mehr zu. Er ist sowieso ziemlich
mies gelaunt an diesem Morgen. Er hat mit Günther Krach
gehabt, und jetzt will er ihm diese Szene vermasseln.
»Is sowieso alles Quatsch. Der Rest spielt doch eh in Innen-
dekoration. Da komm ich doch auch mit euch wenigen Un-

begabten aus. Und wenn schon was draußen stattfindet, dann meistens in der Nacht mit ein paar Statisten, wie's dem jämmerlichen Budget angemessen ist. Weißt, das gönn ich dem Günther nicht, der Sau, nicht ums Verrecken, so einen Massenauflauf!«

Sagt's, läßt mich hundert Meter vor dem Westerndorf umkehren.

»Das kannst doch nicht machen«, meine ich vorsichtig, obwohl das meine Rettung wäre.

»Ich dreh heute nicht, und diese Szene schon gleich gar nicht. Mit mir geht man nicht so um. Und wennst nicht umkehrst, dann kannst gleich deine Koffer packen und abhauen...«

Offenbar hat er vor der Massenszene genausoviel Angst wie ich. Ich wende und fahre langsam in Richtung Hotel. Wir schauen beide noch einmal nach rückwärts und erleben noch, wie Peter Berling wild fuchtelnd hinter uns herläuft. Da müssen wir beide schon wieder grinsen. Dem haben wir eins ausgewischt.

Rainer bestätigt sich noch einmal:

»Mit mir geht man nicht so um, mit mir nicht. Das bring ich diesem Fettkloß auch noch bei.«

Und lehnt sich höchst befriedigt in die Polster zurück und zündet sich eine Zigarette an.

In diesen Wochen, wo ich nach dem Drehen nicht nach Hause gehen und mich ausruhen kann, kriege ich viel mehr als bei dem Pariser Wochenend-Trip die unmittelbare Nähe des Menschen Fassbinder zu spüren. In der Arbeit, zwischen der Arbeit ist er in seinen Gefühlen, seinen Ängsten, seiner Eifersucht, seiner Liebe viel spontaner, viel offener. Nimmt mich als Vertrauten, als Blitzableiter, braucht mich als Mädchen für alles und impft mir peu à peu seine Lebensphilosophie ein:

»Hol dir den Spaß, immer dann, wenn du ihn brauchst. Sonst krepierst du früher, als dir recht ist.«

»Den Haß mußt du ausleben« – die Weisheit könnte er sich

46 *Lebensweisheiten von RWF*

bei mir sparen – »der Haß dauert nur so lange, bis du deine Aggressionen aus dem Hirn gelassen hast – und auch deswegen mach ich Filme.«

»Paß auf bei einer Freundschaft, daß du dich dabei selber nicht vergißt, bevor du in was reinsaust bis zur Selbstaufgabe.«

Mit den anderen geht er immer weniger herzlich um. Damit die Eifersüchteleien der Damenriege um seine Person beendet werden, hat er die Irm Hermann nach Verabreichung einiger Ohrfeigen gleich zu Anfang nach Hause geschickt, samt ihrem kurzfristigen Verhältnis, einem bis dorthinaus verkifften Standfotografen.

Und zur Förderung seiner und der allgemeinen guten Stimmung mußte natürlich ein neuer Sündenbock gefunden werden. Es ist der ein bißchen biedere und geschwätzige deutsche Aufnahmeleiter Martin Köberle, der von Rainer mit geradezu teuflischer Energie und Häme fast bis über die Grenze des Erträglichen hinaus gepiesackt wird. Wenn irgendwas nicht klappt, und sei es nur, daß der Kaffee nicht rechtzeitig da ist, wer ist schuld: natürlich dieser Köberle, logo!

Ein Festtag für Rainer, als ihm der Köberle endlich Prügel androht. Er schwelgt in der Erwartung, schon weil er dann zurückhauen darf und sich seinen Frust – vor allem auf den Günther – aus dem Bauch prügeln kann. Und ganz klar spekuliert er darauf, daß sein Freund Günther nicht tatenlos zuschaut, falls er unterliegen sollte. Rainer suhlt sich in seinem Sadomasochismus. Aber er freut sich zu früh. Der Köberle hat seinen Mut mit der Androhung erschöpft, läßt sich weiter alles, aber auch wirklich alles gefallen. Schade.

Auch diese Figur wird in den Film über den Film einfließen, in »Warnung vor einer heiligen Nutte«. Der wunderbarste Satz wäre mir auch so in Erinnerung geblieben, gesprochen von dem Oberbeleuchter Honorath Stangl an der Hotelbar zum jammernden Martin Köberle:

»Wenn du nix arbeiten willst, dann mach Regie, du Arschloch…«

Rainer findet auch noch die Zeit, sich als Eheverhinderungs-Institut zu betätigen, und zwar zwischen Ulli Lommel und seiner Freundin Katrin Schaake, die im Film seine Stiefmutter spielt. In einer Szene beobachtet Ulli/Frank, wie sie seinen Vater mit einem gutgebauten Mexikaner betrügt. Im Drehbuch steht, daß sie dahinterkommt und ihn dafür bestraft.

Rainer läßt sie sehr, sehr lange auf Ulli einschlagen. Ohrfeigen links, Ohrfeigen rechts, einhändig – versteht sich, damit auch der Handrücken zum Einsatz kommt, was bekanntlich besonders weh tut. Es dürften so an die zwei Dutzend Ohrfeigen sein, die Katrin dem Ulli verabreicht, bevor Rainer der Watscherei ein Ende setzt.

Ulli läuft heulend davon. Katrin merkt man es an, daß sie es sehr genossen hat, mit offizieller Erlaubnis der Regie ihren Ulli zu verprügeln. Denn sie hat ihn in berechtigtem Verdacht, daß er mit irgendeiner Gans fremdgegangen ist. Bei der Invasion von Filzläusen, die fast die ganze Crew heimgesucht hat, weiß man wirklich nicht mehr, wer's mit wem treibt.

Das Institut für Eheverhinderung ist jedenfalls wieder mal seinem Ruf gerecht geworden und kann einen respektablen Erfolg vorweisen. Denn Ulli verzeiht der Katrin die Ohrfeigen nie. Rainer freut sich noch Jahre später wie ein Kind, daß er die beiden auseinandergebracht und sich trotzdem ihrer beider Freundschaft erhalten hat.

Nur Hanna Schygulla schwebt entrückt über diesen menschlichen Niederungen. Das soll sie schon im action-theater gehabt haben, diese Aura von etwas Besonderem mit Abstand zum Rest der Welt, ein Star eben, schon damals. Vor der Kamera ersetzt sie Rainer Marlene Dietrich, Rita Hayworth und Ava Gardner. Privat tendiert sie für mich eher zum Sauberfrau-Image der Doris Day. Ist erst unserem Amerikaner Ron

Randell sehr zugeneigt, der den alten Gutsbesitzer spielt und auch im Leben ein in langen Jahren gegerbter Marlborough-Typ ist. Ziemlich rasch wechselt sie auf unseren nur geringfügig jüngeren »Coach« über, der als Dolmetscher die vielsprachige Produktion betreut. Hanna braucht eben auch ihren »Pappa«.

Aber ab und zu büxt sie aus an die Hotelbar, und ihre wunderschönen großen Augen kriegen ein wenig Ausdruck, wenn sie sich im Takt der Musik wiegt. Ihre Lieblingsplatte stammt von den »Spooky Tooth«. Ziemlich laut. Und zu wahren Tanzorgien animierend. Den Veitstanz eröffnet sie meistens mit der von mir so hoch geschätzten Sybille Danzer. Trotzdem schön.

Ein paar Tage vor Drehschluß verlautet gerüchtweise, daß das Geld knapper wird. Mich wundert, daß überhaupt noch eins da ist. Die spanischen Beleuchter haben mir erzählt, daß sie schon eine Woche auf ihr Geld warten.

Mein letzter Drehtag als Schauspieler. Der geeignetste Zeitpunkt. Ich gehe zu Rainer, erzähl ihm von den Sorgen der Leute. Er wiegelt ab:

»Hab ich auch schon gehört, ich bin ja nicht taub. Aber das geht mich nichts an. Ich bin hier Regisseur und nicht Produzent!«

Na warte! Ich probiere was aus, was mir dann den Beinamen »El mejor« einbringt, »Der Beste«. Ich weigere mich einfach, vor die Kamera zu treten. Meine letzte Szene ist dramaturgisch absolut notwendig und kann nicht gestrichen werden. Nach zwei Stunden Zwangspause, in denen sich Rainer erstaunlich ergeben an seine Aussage hält, daß er Regisseur und nicht Produzent ist, kommt Peter Berling giftgeschwollen an und zahlt die Leute aus. Er schimpft wie ein Geisteskranker. Aber mich würdigt er keines Blicks. Für was die Angst vor dem Messer doch alles gut sein kann...

Aber noch ist nicht aller Tage Morgen, an dem sie mich alle

aufs Kreuz legen. Der letzte Drehtag geht vorüber. Bei der Abschlußfeier werden zum letztenmal alle Barbestände geplündert. Man heult, verspricht neugewonnenen Freunden, daß man schreibt und daß man sich wiedersieht beim nächsten Mal. Am nächsten Tag wache ich mit schwerem Kopf auf. Ein paar Stunden zu spät. Das nicht mehr liquide Unternehmen ist ausgeflogen. Rainer mit Günther im Mercedes über alle Berge. Alles, was ich noch habe, ist ein Rückflugtikket von Madrid nach München. Aber wie komm ich nach Madrid?

Und jetzt wird mein Einsatz belohnt. Die Beleuchter legen zusammen und spendieren mir sogar einen Flug in die Hauptstadt. Für die ist Solidarität also nicht bloß eine Klassenkampf-Phrase. In Madrid hab ich noch drei Tage Zeit bis zum Rückflug nach München. Und »mein« Beleuchter quartiert mich bei seiner Familie ein, in einem Slum-Vorort, in dem ich mitten in Armut und Dreck eine nie gekannte Gastfreundschaft erlebe. Bloß, daß ich was von ihm will, hat er immer noch nicht spitzgekriegt. Ich geb's auf. Das liegt wohl nicht an meiner neuen, inzwischen lockenlosen Frisur, die durch das Umfärben nun penetrant mahagonny leuchtet. Er ist halt einfach normal. Und ich kann ihn zum Umgewöhnen ja nicht in eine Sauna nach Paris schleifen.

Beim Abflug sind sie alle da, meine spanischen Beleuchter, und verabschieden mich…

In München erfahre ich, daß Rainer und Günther in Alicante einen Unfall hatten und daß der schöne Mercedes nur noch Schrottwert besitzt. Im Gegensatz zu mir müssen die ja etwas Geld in der Tasche gehabt haben, sonst würden sie jetzt noch da unten festsitzen.

Und neugierig, wie ich bin, erfahre ich noch einiges mehr, wie es mit der Finanzierung zugegangen ist. Ulli Lommel, der mit seiner »atlantis-film« als ausführender Produzent gezeichnet hat, hat nur die 300 000 Mark Filmprämie für »Götter der

Pest« eingebracht, und das war eh unser Geld. Die circa 40000 Mark, die in den letzten Tagen in Almeria eintrudelten, hatte er sich auch bloß bei einem Münchner Kneipier geliehen. Der Rest sind leere Versprechungen ans Kopierwerk und an uns Schauspieler, die von ihren Gagen auch noch keine müde Mark gesehen haben. Und jetzt hängt's davon ab, ob sein Freund und Mäzen, ein bekannter deutscher Synchron-Mensch, ihm seine Beteuerungen noch weiterhin abnimmt und solang dafür gradsteht, bis der Film in den Kinos ist. Aber der macht als Verleiher nach endlosem Hin und Her nur noch die Aufführung bei den Berliner Filmfestspielen ein Jahr später mit.

Und die geht am 2. Juli 1971 total in die Binsen. Das Publikum brilliert mit Zwischenrufen und Kommentaren und lacht den ganzen Film kaputt. Schade, ich gefall mir als geisteskranker Albino ausgesprochen gut – der Rainer hat mit meiner Entstellung doch recht gehabt. Ich kapier bloß nicht, warum wir für die Geschichte nach Almeria fahren mußten. Das wäre doch viel billiger in irgendwelchen umdekorierten Münchner Privatwohnungen gegangen. Ein Westerndorf gibt's bei München auch. Und für die einzige echte Außenaufnahme, den Marsch in die Wüste, hätte sich mit einiger Anstrengung auch eine flache Kiesgrube finden lassen. Rainers erster Ausflug ins große Hollywood-Business, sein erster Versuch, sich von den deutschen Hinterhof- und Vorderhaus-Filmern in die weite Welt abzusetzen, ist kläglich gescheitert. »Whity« ist bis heute nicht in die Kinos gekommen, und nicht einmal ins Fernsehen, das sonst jeden Scheiß kauft.

Bleibt nachzutragen, daß ich meine horrende Gage von 2500 Mark nach vielen aufreibenden Beschimpfungen von Ulli Lommel erst nach vier Jahren gekriegt habe. Und daß mein Einstieg als Regieassistent mein künftiges Leben bestimmt hat. Diese frühe instinktive Entscheidung wurde der

Garant dafür, daß mich Rainer als einzigen über lange Jahre ertrug und daß mir nicht passierte, was er allen anderen früher oder später mit auf den Weg gab: »Weißt was, ich kann dich einfach nicht mehr sehen. Ich kann dein Gesicht für ein paar Jahre nicht mehr ertragen!«

Eine lustvolle Abrechnung

» ... In unserem Haus war es so, wenn man die da rum-
sitzen sah, blieb gar nichts anderes übrig, als was zu
machen und sich zu betätigen. Die haben mich fast ge-
zwungen, zehn Filme im Jahr zu machen. Sie haben
mich zu einem gewissen Punkt zur Kaputtheit, zur psy-
chischen und physischen Kaputtheit getrieben, so daß
ich schon sagen kann, sie hätten mich ausgesaugt, auf
eine bestimmte Art und Weise. Letztlich ist es ein Ver-
such gewesen, mit der ›Heiligen Nutte‹ einen Film zu
machen darüber, warum Gruppen nicht funktionieren
können selbst bei Leuten, die das wollen und deren
Raum die Gruppe ist, und warum das Zusammenleben
und Arbeiten in der Gruppe nicht funktionieren
kann.«

RWF 1980 im Interview
mit Wolfgang Limmer, Spiegel-Buch

Mai 1970. Noch schaut's mit »Whity« nicht düster aus. Rainer wird später da einen Einschnitt markieren, weil das anti-
teater-Kollektiv nach den Reibereien in Almeria auseinander-
gebrochen ist. Davon ist aber überhaupt nichts zu merken.
Im Gegenteil, alle hocken noch mehr aufeinander.
Die Stollbergstraßler sind in eine Villa nach Feldkirchen an
der Peripherie von München gezogen und haben Zuwachs
bekommen. Ingrid Caven, der Rainer aus der Almeria-Di-
stanz menschlich merklich nähergekommen ist, muß jetzt
auch immer in seiner unmittelbaren Nähe sein. Unser »Chef-
ideologe« Michael Fengler und seine Freundin Kerstin sind

die ersten, die sich den neuen Wohnverhältnissen kotzbürgerlich anpassen: Ein Ultralinker, der in einem Himmelbett mit Rüschenmuster pennt und dazu Vorhänge im gleichen design – ich glaub, mein Schwein pfeift! Willy hat seinen Papierberg aus den Umzugskisten, so wie's grad kam, wieder auf den Tisch geschaufelt und wirkt trotz der Schlamperei im neuen Villen-Ambiente noch vornehmer.

Nur Rainer bleibt der alte Spartaner und spuckt auch in seiner neuen Höhle zwischen Matratze und Schreibtisch ein Drehbuch nach dem andern aus. Bloß die Taxispesen für die Sauftouren in der Stadt geh'n ins Uferlose.

Aber in diesem Jahr geht sowieso der Goldregen auf uns nieder. Filmprämien und Preise für »Katzelmacher« und »Amok« in Höhe von fast einer Million und erst einmal das Geld für die Fernseh-Auftragsproduktion »Die Niklashauser Fahrt«.

Ich find das schon irgendwie ein Armutszeugnis, daß das erste revolutionäre Epos, das Rainer anpackt, auf den breiten Schultern und mit dem dicken Portemonnaie der Öffentlich-Rechtlichen Anstalt WDR »ausgekämpft« wird.

»Das ist der Marsch durch die Institutionen«, verkündet uns Michael Fengler und kommt sich schlau vor. Ich weiß schon, warum der Rainer in den privat finanzierten Filmen das Generalthema ausgespart hat. Einfach, weil die 68er Revolution schon vergessen ist, und weil man damit keinen hinterm Ofen hervor ins Kino locken könnte. Dafür ist das Medium Fernsehen sicher die richtigere Zuschauer-Zwangsjacke.

Rainer ist bei dieser Produktion besonders unausstehlich. Die private Neurosen-Küche der Kommune, die er sonst in seinen Filmen verwurschten und umsetzen konnte, läßt sich nicht einbringen in das heroische Thema von der mittelalterlichen Vorläufer-Figur der deutschen Bauernkriege. Und so fällt ihm jetzt ganz prosaisch auf, daß wir alle ohne Eigeninitiative nur nach Rollen quäken. Und damit ist zumindest für ihn der schöne Traum vom »Alle für einen – einer für alle« ausgeträumt. Er schleppt eine ganze Menge Klötze mit sich rum.

Der einzige wirkliche Nutznießer dieser vertrackten Situation ist der Glasermeister in Feldkirchen. Der darf in schöner Regelmäßigkeit die Fensterscheiben ersetzen, die Rainer in hilfloser Wut zerdeppert hat.

Merkwürdig, daß ich mich an die »Niklashauser Fahrt« so gut wie nicht erinnern kann. »Revolution im Kostüm« hieß eine Kritik. Und da seh ich Kurti Raab als Bischof aus dem 15. Jahrhundert auf einem Autofriedhof, daneben amerikanische Militär-Polizisten, mich in der Jeans am Kreuz – wahnsinnig dekorativ. Ich glaube, Rainer hatte das damals nicht verdaut und hat sich in alle Schablonen gerettet, hinter denen er sich verstecken konnte. Wirklich ein weiter Weg der Selbstbefragung bis zu »Deutschland im Herbst« und zu »Die dritte Generation«.

Immerhin, und da funktioniert mein Gedächtnis, konnte ich als Regieassistent meine erste perfekte Massenszene abliefern, den Funken des Aufruhrs, der von einem zum andern überspringt und einen Aufstand entzündet. Das hatte ich schließlich in der Schule oft genug angezettelt.

Nach dieser unliebsamen Arbeit trennten sich kurz unsere Wege. Rainer verschanzte sich in seinem nächsten Spielfilm »Der amerikanische Soldat« wieder hinter seinen privaten Phantasien von Chicago und eigentlich, wenn auch nicht ausübend, schwulen Gangstern und dem outlaw-Tod am Ende, aus dem man so viel melodramatische Qualität holen konnte als aus einem Massensterben im Mittelalter, das er noch dazu, um Bezüge herzustellen, in die Neuzeit hatte zerren müssen.

Mir ging das ganze Feldkirchener Klima auf den Nerv, und außerdem hatte ich jetzt auch ohne »Whity«-Gage genug Geld, um endlich meinen Nord-Afrika-Trip nachzuholen.

Zwei Monate endlich einmal kein Abenteuer. Saubere Pfad-finder- und Lagerfeuer-Romantik. Und endlich wieder ich als Anführer! Schön!!

Um einige Illusionen ärmer kam ich zurück. Fürs Lehrerstudium war ich nach den ganzen Film-Erfahrungen sowieso schon verdorben. Und für eine Filmkarriere als zweiter Alain Delon bräuchte man eine neue Romy Schneider. Also schaute ich ganz zufällig beim Rainer in Feldkirchen vorbei. Und der ist nicht einmal besonders eingeschnappt:

»Also jetzt hast dein' Urlaub g'habt. Des reicht jetzt für die nächsten fünf Jahr'. Und jetzt wird wieder g'arbeit', statt blöd und faul in der Sonne rumzuliegen. Im September dreh'n ma sowieso in Sorrent.«

Da leuchten meine Augen auf. Das ist das Angenehme an ihm, daß er einem jedes Nachdenken erspart. Noch schlimmer als in Spanien kann's auch nicht werden.

Und daß er inzwischen Ingrid Caven geheiratet hat, kommt mir auch nicht witziger vor als das Rüschen-Himmelbett vom Fengler. Mit welchen Verrenkungen und Bockssprüngen er immer wieder über die Hürden seiner Einsamkeit zu turnen versucht, ist genial – aber es bringt halt nichts.

Stellvertretend für seinen eigenen »acte de preçence« hat er vom honeymoon in Griechenland ein Affenpärchen mitgebracht, das im Gartenhaus aus Mangel an Auslauf nur mit vögeln beschäftigt ist. Noch ist er so diskret, daß er den Tierchen keine stellvertretenden Namen gibt. In seiner Bochumer Zeit wird er sich einen Boxer zulegen, dem er den Namen »Zadek« verpaßt und den er mit Hochgenuß »Kusch, Zadek!«, »Platz, Zadek!«, »Down, Zadek!« kommandiert.

Irgendwie paßt alles zusammen. Er hat sich die Trivialität der abgenutzten Kommune zu einem Überirrsinn hochstilisiert. Wenn's schon so sein muß, dann möchte er aber nun wirklich den Punkt aufs »i« setzen. Die fickenden Affen, die sinnlos demonstrative Hochzeit, die eingeschmissenen Fensterscheiben – das waren alles nur »Fingerübungen« für das, was er inzwischen mit seiner krakeligen Handschrift über viele Blattseiten gejagt hat. Überschrift Doppelpunkt: »Warnung vor einer heiligen Nutte«. Die Geschichte der Dreharbeiten zu »Whity«, die hochstilisiert versüßlichte Darstellung des Meisters Fassbinder und seiner lemurenhaften Quälgeister.

»Heilige Nutte?« sage ich, »Heilige Nutte! Du eitler Aff du!«

»Huren sind wir alle in diesem Beruf!« antwortet Rainer sehr salbungsvoll. »Und du erst recht!«

Ich fühle mich auch heiliggesprochen:

»Aber a Frau spiel ich dir nicht, des sag i dir glei!«

»Depp!«

Sorrent im September 1970. Ein Monat Dreharbeiten für »Warnung vor einer heiligen Nutte«.

Da ist nachher sehr viel hineingeheimnist worden. Der Rainer war sowieso einer, dem es immer sehr viel Spaß gemacht hat, die Filmchronisten aufs Glatteis zu führen. Und was er später zugunsten seiner eigenen Legende darüber erzählt hat – Schwamm drüber. Aber daß die Zehnmalschlauen, die den Film alle gesehen haben, ihm auf seine nachträgliche Interpretation reingefallen sind, spricht nicht unbedingt fürs Gewerbe.

»Einer seiner verzweifeltsten Filme«, »Schonungslose Abrechnung mit der eigenen Person« – ich weine. Das einzige, was stimmt, ist sein Satz: »Ich hab unheimlich viel Spaß dran gehabt, diesen Film zu machen.«

Irgendwann hat er auch behauptet, daß er ursprünglich den Mario Adorf für die Verkörperung seines Ego-Ego haben wollte, der ihm ja irgendwie ein bißchen ähnlich ist. Der blonde Schwede Lou Castel war jedenfalls das genaue Kontrast-Programm – der gütige, launische, brutale Filmemacher Fassbinder als Märchenprinz. Wenn man's so sieht, schon eine schonungslose Abrechnung mit der eigenen Person.

Aber auch die Abrechnung mit den anderen wurde zu einem virtuosen Comic-Strip aufgemotzt. Da mußte schon eine ganze Menge Kolorit dazu, um aus uns mit unserem ganz alltäglichen schlechten Benehmen schillernde Vögel mit einem Anflug von Fellini-Wahnsinn zu machen.

Und daß der Film, der da im Film gedreht wird, »Patria o muerte« betitelt ist und ein Film »gegen die staatlich sanktionierte Brutalität« werden soll, ist nur eine weitere geschickte Lausbüberei, um Bedeutung aufzubauen, wo's doch nur um eines geht – um die Mystifizierung an sich trivialer Interna und um den Heiligenschein, den sich unser aller Meister Fassbinder nun endgültig aufs Haupt drückt.

Zu den Krönungsfeierlichkeiten macht sich Rainer ein besonderes Geschenk und fängt sich einen von den Altstars ein, die er noch vor kurzem mit heißen Augen nur im Kino erleben konnte. Eddie Constantine spielt den Star des Films im Film und läßt sich in der Rahmenhandlung mit Hanna Schygulla ein, die einen weiblichen Star spielt, der an älteren Herren Gefallen findet. Die reale Vorlage in Almeria mit Ron Randell ist nicht halb so filmgerecht gewesen.

Eddie, den wir alle als knallharten Lemmy Caution kennen, erteilt unserem neurotischen Sauhaufen eine bemerkenswerte Lektion in Sachen Disziplin: So zuverlässig und unaufdringlich benehmen sich nicht einmal unsere Kleinstdarsteller. Aber ein Beispiel nehmen wir uns nicht an ihm. Die Sachen, die am Rande passieren, sind noch irrwitziger als unsere üblichen Scherze.

Daß Kurti gleich zu Anfang eine Nacht im Knast verbringt, ist noch ein harmloser Eröffnungsgag. Auf dem nächtlichen Rückweg von einem Restaurant muß er plötzlich dringendst schiffen und tut das ausgerechnet an einem Wachhäuschen auf der Piazza. Der Carabiniere, der drin steht, betrachtet den unheimlich starken Abgang als willkommene Abwechslung in seinem eintönigen Dienst. Jetzt hat er was zum Einschreiten. Schließlich kann man an die Hüter der Ordnung nicht so einfach hinpinkeln. Kurti wird unter wildem Gezeter abgeführt, wir lachen Tränen. Die Todesstrafe wird schon nicht drauf stehen!

Am nächsten Morgen muß Kurti feierlich schwören, daß er sein Attentat nicht antiitalienisch und schon gar nicht gegen die italienische Republik und deren Institutionen gemeint hat, und wird wieder freigelassen.

Der nächste, für den der Knast fällig wäre, bin ich. Nach unseren Sauforgien fährt sich's am nächsten Morgen schlecht Auto. Ich bringe Rainer zum Außendreh nach Neapel, im neuen weißen Stingray, der Sportwagen-Version von Chevrolet. Heute hat der Wagen die unangenehme Eigenschaft, daß er schneller fährt, als ich lenke. Rainer stützt sich nach den ersten hundert Metern mit allen vieren im Cockpit ab, flucht:

»Ras doch nicht wie ein Geisteskranker!«

Mir doch egal. Hätten die halt nicht so blöde Straßen gebaut.

»Hast du nicht die ältere Frau bemerkt, die du grade fast totgefahren hast?«

Hab ich nicht. Und bleibe auch in den Kurven über dem Golf von Neapel mit dem Bleifuß auf dem Gaspedal. Die quietschenden Reifen, das Schlingern des Wagens sind für meinen Suffschädel eine zusätzliche Belästigung. Das Gehabe von Rainer geht mir allmählich auch auf den Geist. Beifahrer sollen das Maul halten. Ich fahr doch prima, was hat er denn? Ich hab das Auto doch schon getestet, wie ein Formel-I-Fahrer auf der Autobahn München–Berlin. Das war ein Theater an der DDR-Grenze! Als die Vopos unter dem Sitz den Wehrpaß von Günther Kaufmann gefunden haben, den der Idiot dort verloren hatte. Und die blöden Gesichter, als sie sich überlegt haben, welchem schwarzen Neger, die's da drüben ja so massenweise gibt, ich wohl zur Republikflucht verhelfen möchte.

Das verzeih ich dem Günther nie, daß die mich sechs Stunden gefilzt haben...

...der Karren ist tatsächlich zu schnell. Vor einer Hundertachtzig-Grad-Kurve seh ich noch den Golf vor mir in all seiner Pracht und eine kleine Trattoria am Rand der Klippen, von denen es hundert Meter runtergeht zum Meer. Ich steig auf die Bremse. Rainer lacht noch einmal schrill:

»Das wär's dann«, sagt er, »viel Möglichkeiten gibt's nicht mehr.«

Gibt's auch nicht. Entweder gleich ins Meer oder durch die offene Trattoria runter. Die schwierige Entscheidung nimmt mir ein entgegenkommender Fiat ab, in den ich voll hineinrase, oder vielmehr der Stingray, denn der macht sowieso nur mehr, was er will. Immerhin ist so unsere Karriere vom Schicksal nicht abrupt beendet worden.

Ich hab mir beim Aufprall nur den Schädel am Himmel angeschlagen. Rainer war so eingeigelt, daß ihm überhaupt nichts passiert ist. Und daß er jetzt am Boden liegt, hängt nur mit seinem Hang zur Übertreibung zusammen: Er wälzt sich und lacht auch noch, der dumme Hund.

Etwas benommen besichtige ich unser Schrott-Auto und meinen Kontrahenten im Fiat. Der schaut nicht besonders gut aus, aber die heilgebliebenen Mitfahrer kümmern sich um ihn. Rainer finde ich in der Trattoria vor einem Espresso:

»Der Drehtag ist durch deine genialen Fahrkünste ja wohl im Arsch!«

Und schon quetscht sich aus seinem Porsche Peter Berling und japst:

»Ich hab's ja gewußt, ich hab's ja gewußt!«

Rainer führt ihn zur schönen Aussicht:

»Wär's dir lieber, wenn du uns da unten besuchen könntest?«

Der Dicke schaut dumm, beschäftigt wenigstens die Polizei,

die sich auch schon eingefunden hat, und schickt mich mit meiner kleinen Gehirnerschütterung zurück ins Hotel.

Am Abend wird der schöne, teure, aber leider kaputte Sportwagen auf den Hof geschleppt. Kurti steht breitbeinig da, die Arme in den Hüften, und sagt in seiner Funktion als Ausstatter, der auch für die fahrbaren Requisiten zuständig ist, lapidar: »So. Das wäre jetzt schon der vierte in diesem Jahr. Aber wir haben ja noch ein paar Monate. Macht's nur so weiter. Und wo nehm ich jetzt einen neuen her?«

»Was der Günther kann, kann ich schon lang«, gifte ich zurück. »Der hat die ersten drei kaputtfahren dürfen. Da habe ich noch zwei gut.«

Rainer springt um den Schrott herum und erzählt atemlos und über das ganze Gesicht strahlend, was das für ein tolles Abenteuer war, und wie wir beide beinah durch die Kneipe ins Meer gefahren wären, und was das überhaupt für eine Sensation war. Eddie Constantine, der als Lemmy Caution doch noch viel tollere Sachen erlebt hat, betrachtet die Szene genauso fassungslos wie Lou Castel – so, als ob sich gerade das achte Weltwunder ereignet hätte.

»So«, sagt Rainer zu mir, »heut hat's doch Diäten gegeben. Dann rück den Kies mal raus, denn die Abschlepp-Kosten zahlst doch gern, wie ich dich kenne. Die Reparatur kannst sowieso nicht bezahlen.«

Dieser Logik kann ich mich schlecht entziehen. Bezeichnend, daß er auch daran gedacht hat. In seinem Leben ist er ein paarmal in solche fast tödlichen Situationen gekommen – und nie hat er auch nur einen Funken Angst gehabt oder einen Schock danach. Vielleicht, weil seine einzige Angst schon ganz früh war, daß er irgendeinen Krebs kriegen könnte. Und weil seine fast manische Dauerbeschäftigung mit diesem Thema von vornherein die Möglichkeit ausschloß, daß man auch durch einen profanen Unfall umkommen kann:

»Ich mit dem Auto? So was Depperstes, des paßt irgendwie nicht zu mir.«

Aber für meine »überhöhte Geschwindigkeit« revanchiert er sich doch noch. Die meisten Szenen spielen in der Hotelhalle, schon wegen der zahllosen Cuba-libre-Einstellungen. Und die Massenszene, in der die Darsteller und das Team auf die Ankunft des Regisseurs warten, jeder in seiner eigenen Erwartungshaltung zwischen Euphorie, gespielter Gleichgültigkeit und flatterndem Lampenfieber, stellt mich vor große Probleme. Ich schwimme in der Fülle des Materials. Ich schlage allen Beteiligten eine Stellprobe vor und finde ausnahmsweise bei Berling hocherfreute Zustimmung. Mutti lobt mich zum erstenmal. Auch Rainer habe ich kraft meines Amtes einfach so bestellt, damit er erst mal erklärt, was er will, und die Grundeinstellungen fixiert.

»Was soll denn das alles? Du hast wohl einen Knall! Blamierst mich ja ganz schön!« raunzt er mir zu.

Obwohl ich allzu gut weiß, daß er nie eine Szene vorprobt, um die Spontaneität nicht zu gefährden – und deshalb habe ich mich auch gehütet, ihn vorher zu informieren –, übergehe ich seinen Ärger: »Ich brauch das jetzt. Außerdem wird's für dich ja auch nicht einfach. Und da will ich keine Fehler machen.«

»Wenn du meinst«, sagt er spöttisch. Und legt los wie eine Dampfmaschine mit laufendem Schwungrad. Rattert mit den Darstellern ihre Einstellungen durch, erklärt mir noch flüchtiger, wer wo zu sitzen und wer wo hinzulaufen hat.

Auf den paar hundert Metern, die er in Rekordzeit zurücklegt, hechle ich mit dem Kameramann hinterher und muß auch noch meine Aufzeichnungen machen.

»Und der Rest steht eh im Drehbuch«, fügt Rainer noch hinzu. Und schon ist er verschwunden.

Und dann war die ganze Probe sowieso für die Katz. Die Szene wird drei Tage gedreht, bis sich herausstellt, daß einige Herrschaften gar nicht spielen können, was von ihnen verlangt wird. So widerwärtig echt der Berling im Leben einen

Produzenten und Herstellungsleiter darstellen kann – vor der Kamera versagt sein »Naturtalent«. Da ist die Luft aus seiner Gemeinheit raus. Und ich krieg die Demutshaltung mit eingequetschten Eiern nicht hin, die der unselige Almeria-Aufnahmeleiter Köberle an den Tag gelegt hatte. Das schafft dafür der Ulli Lommel, und Rainer übernimmt die Rolle der Mutti, weil er das kann, das Plärren vor und hinter der Kamera. Allgemeine Rochade. Jetzt sitzen und stehen die meisten ganz woanders.

Aber diese ganzen Einstellungen, für die wir vorher drei Tage gebraucht haben, gehen uns jetzt unter Zeitdruck leicht von der Hand. Rainer schafft fünfzig Einstellungen an einem Tag, ein Rekord, ansonsten ist es schon außergewöhnlich, wenn man auf fünfzehn oder zwanzig kommt. Da bin ich zum erstenmal richtig stolz, daß ich mein Quantum Arbeit an diesem Monstertag geleistet habe, und verschmerze um so leichter den Verlust meiner Köberle-Rolle. Meine Person kommt ja sowieso vor – Hannes Fuchs mimt den noch ungeübten Regieassistenten aus Almeriazeiten. Da liegen für mich nach einem knappen halben Jahr schon Welten dazwischen. Die fünfzig Einstellungen aber gehen in Rainers Repertoire ein, und mit jedem Jahr werden mehr daraus.

»Warum schneidest denn immer so unverschämt auf?« frage ich ihn einmal.

»Man muß immer was dazuerfinden. Braucht ja gar nicht so besonders gelogen sein. Nur so 'n bißchen. Damit's halt den andern, die zuhören sollen, interessant und aberwitzig vorkommt. Und da dürfen's schon hundert Einstellungen sein.«

Eine weitere Geschichte, die er auch gern zum besten gab, ist tatsächlich passiert – mein zweiter außerfilmischer Beitrag zum Wahnsinn während der Dreharbeiten zur »Heiligen Nutte«. Wenn ich schon nichts zu spielen kriegte, mußte ich mich wenigstens so produzieren.

1972, Dreharbeiten zu *Warnung vor einer heiligen Nutte*, Sorrento,
Italien
Harry Baer, Rainer Werner Fassbinder

In unserem Hotel gibt's im Rahmen der »Italienisch-Amerikanischen Freundschaft« (schöne Freundschaft! – der Nixon ist im Anmarsch auf Neapel) eine Modenschau. In der Halle sind gut tausend Gäste versammelt. Am Ende des Laufstegs hängen in provozierender Einmütigkeit die Flaggen der beiden Nationen. Und davor die abgrundhäßlichen Geld-Bürgerinnen, die jeden Fetzen mit affigem Getue begrüßen. Mit jedem Baccardi werde ich noch mehr zum Kapitalisten-Fresser, schleich mich hinter den Laufsteg, »erscheine« als nicht eingeplante Überraschung und reiße mit einem Ruck die amerikanische Flagge herunter.

Hysterischer Aufschrei des ganzen Saals. Als ich auch noch auf der Fahne herumtrample, beginnt die Meute zu toben. Dahinter tauchen die ersten Polizisten auf. Ein guter Abgang ist nicht mehr möglich. Die Ausgänge sind von keifenden Weibern und brüllenden Männern besetzt. Ich versuche mich zur Bar durchzukämpfen, spüre schon die ersten Polizistenarme an meinem Hals. Aber die haben nicht mit der Solidarität unserer Damenriege gerechnet. Die schlagen um sich, daß es eine wahre Freude ist. Und vor allem die Sybille Danzer, die mich in Almeria so schamlos um mein Abenteuer mit dem Beleuchter gebracht hat, tritt den Bullen besonders gezielt in die Eier.

Ich verschanze mich hinter dem Tresen, reiße die nächstbeste Flasche aus dem Regal, schlag sie ab und brülle hysterisch:

»Jeder, der auch nur einen Schritt näher kommt, kriegt das Ding in die Gurgel!«

Da wird es im Saal doch sehr leise. Und Rainer sagt ganz ruhig:

»Komm Buale, mach keinen Blödsinn!«

»Und wie komm ich da sonst wieder lebendig raus«, frage ich schon etwas nüchterner.

»Laß nur, das machen wir schon!«

Mit der Damenriege als Flankenschutz erreichen wir das

Büro, wo ich mir einige Fragen der Polizisten gefallen lassen muß. Ob das wohl gar politisch gemeint war oder wie oder was? Blöde Frage. Da besteht doch überhaupt kein Zweifel. Aber der schlaue Berling übersetzt mein stolzes Bekenntnis als bedauernde Erkenntnis, daß ich leider besoffen gewesen bin. Soviel kann ich aber auch italienisch, daß ich ihm ins Wort falle.

Rainer hat sich geschickt hinter die Polizisten gemogelt und tippt sich mit dem Finger ans Hirn. Und ein Schienbeintritt von Berling tut sein übriges. Und während ich allmählich zur Besinnung komme, beginne ich den albernen Besoffenen zu mimen. Nach einer halben Stunde ist die Prozedur vorbei.

Am nächsten Tag kommt Rainer mit der Zeitung in der Hand:

»Schau, jetzt bist du sogar schon in den italienischen Blättern. Jetzt fehlt nicht mehr viel bis zum Star.«

Gierig verschlinge ich den Artikel und komme mir wie ein Held vor.

»So«, sagt er dann, »und jetzt geh'n wir wieder arbeiten. Und morgen ist sowieso frei. Und da kommt der Nixon nach Neapel und besucht die Sechste US-Flotte. Dann fahr doch einfach rüber und tu endlich was Vernünftiges, indem du auf die Straße gehst.«

Das tue ich dann auch, kriege den Fengler als ideologisch geschulte Aufsichtsperson mit und kehre am Abend ungeheuer erhoben heim.

»Na, wie war's?« fragt Rainer.

»Super! Hunderttausend sind marschiert. So eine Demo hamma in München noch nie g'habt!«

»Und die Flotte, liegt die immer noch im Hafen?« Die Frage macht mich stutzig:

»Das schon. Aber der Nixon hat sich gar nicht reingetraut nach Neapel. Wenn das kein Erfolg is!«

»Also wenn du meinst, daß das schon das Gelbe vom Ei ist, dann bleib bei deinem Glauben.«

»Aber man muß doch…«

»Man muß vor allem morgen wieder arbeiten. Und jetzt ist erst mal Schluß mit der Politik und mit den Autounfällen auch, weil wir ja den Film in Ruhe abdrehen und nicht vorher aus Italien rausgeschmissen werden wollen, und das alles bloß wegen deinen merkwürdigen Ideen und Aktionen.«

An diesem Abend muß ich noch lange nachdenken.

So menschlich kann der Rainer im Leben sein. Im Film aber möchte er sich gerne zum Monster stilisieren. In einer der letzten Szenen steht Lou Castel auf einer Treppe. Alle, die da promenierten, schleichen bedrückt davon. Lou hält eine Boulevardzeitung, die eine Schlagzeile über einen Kindsmörder ziert. Sehr symbolisch.

Rainer kokettiert da mit seiner Rolle als Blutsauger, der alle für seine Zwecke ausbeutet, aber auch – in der erhöhten Position auf der Treppe – mit seiner Fähigkeit, als einziger das Menschenmaterial sammeln und ordnen zu können. Die Einsamkeit als dritte Chiffre: Filmen bedeutet Ersatzhandlungen zu vollziehen. In der Schlußszene sitzt Lou Castel in der Vorführung, die ersten Muster werden gezeigt. Über das einfrierende Bild läuft das Zitat aus Thomas Manns »Tonio Kröger«: »Ich sage Ihnen, daß ich es oft sterbensmüde bin, das Menschliche darzustellen, ohne am Menschlichen teilzuhaben…«

Über die Berühmtheit

Peter W. Jansen: Es gibt bei uns keinen Filmemacher, der so oft Gelegenheit hatte – in über dreißig Filmen bisher – und diese Gelegenheit auch so oft wahrgenommen hat, etwas über sich selbst mitzuteilen. Dennoch ist Rainer Werner Fassbinder, wenigstens einem größeren Publikum gegenüber, fast unbekannt geblieben. Worauf, Herr Fassbinder, führen Sie das zurück?
Fassbinder: Das ist schwer zu sagen. Ich würde das überhaupt als 'ne merkwürdige Frage betrachten. Aber wenn schon gefragt wird, würde ich sagen, vielleicht weil alles, was ich gemacht habe, natürlich sehr privat ist, sehr viel mit mir zu tun hat – aber weil ich so viel gemacht habe, ich es nicht nötig hatte, mit dem Privaten auf eine Art und Weise umzugehen, die so was Exhibitionistisches hat. Vielleicht, ich weiß es nicht.

(Fernsehinterview, 1978)

Mitte Mai 1982. Ich sitze mit Rainer am Chinesischen Turm im Englischen Garten in München. Ein friedliches Chaos von Menschen, die einander im Alltag kaum ertragen würden. Bierdimpfl'n, Punks, Familien mit Kindern, Alt-Freaks, Feuerschlucker, Bank- und Versicherungsangestellte, die nach Schalterschluß ihren Feierabend genießen, Musiker, Schwule quer durch das Sortiment. Der bunteste und unaggressivste Treff der Stadt.

Rainer hockt immer im Schatten. Er kann Sonne nicht ausstehen. Manische Angst vor Hautallergie, seit er 1977 beinahe an einer Gürtelrose gestorben ist.

Ich hole frisches Bier und reichlich Brotzeit.

»Na, haben dich wenigstens ein paar Leute erkannt?« fragt er schnippisch, als ich mit den Maßkrügen zurückkomme. Gestern ist ein »Tatort« gelaufen, in dem ich eine Hauptrolle gespielt habe.

»Jawohl!« gebe ich genauso schnippisch zurück.

»Na bitte!«

Das sitzt, wie er das sagt. Er ist in München bekannt wie ein bunter Hund, »bewundert viel und viel gescholten«. Die offenen Anfeindungen treffen ihn schon lange nicht mehr, oder er gibt's nicht mehr zu. Sein Aufzug ist im Lauf der Jahre immer noch radikaler geworden: Schlapphut, Sonnenbrille, das Hemd offen und aus der alten Jeans hängend, Smokingschuhe, die die früheren Knobelbecher ersetzen. Und auch beim heißesten Wetter eine Lederweste. Und in Permanenz unrasiert und eine Zigarette nach der anderen paffend. Maskerade, Tarnung, da kann ihm keiner hinter die Kulissen schauen. Und außerdem fühlt er sich in diesem Aufzug auch noch sauwohl. Und trotzdem passiert's immer wieder, daß Leute sich von seiner Angstmacher-Außenhaut nicht abschrecken lassen und ihn rücksichtslos vereinnahmen möchten. Weil ein Star halt ein Star ist.

Mit der Zeit gewöhnt man sich an die kleinen Störungen, die Privatheit in der Öffentlichkeit unmöglich machen. Und irgendwann langweilt's nur noch.

Februar 1982. Die »Paris Bar« in der Kantstraße in Berlin, Restaurant und Treff der Künstler, Schickeria und viel Mitläufer-»Chi-Chi«. Wir feiern in den Geburtstag unseres »Querelle«-Produzenten Dieter Schidor hinein. Wie immer kriegen wir einen Tisch im hinteren Teil, etwas abgeschirmt vom restlichen Lokal. Da Austern nach Rainers Meinung eine der wenigen Speisen sind, die man hier essen kann, ordert er, ohne zu fragen, ob einer vielleicht das Zeug nicht mag. Er duldet keinen Widerspruch. Selber verzichtet er allerdings darauf, hält sich an Lamm und jammert, daß es keinen Leberkäs mit Ei gibt.

Es geht auf Mitternacht zu. Wir haben schon den Moët Chandon auf dem Tisch, um auf Dieters Geburtstag anzustoßen. Die Stimmung ist prima. Kaum einer bemerkt die schreiend blonde Frau, die sich an unseren Tisch drängt, bis sie die Unterhaltung an sich zu reißen versucht. Die faselt, daß sie uns nicht stören will, und kämpft sich dabei immer weiter zu Rainer vor. Sie sagt, daß sie die Frau vom Gunter Gabriel ist, daß er dem Herrn Fassbinder eine Zeile in seinem neuen Country-Schlager gewidmet hat und daß er sie nun vorschickt, damit der Herr Fassbinder ihm ein Grußwort für seine Schallplatte schreibt. Wirklich der passendste Moment.

»Was will die eigentlich?« fragt Rainer mit dem Sektglas in der Hand, weil wir ja jetzt anstoßen wollen.

Aber wir kommen nicht zum Anstoßen, weil jetzt wendet sie sich direkt und schon recht massiv an den Rainer und verzapft den Sermon noch einmal. Rainer hört ihr zu, bis sie endlich fertig ist: »Gute Frau, das ist hier ein Treffen mit Freunden. Und wir sind gern unter uns. Wenden Sie sich doch mit Ihrem Anliegen an unser Büro. Der Herr Baer gibt Ihnen sicher gern unsere Adresse.«

Aber die Frau Gabriel läßt sich nicht irremachen. Entschuldigt sich noch einmal und legt, während der Champagner langsam warm wird, eine neue Platte auf:

»Mein Gott, wie arrogant Sie sind, meine Herren! Herr Fassbinder, das sind Sie doch gar nicht. Das kann ich nicht glauben, daß Sie das sind!«

Vergessen das Grußwort, vergessen die spießigen Entschuldigungen für ihr Eindringen in die »Männerrunde«. Sie wird immer lauter und bald dringt die keifende Stimme quer durchs Lokal. Schau, schau, die kann ja richtig ausfallend werden! Jetzt kriegen wir alle unser Fett ab:

»Versnobte Idioten, anmaßende Clique!«

Daß Rainer kichernd auf seinem Stuhl hin und her rutscht, erbost sie besonders:

»Du feiges, fettes Männchen du, dich hinter deinem blöden Grinsen verschanzen, das kannst du wohl, was?«

Günther Kaufmann, von Haus aus mit einer durchdringenden Stimme gesegnet, ersucht sie höflichst, das Maul zu halten und sofort zu verschwinden. Das törnt sie erst recht an, sie beugt sich über den Tisch und schlabbert unseren mittlerweile lauwarmen Schampus. Dieter springt auf und verläßt angewidert das Lokal.

Jetzt, nach zwanzig Minuten, kommt endlich dem Herrn Gabriel das Rolleau hoch, verschämt versucht er seine Gattin abzuräumen, erfolglos.

»Verpiß dich, ich bin alt genug!«

Rainer ist nun endlich echt sauer:

»Wenn man mir die Fotze nicht sofort vom Hals schafft, dann betret ich diesen Laden nie wieder!«

Den vereinigten Kräften der Kellner gelingt es endlich, sie wegzuzerren. Da sitzen wir vor dem ausgerauchten Champagner und ohne das Geburtstagskind. Und da heißt es immer, daß Country-Musik so gute Laune macht.

Cannes, Mai 1972. Zum erstenmal beim Festival. In der »Quinzaine des realisateurs« läuft »Der Händler der vier Jahreszeiten«. Reaktion: Gut. Eine deutsche Geschichte. Bemerkenswert. Abends trifft man sich im »Petit Carlton«, einer kleinen Kneipe, die während der Festspiele fest in deutscher Hand ist. Filmemacher, Schauspieler, Kritiker. Die Produzenten fehlen. Die hocken in ihren Suiten in den Nobelhotels an der Croisette, im »Martinez«, im »Carlton«, im

»Majestic«. Mit diesen Herrschaften haben wir nichts zu tun und wollen's auch gar nicht in unserem Jungfilmer-Stolz.

Im offiziellen Wettbewerb läuft Viscontis »Tod in Venedig«. Rainer hält viel von ihm. Ausgerechnet diesen Film mag er nicht. Aber trotzdem will er den Visconti anschauen gehen. Stellt sich nur das Problem, wie wir in seine Suite im Carlton kommen. Eine deutsche Fernseh-Crew, die ihn interviewt, hilft uns weiter. Ein bißchen wie Pat und Patachon verkleiden wir uns als Beleuchter, platzen mitten in das Interview und ernten einige strafende Blicke für unsere Tollpatschigkeit. Wir verschanzen uns hinter unseren Scheinwerfern und glotzen den Meister an, der auf einem Sofa thront. Neben sich seinen Tadziu, der mir doch ausnehmend gut gefallen würde. Rainer aber hängt an den Lippen von Visconti, der über sein Interesse an deutscher Literatur referiert, über teutonische Größe, über Thomas Mann, König Ludwig II., über sein Krupp-Epos »Die Verdammten« und über die Notwendigkeit, die deutsche Geschichte aufzuarbeiten.

Rainer ist danach sehr nachdenklich:

»Den Thron erober ich mir auch noch!«

Und läßt offen, ob er das Sofa meint oder die großen Stoffe…

Cannes, Anfang Mai 1982. Auf der Croisette schieben wir uns durch die Menge der Schaulustigen. Touristen und Einheimischen.

»Have you seen that guy, that's Fassbinder!«

Sie sprechen das ›binder‹ wie ›beinder‹ aus. Blöde Amis.

»Tu connais celui-là, c'est Fassbind a e r!«

»Ei Babba, guck doch emol, des isch doch der Fassbinner, da hinne lauft'r!«

»Hai visto Fassbinder, quello colla barba!«

»Rainer«, gebe ich zu, »dich kennen sie inzwischen dreieinhalbsprachig.«

Berlin, Filmfestspiele 1982. Fassbinder mit dem *Goldenen Bär* für
Die Sehnsucht der Veronika Voss
Rosel Zech, Fassbinder

Er macht ein zierliches Mündchen:

»Pah! Kannste mal sehen, wie berühmt ich bin. Willst es ja nicht glauben. Und sogar einer der Berühmtesten!«

»Ja, ja, im Moment!«

Er hebt träge die Arme wie eine satte Odaliske und zitiert wieder seinen Lieblingssatz:

»Life is so precious, even right now!«

Jetzt hat er mir wenigstens eine überzeugende Demonstration geben können. Denn gerade noch hat er sich im Hotel Martinez über mich aufregen müssen:

»Kitty, kannst dem Harry mal beibringen, daß ich wirklich berühmt bin. Mir glaubt er das einfach nicht.«

Dieter Schidor, den wir Kitty Babuffke nennen, warnt mich mit einem strafenden Seitenblick. Als sie vor einigen Wochen in New York waren, hat er zur Besserung von Rainers Laune Leute dafür engagiert, daß sie auf der Straße in Entzückensschreie ausbrachen:

»O god, is it really true? Are you the admirable Mr. Fassbeinder? For me you are the greatest filmmaker in the whole world!« Jetzt macht Dieter auf cool:

»Ist doch kein Wunder. Der sieht dich am Tag und in der Nacht, sieht dich auf dem Klo und im Zustand geistiger Umnachtung. Also mir würde das genauso gehen. Mich wundert das nicht.«

»Bloß die ›Newsweek‹ und das ›Time Magazin‹ fehlen mir noch mit der Titelseite«, grübelt Rainer. »Im ›Spiegel‹ war ich schon vorn drauf. Das ist wie mit den Schauspielern, gehabt hab ich sie schon alle, mir fehlt bloß noch meine Marilyn. Aber das krieg ich auch noch hin.«

Dechiffriert heißt das: der Dirk Bogarde in »Despair« hat ihm den Burt Lancaster ersetzt, in »Querelle« war der Brad Davis sein James Dean, und Jeanne Moreau außer sein erfüllter Jugendtraum auch noch stellvertretend für den französischen Film überhaupt und Brigitte Bardot und Anna Karina neben-

74

bei. Und nun steht er unmittelbar vor dem Besitz seiner »Marilyn«, die für ihn das Universal-Kürzel für alles Große im amerikanischen Film ist.

Das nächste Großprojekt ist für das Frühjahr 1983 geplant, ein Film über Rosa Luxemburg.

»Und Rosa L. mach ich mit der Jane Fonda.«

Das ist nicht nur eine Idee, das klingt schon wie ein Dogma. Vietnam, die Frauenbewegung und ihre engagierten Filme.

»Jawohl, Jane ist richtig für die Rosa L. Und den Hanno mach ich zum Weltstar«, sagt er mit der gleichen Bestimmtheit.

Der Österreicher Hanno Pöschl hat in »Querelle« eine Doppelrolle unheimlich intensiv gespielt.

»Der Hanno und Jane, stell dir die beiden mal zusammen vor, das gefällt mir gut!«

Seine Augen strahlen.

Anfang Juni 1982. Rainers Wohnung in der Clemensstraße. Wir sitzen mit Regina Ziegler, der künftigen Produzentin von »Rosa L.«, in der Wohnlandschaft aus Leder. Regina hat, nachdem sie wochenlang herumtelefoniert hat, endlich die Zusage, daß sie Jane Fonda um zehn Uhr abends an die Strippe bekommt – Mittagszeit in Los Angeles.

Es wird zehn, sie kriegt die Verbindung und übergibt den Hörer an Rainer. Ehrfürchtiges Atemanhalten, der Vorgang kriegt irgendwie was Sakrales. Ich krieche zu Rainer in die Hörmuschel hinein, ich muß mithören, sonst zerreißt's mich.

Rainer spricht englisch, eigentlich stottert er herum, ich erlebe zum erstenmal, wie er rot wird. So hab ich ihn noch nie gesehen, um Worte ringend und verlegen wie ein Kind dabei. Jane »Marylin«, we love you ... Sie sagt tatsächlich zu!

»Jane Fonda herself«, so hat sie sich gemeldet. Das hat ihm

erst mal schon gut gefallen, sehr gut sogar. Das klingt welt-weit! Das gefällt ihm sogar ausnehmend gut!! »Fassbinder himself« verkündet er in den nächsten Wochen jedem, der's hören will oder nicht.

Natürlich weiß ich, daß er berühmt ist. Aber zugeben will ich's ums Verrecken nicht. Schon deshalb, weil er sich drüber ärgert. Spätestens, seit er in den Karikaturen auftaucht, habe ich es begriffen. Und selbst die haut er mir noch um die Oh-ren, damit ich es lerne für alle Ewigkeit...

All right, Rainer! Fassbinder himself...

»Hochmut kommt vor dem Fall«

> »Zwischen den ›Pionieren‹ und dem ›Händler der vier
> Jahreszeiten‹ liegt ja fast ein Jahr, wo ich keine Filme
> gemacht habe –, daß ich da eine Möglichkeit gefunden
> habe, das an Autobiographischem nicht mehr so onani-
> stisch, zum Selbstzweck zu machen, sondern eine Mög-
> lichkeit zu finden, ...daß es allgemeingültiger wird,
> also daß ich angefangen habe, mich in einem Bezug zur
> Umwelt zu sehen und nicht nur in bezug zu mir selber
> und meinen Freunden. Ich würde sagen, ...daß die
> Filme da anfangen, ...Filme für die Menschen zu sein,
> also daß sie da nicht mehr den Hochmut haben, den die
> Filme früher hatten...«
> RWF im Interview mit Wilfried Wiegand in dem Band
> »Film 2« Reihe Hauser

»Warnung vor einer heiligen Nutte« hat den Untertitel
»Hochmut kommt vor dem Fall«.
In »Warnung vor einer heiligen Nutte« gibt's eine Szene, in
der Lou Castel, der den Regisseur spielt, auf dem Boden liegt,
mit den Fäusten strampelt und schreit:
»Ihr saugt mich alle nur aus!«
Eine Vorwegnahme von dem, was sich nach der Rückkehr
nach Feldkirchen ungefähr so abspielte. Nicht die »Heilige
Nutte« war eine Abschluß-Bilanz, ein Requiem auf das anti-
teater. Es war eher umgekehrt. Was er da an schonungsloser
Darstellung seiner eigenen Ansichten über das Team losgelas-
sen hatte – er als der magisch entrückte Held, die anderen als
das verdeppte Fußvolk –, führt zum ersten Bruch.

Das fing an mit der Erkenntnis: »Der Schmarr'n tut langsam weh.« Und endete in einer allgemeinen Geldrausch-Orgie, in der die Produktionskasse geplündert wurde. Im November 1970 fingen noch alle brav mit der Fernseh-Produktion von Marie Luise Fleißers »Pioniere in Ingolstadt« an, die Rainer in eine Art zeitlose Gegenwart verlegt hatte.

Daß er den Günther als Soldaten besetzt, obwohl es in der Reichswehr nie im Leben einen Farbigen gegeben hat, schürt den Unmut über die Protektion. Wenn die Stimmung sowieso auf hundert ist, dann ist es aus mit der Toleranz. Und der brutale Soldateska-Jargon, mit dem die Fleißer eine faschistische Haltung anprangern will, gefällt uns jetzt gerade erst recht gut, wenn wir über den Rainer herziehen.

»Und wenn's zu der Zeit keinen Farbigen in der Reichswehr gegeben hat, dann erfind ich halt einen!« weist er uns knapp in die Schranken.

Schon wieder dieser selbstherrliche Ton. Und mit dem Geld schmeißt er immer protziger herum. Und wir müssen uns wieder mal mit einer Schmalspurgage begnügen. Da ändert meine Hauptrolle auch nichts dran. Praktisch, daß sich der Kurti Raab, der die Produktionskasse verwaltet, auch schon die großkotzigen Manieren vom Rainer angewöhnt hat. Mit seinem Alukoffer, in dem er zwanzig- oder dreißigtausend Mark verstaut hat, taucht er im »Casanova« auf, läßt alle hineinschauen und gibt so an, daß sogar abgebrühte Stricher Angst kriegen. Das schreit nach Selbstbedienung. Und als wir auch noch merken, daß der Rainer gar keine Lust mehr hat, den Film fertigzumachen, kommt das Faß zum Überlaufen.

Als der Kurti wieder einmal ganz besoffen ist, und das schon am Vormittag des letzten Drehtags, bedienen sich die Unterprivilegierten. Kurti animiert sie auch noch, läßt Scheine durch die Luft wirbeln:

»Da is die Kassa! Nehmts doch, was's wollts, Arschlöcher! Mir is des eh wurscht!«

Leider bin ich bei dieser Transaktion nicht anwesend. Schade. Michael Fengler kauft sich von seinem unverhofften Lotto-Gewinn gar nicht links-ideologisch einen sündhaft teuren Sportflitzer und äfft nun also doch den Rainer nach. Die Irm Hermann läuft davon und verschreibt sich aus Verzweiflung indischer Mystik nebst makrobiotischer Körner-Fresserei. Der sanfte Willy beginnt auch für andere Leute Musik zu komponieren. Und Rainer, angeekelt von allem und hoffentlich auch von sich selber, legt erst mal eine Denkpause ein.

Mir reicht's auch! Ich krieg sogar mit meiner eigenen Kommune Krach, weil die mein Stargehabe ebenfalls satt haben. Als mir auch noch als Regisseur ein Kurzfilm mit dem bezeichnenden Titel »Oberschüler« in die Binsen geht, kommt mir das Angebot von Werner Schroeter grade recht. Der dreht in den Ruinen von Baalbek einen »Salome«-Film und engagiert mich als Regieassistenten.

Die biblischen Monster, die ich zu betreuen habe, wüten nur vor der Kamera. Dazwischen herrscht ein geradezu überirdischer Frieden. Der Werner Schroeter sieht sich eben nicht als umtreiberischer Leithammel rund um die Uhr. Die meisten »heimatlichen« Gefühle im fernen Libanon erweckt in mir Magdalena Montezuma. Wie die als glatzköpfiger Herodes mit den Armen rumfuhrwerkt, wie die in brunnenvergifterische Zuckungen verfällt – mein lieber Schorle, das kenn ich doch irgendwoher. Die hat ja dem Rainer sein halbes Repertoire geklaut!

Für den nächsten Film von Schroeter fahren wir auf Motivsuche nach New York. Weltstadt, denk ich, da werd ich mir die letzten Eierschalen aus dem Feldkirchener Nest abstreifen.

Aber der kleine Harry ist noch nicht reif für die große Welt. Allmählich tauche ich in einen Alptraum. Eine alte Frau, die ich in einer relativ einsamen Straße nach dem Weg frage, hält mir wortlos mit zitternden Händen und in Todesangst ihre abgeschabte Handtasche entgegen. Erst denke ich, die ist irr.

Erst nachher dämmert mir, daß sie gedacht hat, das sei ein Überfall. Daß jemand beim geringsten Anlaß so um das kleine, nackte Leben zittern muß, das find ich grauenhaft.

Jetzt fällt mir auch auf, warum die Leute in der Metropolitan in einer Art Rösslsprung-System sitzen – da kann jeder die andern belauern und wenigstens einen Fluchtversuch probieren, bevor's ihm ans Leben geht.

Dort, wo's am gefährlichsten sein soll, in Harlem, da fühl ich mich in einem James-Brown-Konzert zum erstenmal wohl unter den ganzen Schwarzen.

Am nächsten Tag besuchen wir einen deutschen Experimentalfilmer, der schon lange hier wohnt, sich auskennt und uns helfen soll. Bestellt sind wir für zwei Uhr, weil ab fünf kann man sich nicht mehr auf die Straße trauen. (Ein ausgefeiltes System, das genaue Kenntnis des Stadtplans voraussetzt, denn die Überfälle variieren je nach Gegend in der Uhrzeit – offenbar wird hier Schicht gearbeitet.) An der Wohnungstür demonstriert er uns an einem Dutzend Schlösser, wie sie funktionieren, und was sie alles doch nicht verhindern können. Trotz der Verbarrikadierung ist schon viermal eingebrochen worden. Gott sei Dank in seiner Abwesenheit.

Später wird Rainer diese Stadt vergöttern. »Was ich an Amerika toll fand – speziell in New York –«, sagt er zu Wolfgang Limmer, »war der Irrsinn von einer Stadt, die mir ziemlich systemlos, ordnungslos, trotzdem phantasievoll vorgekommen ist.« Das hat wieder mit seiner absoluten Furchtlosigkeit zu tun. Ein pures Wunder, daß er nicht abgestochen worden ist, wenn er sich um vier, fünf Uhr früh im Schlachterviertel oder vorzugsweise am Hafen herumtrieb. Vielleicht hat ihn seine Sicherheit beschützt, daß er auf eine in New York so alltägliche Weise auch nicht sterben würde.

Ich halt das nicht aus. Diese Paranoia ist ein paar Nummern zu groß zu mich. Unter einem kläglichen Vorwand und wie von Furien gejagt transportiere ich die Reste meines Selbstbewußtseins vom Kennedy Airport direkt in mein Kämmerlein in der Knöbelstraße. Da ist alles so schön klein und übersichtlich. Und ich komm mit einem Türschloß aus.

Nach ein paar Tagen schaut Rainer vorbei:

»Wie war's in Amerika?«

Er liest die Antwort auf meinem Gesicht:

»Ich mach 'nen neuen Film in München.«

Und schon inspiziert er mein Domizil:

»Wunderbar, das wird unser Produktionsbüro.«

Inzwischen ist er mit Ingrid und Willy in eine puffige Wohnung in der Reitmorstraße gezogen, und da wollen sie ihre Dreisamkeit nicht durch ein Produktions-Chaos gestört wissen. Mir macht der Betrieb wie in einem Taubenschlag nichts aus, im Gegenteil, ich verlier dadurch meine Panik. Und viel Aufwand kann's ja auch nicht werden, weil wenig Geld da ist, lumpige 178 000. Und der Rainer ist auch in seiner Thematik wieder vom hohen Roß heruntergekommen:

»Das wird eine kleine, ganz alltägliche Geschichte über einen Obsthändler, den seine Frauengeschichten kaputtmachen.«

Und so soll der Film auch ursprünglich heißen – »Der Obsthändler«. Der endgültige metaphysische Titel »Händler der vier Jahreszeiten« stammt von dem Schweizer Filmregisseur Daniel Schmid, der eine kleine Rolle spielt und bald zu Rainers geduldigsten Treuen gehört und seine eigene Arbeit darüber Jahre vernachlässigt.

Die Produktion wird doch nicht so ruhig, wie ich mir das erhofft habe. Die Ingrid, die, als der liebe Gott das Talent zum Besitzergreifen verteilt hat, auch zweimal »hier« geschrieen hat, ist als rechtmäßig angetraute Gattin immer unausstehlicher geworden. »Wenn sie sich im Hotel als Frau Fassbinder anmeldet, krieg ich die Wut«, klagt Rainer.

»Wieso denn? Stimmt doch!« sag ich.

Aber in der kurzen Woche, in der wir den Film drehen, lern

ich sie nun auch von ihrer Schokoladenseite kennen. Sie macht die Produktionsleitung. Wenn sie mit ihrer Zigarettenspitze dasitzt wie die Farah Diba beim Regieren, krieg ich schon die Wut. Und als die Frau Produktionsleiterin mich eines Morgens aus dem Bett zerren will, in das ich mich grade vor einer Stunde gelegt habe, geb ich ihr einen Tritt und döse weiter.

Im Halbschlaf spiel ich wieder die tolle Szene in der »Heiligen Nutte«, in der ich mein Weib, die gespreizte und überkandidelte Kleindarstellerin Caven, durch die Gegend watsche, als sie sich einmal zuviel an die Oberen anbiedert...

Sie will mich schon wieder aus dem Bett holen. Die ist einfach sauer, weil sie früher hat aufstehen müssen. Sticht mich mit ihren spitzen Fingern in die Weichteile, bringt mich mit ihrer Keiferei zur Raserei, bis ich vollends ausraste. Nackt stürze ich aus dem Bett, sie vor mir her. Im »Büro« nebenan geh ich ihr an die Gurgel.

Rainer schaut etwas indigniert. Er weiß ja inzwischen, was kommt, probiert der Szene auszuweichen, indem er der Ingrid das Maul verbietet, das trotz meines Würgegriffes immer noch phantastisch funktioniert. Und als das nichts fruchtet, macht er einen vergeblichen Ansatz bei mir:

»Wenn du ihr so kommst, dann hört sie überhaupt nicht auf. Im Gegenteil, da geht's erst richtig los.«

Ingrids Stimme jodelt mit unheimlicher Kraft im höchsten Diskant. Familien-Potenz. Sie hat eine Röhre wie ihre Schwester, die Opernsängerin Trudeliese Schmidt. »Ingrid!« warnt Rainer, »du kennst den Harry nicht, der ist zu allem fähig! Du warst ja in Almeria nicht dabei, frag mal den Berling nach dem Messer...« Ingrid kreischt wie ein Orkan auf dem Dachboden:

»So kann er mir nicht kommen, der kleine Wichser, so nicht! Und eure schwulen Bubi-Stories interessieren mich schon überhaupt nicht!«

Ich wohn im Hochparterre, die Fenster sind sommerlich offen. Wichser hat die zu mir gesagt. Das sagt die einmal und nie wieder in ihrem Leben. Ich nehm meine Hände, die an der Gurgel völlig nutzlos zugange waren, um ihre Hüften und schmeiß sie mitsamt ihrer blöden Zigarettenspitze, an der sie sich festgebissen hat, aus dem Fenster. Ein ungeheures Wohlgefühl überkommt mich. Ich klatsche nach getaner Arbeit zufrieden in die Hände. Die war aufgeräumt.

Aber da kenne ich die Ingrid schlecht. Wie einer, den man in einem blöden Film vorn rausschmeißt, stöckelt sie hinten bei der Wohnungstür wieder herein. Und nicht einmal jetzt ist ihr die Luft ausgegangen. Das keift und keift und findet kein Ende.

Als sie nach langer Zeit endlich doch Atem holen muß, meldet sich müde der leidgeprüfte Ehemann Rainer zu Wort: »Siehste, das ist sie, so und nicht anders. Das nennt sich dann Frau Fassbinder. Wenn die einmal tot ist, dann mußt ihr noch mal mit der Kohlenschaufel eine übers Maul hauen, damit sie wirklich ruhig ist.«

Rainer klettert bei seinen Erzählungen über diese kleine Episode von Stock zu Stock, bis er endlich im vierten angekommen ist. Ich aber danke meinem Schicksal, das mir zwar den Jähzorn gegeben hat, aber mich gnädig ins Hochparterre ziehen ließ.

Rainer verarbeitet einfach alles. Nachdem er sich von seinem »Irrtum« hat scheiden lassen, bringt er die »Szenen seiner Ehe« noch immer taufrisch in »Angst essen Seele auf« ein. Irm Hermann, kurzfristig von ihrem Körnertrip genesen, ist die keifige Tochter von Brigitte Mira, er spielt den dumpf triebhaften Schwiegersohn. Ein Dialog wie im Leben. Sie gießt Blumen auf dem Balkon, er lümmelt auf dem Sessel:

»Hol ma no a Bier.«
»Hol's da doch selber.«
»Jetzt fangst glei eine!«

Es klingelt.

Er: »Mach auf. Wer is'n des?«

Sie: »Weiß ich hier drin, wer draußen klingelt.«

Er: (grunzt in sich hinein).

Wir arbeiten am »Händler der vier Jahreszeiten« Tag und Nacht. Bei den wenigen Kröten und 35 mm und Farbe gibt's gar keine andere Möglichkeit. Drei Tage müssen wir trotzdem dranhängen, weil ständig Negativschäden auftreten. Wieder typisch: Eh kein Geld, und dann geht auch noch alles kaputt. Bei den reichen Produktionen ist so was nie passiert. So wird der Übermut eben bestraft.

Ausgerechnet die Rückblende in die Legionärszeit des Obsthändlers muß dreimal nachgedreht werden. Eine rechte Sado-Szene, wie sie beim Rainer auch in den Gangsterfilmen bisher nicht aufgetaucht ist. Der Quäler ist El Hedi Ben Salem, ein dunkler Marokkaner, den Rainer in der Arabersauna in Paris aufgetan hat. Irgendwie lebt der jetzt mit ihm zusammen. Wenn er nicht da wär, würde wahrscheinlich der Günther die Szene gekriegt haben. Aber den hätte der Rainer nie so sadistisch eingesetzt – der ist in »Whity« seinerseits ausgepeitscht worden. Da kann sich jeder denken, was er will.

Der Dreh ist weit draußen in der Ingolstädter Straße auf einem Bundeswehr-Schießplatz. Da schaut's immerhin etwas nach Marokko aus. Ein Volkswagen stoppt uns. Zivilfahnder der Polizei. Es ist August 1971. Die Zeit der ersten Terroristenhatz. Auf unserem Rücksitz liegen Maschinenpistolen-Atrappen. Rainer sagt wie ein Einser-Schüler:

»Ich bin der Rainer Werner Fassbinder.«

Ich erkläre, daß wir das da hinten als Requisiten für unseren Film brauchen. Wir haben alle in der letzten Zeit ganz schnell gelernt: Bewege dich nur, wenn es dir die Bullen erlauben, sonst kann es deine letzte Bewegung sein! Und frag lieber zweimal nach, bevor du deine Papiere aus der Jackeninnentasche ziehst! Mitten auf der Ingolstädter Straße komm ich mir vor wie in New York.

Das Klima ist überhaupt mißtrauisch geworden. Bloß weil ich die Ingrid aus dem Fenster geschmissen hab, und weil wir unerlaubt in der Toreinfahrt und in meiner Wohnung gedreht haben, und die alten Hausbewohner mit ihrer wüsten Phantasie sich darunter weiß Gott was vorgestellt haben, krieg ich kurz nach Drehschluß die Kündigung: »Alle rechtschaffenen und alteingesessenen Mieter des Anwesens Knöbelstraße fühlen sich durch die ständigen Vorkommnisse und den übermäßigen Personenverkehr in Ihrer Wohnung aufs äußerste belästigt. Wir teilen Ihnen deshalb mit…« Und so weiter, und so weiter.

Das trifft sich bestens. Wir wollen nach der Entwicklung vom Chicago-Hinterhof zum Obsthändler-Hinterhof jetzt alle richtige Landluft schnuppern. Wozu bin ich denn inzwischen Vollprofi im Organisieren? Ein Bauernhof fern von der Stadt als Workshop, Ideenfabrik und idyllischer Zufluchtsort ist bald gefunden, in Eggenfelden, zwei Stunden von München. Und Platz ist auch für alle, für Rainer und El Hedi Ben Salem und Ingrid, für Daniel Schmid mit seinem Freund und für mich. Freudig expediere ich meine Möbel persönlich auf unser »Gut«. Und da sitz ich dann und gehe bald vor Langeweile ein.

Denn außer mir hat jeder den Umzug bloß für eine nette Idee gehalten. Und die haben mich einfach machen lassen und sich bei einem Blitzbesuch sogar die Zimmer ausgesucht, ohne auch nur dran zu denken, aus ihrem Kneipendasein in die Einöde zu emigrieren.

Natürlich will ich da allein auch nicht bleiben. Natürlich hab ich Depp den Maklervertrag als einziger unterschrieben. Und natürlich glaub ich, daß die Scheiß-Paragraphen für mich nicht gelten, und verliere logischerweise den Prozeß gegen den Makler.

Und weil Recht Recht bleiben muß, krieg ich auch noch die Telefonrechnung aus der Knöbelstraße, wo die Produktion

für viele tausend Mark herumtelefoniert hat. Rainer ist vom
Erdboden verschwunden, ich steh allein da, ohne Wohnung,
ohne Geld. Jetzt kann er mich endgültig am Arsch lecken mit
seinem neuen Anfang, die blöde Sau. Ich ziehe zu Michael
Fengler in die Konradstraße und bitte ihm alles ab. Warum
soll ein engagierter Linker sich nicht eine Prachtsuite halten,
wenn er Platz für mich hat. Außerdem gibt's eine Arbeits-
Perspektive: Michael ist frischgebackener Mitbegründer des
»Filmverlag der Autoren«. Willy macht seinen ersten Film,
»Adele Spitzeder« von Martin Sperr mit der Ruth Drexel.
Und ich bin Produktions- und Regie-Assistent in einem Laden, der mir vertrauenswürdiger vorkommt als Leute, die
mich der Einzugsstelle der Deutschen Bundespost ausliefern.
Daß hier auch der »Händler der vier Jahreszeiten« in den Ver-
leih kommt, stört mich herzlich wenig.

Ich bin der Schwanz der Nation

> *»Also ich würde mich gegen den Vorwurf der Denun-*
> *ziation von Menschen eigentlich in allen Sachen, die ich*
> *gemacht habe, wehren. Im Gegenteil, ich meine, daß*
> *ich wirklich weniger als fast alle anderen Leute Leute*
> *denunziere und viel zu sehr positiv auf Leute eingehe,*
> *wo es eigentlich schon gar nicht mehr tragbar ist. Wenn*
> *zum Beispiel in WILDWECHSEL der Vater von seinen*
> *Kriegserlebnissen erzählt, wenn seine Ansichten beson-*
> *ders schrecklich werden, dann sind wir immer beson-*
> *ders zart mit ihm umgegangen, um klarzumachen, daß*
> *das Schreckliche etwas ist, was sie sprechen und was*
> *natürlich ihre Ansichten sind, die ihnen aber beige-*
> *bracht worden sind, also daß eigentlich der Mensch*
> *etwas Zartes oder Zärtliches ist und daß das, was er sagt*
> *oder denkt, das Schreckliche ist – und nicht, daß er das*
> *ist.«*
>
> (RWF im Interview mit Wilfried Wiegand)

Rainer ruft mich im Filmverlag der Autoren an und fragt, ob ich nicht die Regieassistenz bei »Die bitteren Tränen der Petra von Kant« machen will. Da der Film sowieso bei uns verliehen wird, sagte ich mir: Arbeit ist Arbeit und Dienst an der Firma.

Erst im Lauf der Dreharbeiten komme ich dahinter, daß Rainer wieder einmal sein versammeltes Familienpublikum braucht. Denn nur wir absoluten Insider können hinter die Scharade kommen, in der er genüßlich seine Beziehungen und Nichtbeziehungen, seine Sehnsüchte und seine Intrigen verschlüsselt und »transsexualisiert«.

Da ist vordergründig einmal die Rivalität zwischen Hanna Schygulla und Margit Carstensen, die seit dem Bremer Goldoni zum Team gekommen ist und immer mehr ein willkommener Trumpf gegen die Monopolstellung der Hanna wird. Der versteckt ausgetragene Konflikt wird in der Filmstory zum offen ausgetragenen Kampf zweier Lesbierinnen verfremdet.

Komplizierter ist schon, dahinter ihn und seine Bezugspunkte zu entdecken. Klar, er ist die Petra von Kant, die erfolgreiche Modeschöpferin als Travestie des erfolgreichen Filmschöpfers. Karin Thimm (Hanna Schygulla), die aus kleinen Verhältnissen stammende Schönheit, die den dargebotenen Luxus genießt, und trotzdem zum Schluß zu ihrem Mann zurückgeht – das ist Günther Kaufmann, der seine Frau nicht verlassen will. Alles, was die beiden Frauen an Zärtlichkeiten miteinander anstellen, wird zur Wunschtraum-Projektion der unerfüllten Männerfreundschaft. Das geht bis in Dialog-Details, die ich alle schon mal von Rainer und Günther so ähnlich gehört habe.

Irm Hermann in der Rolle der sklavisch ergebenen Sekretärin ist nicht nur sie selber, sondern auch der Willy. Eva Mattes, das Töchterchen, hat etwas von mir Söhnchen: »Ja, Mami, ich hab mich verliebt. Er ist jung und blond und sieht ein bißchen aus wie Mick Jagger.« Warum hab ich ihm auch meinen Schwarm für Mick Jagger gestehen müssen…

Was aber bedeutet der Untertitel: »Gewidmet dem, der hier Marlene wurde«? Hanna Schygulla, der Marlene-Ersatz – Hanna Schygulla als Günther Kaufmann – Rainer selber in der Aura der Margit Carstensen – wie man's auch dreht und wendet: letztlich sind sie alle Marlene. Die mystische Vereinigung, die »unio mystica« aller Unverträglichkeiten, hat sich zumindest im Film erfüllt. Rainer Werner Fassbinder, der Seelen-Frankenstein.

Die einzige, die vorkommt, wie sie ist, aber nicht selber

Fassbinder zwischen den Frauen in *Frauen in New York*

Dreharbeiten zu *Effie Briest*. Der Regisseur zeigt dem
Kameramann eine Kamerabewegung.
Walther Sedlmayer, Hanna Schygulla, Fassbinder

spielt, sondern von Gisela Fackeldey dargestellt wird, ist seine Mutter. Die will er pur haben, weil ja sonst sein permanenter Vorwurf gegen sie nicht mehr greifen könnte.

An mir montiert er, so hoffe ich, bald nicht mehr mit seinen Ersatzteilen aus der Psycho-Hexenküche herum. Mir hat Hans-Jürgen Syberberg ein ausgesprochen verlockendes Angebot gemacht. Ich soll in seinem »Ludwig II.«-Film die Rolle des bayerischen Märchenkönigs spielen. Aus diesem »Fremdgehen« ist viel biographischer Unsinn gemacht worden, der jeweils beweisen soll, daß Rainer seine Abtrünnigen mit dem Bannfluch belegte: »Als Harry Baer 1972 bei Hans-Jürgen Syberberg die Titelrolle in ›Ludwig – Requiem für einen jungfräulichen König‹ spielte, die Hauptrolle also, wurde der ›Sünder‹, der die Familie ungefragt verlassen hatte, zuerst geschnitten, dann aber von Fassbinder wieder in jenen Schoß seiner Familie aufgenommen, und zwar mit einer Hauptrolle in ›Wildwechsel‹.«

Was in der Endbemerkung bereits besagt, daß ein solcher Boykott schon aus Zeitmangel gar nicht hätte stattfinden können, denn »Wildwechsel« begann schon einen Monat nach »Ludwig«. Und außerdem hätte Rainer beim Syberberg-Film viel zu tun gehabt, denn da spielten auch Ingrid Caven, Ursel Strätz und sogar Günther Kaufmann mit. Den hat er dann allerdings eine Zeit lang bestraft. Aber auch nur, weil er seinen Stellenwert durch El Hedi Ben Salem ausgleichen konnte.

Rainer ging in seinen Bestrebungen, den Stall sauber zu halten, viel indirekter vor. Als Kurt Raab 1975 für ein Fernsehspiel mit Peter Beauvais seinen Vertrag schon unterschrieben hatte, genügten offenbar einige Anrufe beim WDR, um alle Beteiligten zu überzeugen, daß das für die künstlerische Entwicklung des Schauspielers Kurt Raab nicht dienlich sei. Der Vertrag wurde annulliert.

Auch ich habe ihn im Verdacht, daß er mich einmal väterlich

vor etwas »bewahren« wollte. Als ich 1979 für meinen eigenen Stoff »Haut den Lukas« eine Drehbuch-Prämie von 125 000 Mark bekam, machte er mir erst den Vorschlag, sich als Produzent und als Schauspieler einzubringen. Das redete ich ihm aus, weil's da sicher Mord und Totschlag gegeben hätte. Alle übrigen Finanzierungsmodelle mißglückten mir auf sehr merkwürdige Art – mit Ausflüchten, die so fadenscheinig waren, daß ich das Gefühl nicht los werde, daß »Gottvater« da wieder einmal seine Finger drin hatte. Und so habe ich die schöne Prämie nie abrufen können. Daß allerdings Engagements-Angebote an Fassbinder-Schauspieler, die im Fassbinder-Büro landeten, nicht weitergegeben wurden, hängt dagegen sicher nur mit seiner chronischen Vergeßlichkeit in solchen Fällen zusammen.

Beim »Ludwig« war die Leitung noch nicht blockiert. Zum erstenmal Erfahrungen mit einem anderen Regisseur. Kontrastprogramm. Bei Syberberg läuft zwar auch alles über mehrere Ecken. Aber wo bei Rainer Hirn und Bauch gleichermaßen beteiligt sind, schwebt Syberbergs Haupt über den Wassern. Rührend erklärt und zerfieselt er mir jeden Gedankengang – und ich versteh trotzdem nichts. Fühle mich allein gelassen und rette mich und die Rolle damit, daß ich die Fassbinder-Stilisierung, die alle Interpretationen offenläßt, in den Syberberg hineintrage und ihm damit sogar das Gefühl gebe, daß seine psychologische Feinarbeit doch etwas gefruchtet hat.

Als Ludwig muß man hauptsächlich ausschauen. Erst gut, und dann alt und aufgeschwemmt. Für diesen zweiten Teil komme ich mit meiner Jugend nicht in Frage. Da soll der nicht mehr ganz ranke Martin Speer herhalten, den Rest wird die Maske besorgen. Kurz bevor er dran wäre, platzt ihm bei einem Reifenwechsel eine Ader im Gehirn. Gedächtnisschwund, der sich erst nach Jahren bessern wird. Nun werde ich also ausstaffiert, unter dem Hermelinmantel gut gepol-

stert, kriege Tampons in die Backen, die Zähne schwarz lak-
kiert, größere Bärte. Ich fühle mich in der Maskenrolle woh-
ler als vorher. Dahinter läßt sich's gut verstecken. Ein schönes
Gefühl, wieder einmal nicht man selber zu sein. So wie bei
»Whity«.

Rainer, dem der Mummenschanz anderer verhaßt ist, zieht
mich in »Wildwechsel« dafür komplett aus. Weil ich in der
Mitte des Films aus dem Gefängnis komme, nach der Knast-
Kahlschur allenfalls einen Anflug von Stiftekopf haben darf,
und weil der Film wie immer nicht chronologisch gedreht
werden kann, werden mir die schönen Ludwig-Locken bis
auf die Kopfhaut abrasiert. Für die Szenen davor trage ich
eine Perücke mit Elvis-Tolle. Daß er's bei mir immer mit den
Haaren hat! Da würden die Psychologen sicher sagen, daß
das eine Ersatzhandlung für die steinzeitliche Kastration
durch den Vater und Rudelführer ist.

Aber sie würden irren. Nicht nur, daß ich fünfmal splitterfa-
sernackt vorkomme, nein, da muß auch noch eine Großaufnahme her, halbsteif, mehr kann ich in dem Trubel nicht bie-
ten. Und das auch erst, nachdem er zwei Stunden auf mich
eingeredet hat: »Der Kroetz ist halt ein Realist. Und da kann
man nicht einfach so tun als ob. Und weil der Hanni ihre
Eltern grad nicht da sind, will sie das Ding eben mal sehen,
weil sie das bei dem Ritschratsch im dunklen Gartenhäuschen
bisher nur immer hat spüren können. Also stell dich nicht so
an! In welchem Jahrhundert leben wir denn?«

Ich laß mich breitschlagen, nachdem der Kurti Raab aus dem
Zimmer geworfen ist, der das natürlich unbedingt miterleben
wollte – schon weil er beleidigt ist, daß der Seine keine Ver-
wendung finden konnte. So allein mit dem Kameramann und
mit Rainer ist das wie eine Untersuchung beim Arzt, eine ra-
sche und schmerzlose.

Als die Großaufnahme aber dann in die bundesdeutschen
Haushalte flimmert, als erstes Detail dieser Art, wird über

»Wildwechsel« überhaupt nur noch via Schwanz diskutiert. Das fängt bei meiner Familie an, wo die Verwandtschaft meiner Pflegemutter die Kontakte aufkündigt. Und wo ich hinkomme, man schaut mir nicht zuerst in die Augen, sondern auf den Schritt. Das schlägt an Sensation sogar den Mord am Vater zum Schluß, in den der Kroetz'sche Realismus gipfelt.

Der Franz Xaver ist mit Recht sauer, daß die Aufmerksamkeit so von ihm abgezogen ist. Und benutzt ein paar Szenen, die Rainer dazuerfunden hat, die aber durchaus im Kroetz-Stil geblieben sind (der Vater fällt einmal geil über seine Tochter her; Hanni versucht, als ihr Freund im Gefängnis ist, mit einem Gastarbeiter – natürlich mit Hedi – anzubandeln), zu einer wütenden Polemik und zieht als Über-Moralist mit der moralischen Nation gleich:

»Obszön nenne ich die Denunzierung der Menschen, die der Film betreibt. Das Mädchen ist kein frühnymphomanes Flittchen, es versucht doch nur aus der katholischen Engstirnigkeit des Elternhauses herauszukommen und erlebt dabei eine wunderbare Liebesgeschichte. Auch der Junge ist kein Triebidiot, sondern ein liebebedürftiger Mensch.«

Rainer verteidigt sich:

»Alles, was drin ist im Film, das ist auch im Stück.« Und sagt, daß er den Satz der Hanni in der Schlußszene »Es war keine richtige Liebe, es war nur körperlich« ja irgendwie optisch vorbereiten mußte. Über die Prüderie vom Kroetz kann er eigentlich nur lachen. Der hat den wichtigen Inhalt seiner Stücke bei seinem Debüt als Bühnenautor ja auch nur durch eine Sensation so rasch unter die Leute gebracht. Bei der Uraufführung von »Heimarbeit« und »Hartnäckig« im Münchener Werkraumtheater haben alle hauptsächlich von »Abtreibung und Onanie auf offener Bühne« gesprochen.

Noch paradoxer ist, daß das, was im Familienfernsehen gezeigt werden konnte, von der FSK für die Kinofassung nicht freigegeben wird, und daß nun hier der kastrierende Schnitt fällt. Kann sein, daß deshalb bei der ersten Auswertung die Kasse schwach ist. Die Leute haben das Gefühl, daß sie etwas Unkomplettes sehen. Beim zweiten Anlauf will der Verleiher Eckelkamp die Großaufnahme wieder drinhaben, und die anderen zwei Szenen, die Kroetz durch Gerichtsbeschluß hat entfernen lassen. Und kündigt groß an: »›Wildwechsel‹ – in ungekürzter Länge!« Bloß blau ist mein gutes Stück inzwischen geworden, weil sich nur noch eine Kopie von der Kopie von der Kopie auftreiben läßt. Aber das stört die Leute nicht. Nun strömt alles.

Und merkwürdigerweise stört es auch Franz Xaver Kroetz nicht mehr, der wohl durch den flauen Kino-Start nachdenklich geworden ist. Daß ihm Eckelkamp durch regelmäßige Zuweisungen von »Schmerzensgeld« die Gewissensqualen erleichtert, beendet ein für allemal alle Diskussionen über Obszönität und Denunzierung…

Nach »Wildwechsel« hat Rainer Lust auszuspannen. Sagt er. Noch schöner, daß er mit mir noch einmal die Route meines Afrikatrips machen will. Da kann endlich ich ihm mal was zeigen, und wir können in aller Ruhe über die Familienserie »Acht Stunden sind kein Tag« diskutieren, die er nun für den WDR machen wird, und die mir im Drehbuch-Entwurf eigentlich viel zu lasch vorkommt.

Die Wirklichkeit schaut dann ganz anders aus. Und ich kriege das wahnwitzige Tempo, in dem Rainer alles und jedes erledigen will, endgültig satt.

Den ersten Tag rase ich im Mietwagen von Casablanca nach Agadir.

»Glaubst du nicht, daß in dieser Streik-Sequenz in der soundsovielten Folge mehr zu sehen sein müßte? Die Kampfbereitschaft muß man spüren können. Da müssen rote Fahnen her. Da hast du doch wirklich mal die Chance, die Bürger nach der Tagesschau aufzuwecken!«

Er besichtigt gelangweilt die Gegend:

»Du hast auch immer bloß Revolution im Kopf. Das ist schließlich eine Familien-Serie und kein Politfilm, wie du ihn dir vorstellst. Das ist mir zu aufgesetzt. Und in meiner ersten Serie möchte ich die Leute langsam kommen lassen. Da ist es nur von Schaden, wenn's einem mit der Aussage gleich so pressiert!«

Beim Autofahren pressiert's ihm dafür um so mehr. Zweiter Tag. Über Marrakesch und den Hohen Atlas nach Fez. »Und überhaupt!« bohre ich weiter, »was willst du denn mit der Hanna als Arbeiterfrau? Die kennt die Arbeiterprobleme auch bloß von der Universität! Das wird schön ausschauen, wenn sie mit ihrem eintrainierten Glamour in der Wohnküche residiert.«

»Wirst schon sehen. So wie ich das inszeniere, wirst sogar du dir's vorstellen können!«

»Kann ich eben nicht! Solche Salon-Proletarier find ich zum Kotzen!«

»Über meine Besetzungen entscheide immer noch ich! Kümmer dich doch um deinen eigenen Scheiß!«

Am dritten Tag zwischen Fez und Tanger reden wir kaum mehr ein Wort miteinander.

Zu einer Besprechung beim WDR trotte ich zwar noch mit. Aber kümmere mich schon um meinen »eigenen Scheiß« – und der heißt: Bis dahin und nicht weiter...

Vielleicht hab ich in meiner Sturheit eine Menge versäumt. Vor allem die Begegnung mit den deutschen Altstars, die ab nun Rainers Arbeit begleiteten, und von denen er sagte:

»Das ist doch eine ganz logische Entwicklung: Wenn ich so tue, als wäre Hanna Schygulla Marlene Dietrich, dann komme ich doch eines Tages zwangsläufig darauf, Marlene Dietrich zu nehmen. Und wenn ich die nicht kriegen kann, dann nehme ich halt Barbara Valentin. Weil die für mich halt den Glamour haben.

Und dazu kam, daß ich mit denen halt wesentlich besser arbeiten kann. Weil sie nicht so zickig sind. Die waren immer gut, die haben nur in schlechten Filmen gespielt.«

Und er hat sie wirklich so pfleglich und mit allem Respekt behandelt, als ob sie noch die alten UFA-Stars oder die Stars der Nachkriegszeit wären. Und durch ihn wurden sie wieder Stars. Das schönste Denkmal setzt er Brigitte Mira in »Angst essen Seele auf«, in der »unmöglichen Liebe« einer alternden, einsamen, nach Zärtlichkeit dürstenden Frau. Ein Schicksal, das jeder verstehen kann, wie den »Händler der vier Jahreszeiten«. Und doch steckt auch hier wieder er selber dahinter, die Projektion auf den alternden Fassbinder und die Vorwegnahme seiner eigenen »Unmöglichkeit« zu lieben...

Faustrecht der Liebe

> *»Meine Filme kreisen um das Problem, daß Leute überhaupt Beziehungen haben. Ob sie nun schwul sind oder normal sind oder lesbisch oder was weiß ich – in meinen Filmen und in all dem, was ich mache, geht's darum, daß die Leute mit ihren Beziehungen Schwierigkeiten haben.«*
>
> *RWF im Interview mit Wolfgang Limmer*

Rainer hat mit einem Typen zusammen in Berlin im Lotto fünfzigtausend Mark gewonnen. Der war früher beim Jahrmarkt mit der Nummer »Fox, der sprechende Kopf«. Jetzt lebt er, so gut bürgerlich er's eben kann, mit einem wohlsituierten Architekten zusammen und schmeißt dem seinen ganzen Anteil in den Rachen, um zu beweisen, was für ein ordentlicher Mensch er ist.

Für Rainer, der nach der klassischen Ausgewogenheit der »Effi Briest« wieder einen Hammer in die Landschaft setzen muß, ist das der ideale Filmstoff. Der ungeschickte schwule Straßenköter, der sich für kurze Zeit Aufstieg erkauft, indem er selber bezahlt, wo er früher bezahlt wurde. Das muß er auch selber spielen!

Als er in den Filmverlag der Autoren kommt, schlank wie nicht einmal in anti-teater-Zeiten, weidet er sich an meinem Erstaunen:

»Brauchst gar nicht so schauen! Mit meinem Aussehen könnt ich immer noch ein paar Mark machen!«

Da fällt mir ein, was er immer auf meinen Spruch »Einem

nackerten Schullehrer kannst nicht in die Tasch'n langen« zu antworten wußte:

»Ich schon, aber bestimmt nicht in die Tasche!«

Diese Erfahrungen hat er in seiner Kölner Zeit gesammelt. Da war der Vater auch mal kurz ins Immobiliengeschäft eingestiegen, Rainer bearbeitete die Vorgänge. Und weil's so langweilig war und die Löhnung so mickrig, besserte er sich sein Taschengeld halt auf diese Weise auf. Aus diesen unternehmungslustigen Jugendtagen kennt er auch den Udo Kier.

Und dieses Milieu bringt er jetzt voll in »Faustrecht der Freiheit« ein, wie der »Fox« inzwischen umgetitelt wurde. Der erste Film, in dem er ganz unverstellt und abendfüllend mit dem Thema Homosexualität umgeht, so wie er's sieht, so wie er's erlebt hat. Die blasierten Arrivierten mit dem zickigen Gerede und dem modischen Schnickschnack. Ganz komisch, wie Kleider Leute machen: Kaum hab ich so einen Affenanzug an, fang ich auch schon an, mit frisierter Schnauze zu reden.

Den Schwulen gefällt diese Darstellung ihrer Eskapismus-Kultur überhaupt nicht. Da ist von »Denunziation der Abartigkeit« die Rede und von Lieblosigkeit. Als ob's drum ginge, denen ihr lächerliches Streben nach Assimilierung schönzufärben. Da konstruiert er gar nichts: Nicht die Sucht, in jeder Beziehung schicker zu sein als die Normalen; und nicht den unseligen Hang in all ihrem Feintun nach dem Naturburschen mit den dreckigen Fingernägeln. Und letztlich geht es Rainer auch in der schwulen Verpackung nur um sein Generalthema: Der, der wirklich liebt, ist der Unterlegene, auf dem wird mit den Füßen herumgetrampelt...

Er selber ist in dieser Zeit schon mitten drin in der dritten großen Liebe seines Lebens, der einzigen, die er nicht in den Griff kriegt, an der er scheitert. Die zu Günther ist unerfüllt geblieben. Mit El Hedi Ben Salem, der in der Fremde immer aggressiver wurde, hat sich das Problem von selber erledigt:

99

FASSBINDERS "FAUSTRECHT DER FREIHEIT"

mit CHRISTIANE **MAYBACH** KARL-HEINZ **BÖHM** RAINER WERNER **FASSBINDER** PETER **CHATEL** ADRIAN **HOVEN** ULLA **JACOBSEN**

RUDOLF LENZ HARRY BAER
BRUCE LOW BARBARA VALENTIN

PETER KERN WALTER SEDLMAYR
EVELYN KÜNNEKE u.v.a.

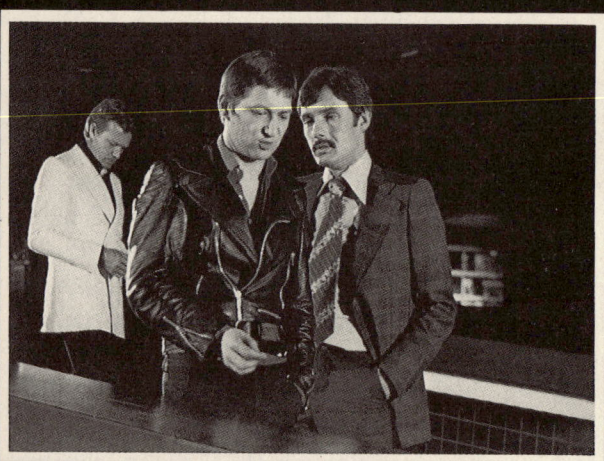

FASSBINDERS "FAUSTRECHT DER FREIHEIT"

.mit CHRISTIANE **MAYBACH** KARL-HEINZ **BÖHM** RAINER WERNER **FASSBINDER** PETER **CHATEL** ADRIAN **HOVEN** ULLA **JACOBSEN**

RUDOLF LENZ HARRY BAER
BRUCE LOW BARBARA VALENTIN

PETER KERN WALTER SEDLMAYR
EVELYN KÜNNEKE u.v.a.

Nach einer Messerstecherei, die er – stellvertretend für seinen Stau auf Rainer – mit anderen anzettelte, hat er aus Deutschland wegmüssen. Blieb bloß die Frage, wohin mit seinen beiden noch nicht einmal halbwüchsigen Söhnen, die Rainer zur Konsolidierung des Familienglücks nötig gehabt hatte wie damals die Affen. Aber um die Boys kümmert sich jetzt Kurti, erst als Adoptivpapa, später, als sie mannbar werden, auch schon mal als väterlicher Freund. Ein merkwürdiges Puzzlespiel der Gefühle: El Hedi war die eine, die farbige Hälfte des farbigen bayrischen Naturburschen Günther Kaufmann. Jetzt kommt die andere, die bayrische Hälfte dran.

Armin Meier, ein ausnehmend hübscher Schlachtergeselle aus Regensburg, hat sich lebenslustig und lebenshungrig aus der Kleinstadt abgesetzt und harrt erst einmal hinter dem Tresen in der Deutschen Eiche in München der Dinge, die in der großen weiten Welt noch auf ihn warten. Da steht er nicht bloß am Zapfhahn, sondern auch an der Quelle.

So was wie die »Eiche« gibt's in keiner anderen Stadt. Das ist großes Theater, zusammengedrängt in die Bierdunstenge einer letzten original Münchner Kneipe. Da ist der »griechische Chor«, Abend für Abend so ziemlich in der gleichen Besetzung, irgendwie zu kurz gekommen und deshalb meist mit einem kollektiven Gesichtsausdruck, der nichts Gutes verheißt, oder – wie man auf gut bayrisch sagt – »koan Guad's raucht«. Dieser Chor waltet seines strengen Richteramts über Gerechte und Ungerechte in selbstgefälliger Unbarmherzigkeit und fühlt sich in künstlerischen wie in menschlichen Dingen gleichermaßen als vorletzte Instanz. Über ihnen nur noch der himmlische Richter. So mancher Gang durchs Lokal kommt für die Prominenten einem Spießrutenlaufen gleich. Aber merkwürdigerweise drängen sie sich dahin, die Berühmten und die, die längst am absteigenden Ast sind und meinen, schnapsgestärkt wenigstens hier noch die große Nummer abziehen zu können. Filmleute, Schauspielerinnen,

Tänzer, Presseleute – kaum einer kriegt wirklich die Chance, sich in seinem echten oder vermeintlichen Startum aufzuspielen. Denn schließlich ist man ja in einer betont »normalen« Wirtschaft und auf du und du. Aber beim nächstenmal kann man's ja wieder probieren.

Am Stammtisch residiert die Besitzerin, die alte Ella, und verbreitet, unbekümmert von Glanz und Elend, Familienatmosphäre. Ausweinen kann man sich bei der Juniorchefin Sonja, gelobt wird man, falls man was G'scheids im »Fuim« oder »auf'm Theada« gemacht hat, von der g'standenen Toni. Und bis vor kurzem servierte auch noch der dicke Migk mit Ballettschritt, den er früher professionell ausgeübt hatte, zum Bier spitze und immer treffende Pointen.

Für Rainer ist das die ideale Stammkneipe. Familien-Ersatz, Wohnzimmer-Ersatz. Und daß er sich an denen reiben kann, für die er noch nicht the one and only Fassbinder ist, würzt ihm noch das Vergnügen. Er schaut ihnen tief in ihre aufmüpfigen Underdog-Seelen und fühlt sich so richtig menschlich.

Eines Abends sitzt am Stammtisch der Armin neben ihm. Da funkt's und spielt sich so wortlos ab wie in Rainers frühen Filmen. Nur daß der Armin nicht gelangweilt schaut, sondern so naiv erregt wie ein Teenie, der unverhofft dem Rudolfo Valentino begegnet. Ein Abenteuer, was weiter?

Nach dieser Nacht ist Armin Rainers Lebensgefährte, so ausschließlich, wie's El Hedi nie gewesen ist. Da ist ein Geschöpf, so frisch und unverbraucht, so begierig, alles in sich aufzusaugen, so lieb und unkompliziert dabei, daß Rainer alle Scheu verliert, sich seinerseits ebenfalls auszuliefern. In guter alter Tradition fährt Armin sich und ihn in den Flitterwochen in der Türkei mit dem Auto beinahe zu Tode – der Kreis hat sich geschlossen. Rainer ist zum erstenmal glücklich.

Und deshalb blind. Spielt den Prometheus, läßt ihn Rollen spielen, die er selber synchronisiert (denn Armins wildgewachsener niederbayrischer Dialekt ist selbst als bewußt eingesetzte Mundart unbrauchbar). Versucht, ihn in seine Welt des Denkens und Fühlens einzuführen. Und macht sich immer unfreier.

Armin begreift von all dem, was sich da für sein schlichtes Gemüt erfüllt, nur das: Er und Rainer sind eins. Und fällt ganz unbewußt in den pluralis majestatis: »Mir ham den und den Fuilm g'macht. Und er wird da schon sag'n, was d' im nächsten macha muaßt... Stell di doch ned so bläd oo...«
Er sonnt sich rührend in dem Glanz, den er unüberprüft auch für sich vereinnahmt. »Frau Direktor persönlich« – könnte man spotten, wenn's nicht so derb, hilflos und echt wäre, wie er Filmemachen spielt.

Rainer schaut diesen Versuchen wohlgefällig zu und hält sie für Emanzipation. Schließlich hat er ja bewiesen, daß auch aus Armin ein Fassbinder-Star zu machen ist. »Ich will ja nur, daß ihr mich liebt« – der Bauarbeiter, den er da gespielt hat, alle Achtung! muß ich sagen.

Bei »Despair« Mitte 1977 – ich hab die beiden schon einige Zeit nicht mehr gesehen, werde wieder einmal als Ersatzmann für einen ausgefallenen Regieassistenten im letzten Moment geholt – tötet mir Armin zum erstenmal den Nerv.

Rainer ist nur mit seinen Wirklichkeit gewordenen Wunschträumen beschäftigt. Dirk Bogarde hat er gekriegt und Andrea Fereol, die hinreißende Dicke aus dem »Großen Fressen«. Profis, die seiner Geschichte auch ihren Stempel aufdrücken, die seine Phantasie noch mehr entzünden. Das ist seine erste richtige Arbeit mit internationalen Superchamps. Da hat er natürlich auch Mitleid mit sich selber, daß er so lange Jahre mit uns Unfruchtbaren vergeudet hat, die immer nur machten, was er wollte. Und so blind verliebt ist er auch nicht mehr, daß er nicht merkt, wie dürr der Seelenaustausch mit dem mittlerweile verlotterten, füllig gewordenen Armin ist, mit dem er viel weniger zu reden hat als mit jedem Garderober.

Für mich ist der Dirk Bogarde auch einer, der mich vor Mitleid über mich selber heulen läßt. Ich hab doch noch viel mehr als der Rainer meine Zeit vergeudet – mit dem Rainer! Da seh ich, was ein Schauspieler alles können kann, wenn er die richtigen Chancen hat. Vom Talent ganz zu schweigen, aber das blüht ja bekanntlich nicht im Verborgenen! Das animiert mich, da schau ich trotz aller Depressionen als Regieassistent-Winzling begeistert zu. Und für den »Hintergrund« von drei Leuten in einer Straßenszene zwischen Bogarde und Klaus Löwitsch geb ich mir doppelt und dreifach Mühe, mein Bestes einzubringen und dabei so wenig wie möglich zu stören, wo's auch noch regnet und die Szene schnell im Kasten sein muß. Und wer stolziert da, unangefochten von jedweder Star-Quality, von der Aura verdammt potenter Leute, die ihren Beruf als Kunst ausüben, in den Set? Der ganz und gar nicht diskrete, sich als Mittelpunkt fühlende Armin. Um den Bogarde zu korrigieren, fehlen ihm die Sprachkenntnisse – mit dem läßt er sich nicht ein. Aber wie ich so unspektakulär mit den Komparsen umgehe, als schwächstes Glied der Hierarchie, da muß er schon zeigen, daß er schließlich auch was zu sagen hat.

Er kommandiert mich ab, versucht vergeblich, sich in seinem Idiom den norddeutschen Kann-nit-verstaans klarzumachen, rückt sie dahin und dorthin. Hält die Arbeit auf. Die Hauptpersonen wissen einerseits (Bogarde und Löwitsch) nicht, wo die Verzögerung liegt, wissen's andererseits (Fassbinder) zwar schon, aber wollen den Hobby-Inszenierer ihrerseits nicht inszenieren, weil sonst alle noch nasser werden. Endlich nickt Armin befriedigt, die eh kaum erkennbaren Silhouetten im Hintergrund hat er endlich hingekriegt. Klappe. Die Szene ist im Kasten.

Die örtliche Berufsfeuerwehr, die für die Nässe gesorgt hat, fährt ihre C-Schläuche ein. Dirk Bogarde tadelt mich mißmutig, daß keine Film-Regenmaschinen benutzt worden sind, und stellt pikiert fest, daß mein »Assistent« noch lahmarschiger ist als ich.

»Kannst du mir erklären, was das soll?« frage ich Rainer.

»Ja, das mußt versteh'n beim Armin«, windet er sich. »Der is halt eifersüchtig auf dich so wie auf alle andern. Laß'n halt! Der braucht des.«

Bei der Ingrid hat der Rainer mit seiner Unterlegenheit als Ehemann kokettiert. Beim Armin weiß er sich nun echt nicht mehr zu helfen. Der vernichtet als Kompensation die frischen Drehbuch-Entwürfe, wenn's sein muß. Und da ist eine solche kleine Regie-Eskapade noch zu begrüßen.

Rainer, der seine Experimente mit Drogen bisher immer unter Kontrolle hatte, betäubt sich jetzt, um wegschauen zu können.

»Verträgt sich das noch mit deiner Arbeit«, fragt ihn Michael Ballhaus, der nun schon seit Jahren sein treuer Kamerabegleiter ist.

»Da laß ich mich lieber von dem Zeug kaputtmachen und hab'n klaren Kopf, als daß ich mich wirklich auf dem seine Trips einlasse.«

Aber natürlich nimmt er den Armin mit auf die Trips, und der geht wirklich dran kaputt, der dumme Bub, der nicht einmal in der Realität gelernt hat, wo er Sendepause zu haben hat und wo nicht. Wenn man's so sehen will, ist das wirklich das Verbrechen vom Rainer, daß er sich verrannt hat und mit seinen Erziehungsträumen gescheitert ist, aber bloß die Notbremse in den gemeinsamen Rausch zieht.

Der tragische griechische Chor in der »Eiche« weiß über die Intima viel besser Bescheid als ich. Rainer und Armin haben seit einiger Zeit eine Wohnung auf der gegenüberliegenden Straßenseite. Da wird über Gruppen-Orgien getuschelt und daß der Rainer es mit dem Armin bloß noch über mehrere

Faschingsball im Deutschen Haus. *Die Herren Damen bitten*...
Helmut Petigk, Harry Baer, Fassbinder, Ingrid Caven

hinweg kann und daß der Armin die ärmste Sau überhaupt ist,
wo er den Rainer doch so liebt.

Ich war nicht dabei. Aber daß der Rainer sich so weit hat
hinreißen lassen, statt gleich Leine zu ziehen und zu sagen:
»Fick doch, mit wem du willst!«, sagt für mich doch eine
Menge aus über den Rest von Zärtlichkeit, den er immer noch
einbringen will.

Sein Beitrag zu »Deutschland im Herbst« deutet direkt darauf
hin, wie ohnmächtig er auch in seiner Reaktion auf die Gesellschaft geworden ist, wie er alles nur noch dumpf und schamlos direkt über sein Verhältnis zu Armin laufen läßt. Da wird
gebrüllt und geprügelt und hinausgeschmissen, und die Kritiker kreiden Exhibitionismus an und halten auch das für ge-
formt.

Daß da einer verzweifelt die Existenz von zweien retten will, kommt als Signal auch nicht in der »Eiche« rüber. Daß der Rainer als letzten Ausweg aus dieser Hölle dem Armin ein eigenes Appartement offeriert und eine monatliche Apanage, hält der »Griechische Chor« für den Gipfel der Geschmacklosigkeit.

Da hat's ein einziger von den »Eiche«-Brüdern mal geschafft, den Weg nach oben, stellvertretend für sie alle. Und so leicht kommt der Bursche, der ihm das alles eingebrockt hat, nicht davon.

Ich habe mich lang gefragt, warum diese Bescheidwisser die Katastrophe nicht verhütet haben. Ich weiß es, seit die Ella ihren langjährigen Migk unter Aufrechnung seiner Sündenregister eines Abends fristlos entlassen hat. Am nächsten Tag war ein Gedränge wie sonst bloß bei den weltberühmten »Eiche«-Faschingsbällen, und alles jubelte, alles lachte. Da war eine Institution gefallen. Aasgeier warten, bis sich die Beute nicht mehr bewegt.

Beim Armin haben sie sich auch erst nach seinem Selbstmord – oder vielleicht war's auch nur ein extremer Hilferuf, den er falsch getimed hatte – in voller moralischer Größe empört. Wer sich ohne Schuld fühlt, der werfe den ersten Stein. Sie haben's getan.

Als Rainers Mutter den toten Armin fand, war Rainer irgendwo außerhalb. Er ist dann benachrichtigt worden. Aber zum Begräbnis erscheint er nicht. Und damit ist der Skandal perfekt.

Ein paar Tage drauf frage ich ihn im Interconti, wo er sich verkrochen hat, ob er überhaupt ein Mensch ist. Und seh dann ein, daß er da wirklich nicht hingehen konnte, wie die ganze Meute erwartet hat, daß er am Grab zusammenbricht, und dann sowieso bloß findet, daß er da wieder eine verdammte Komödie inszeniert hat, das Mörderschwein. Er weint, was er sonst nicht tut. Ich weiß nicht, ob über sich oder den Armin... Und in seiner Verzweiflung dreht er sei-

nen rätselhaftesten Film: »Ein Jahr mit dreizehn Monden«.
Verarbeitet in sich, was da ihm und dem andern passiert ist.
Rechtfertigt sich nicht. Wandert da mit einem Transsexuellen-Schicksal in metaphysische Gleichnisse.

Volker Spengler spielt die Elvira, einen »Umoperierten«, der sich nach erbärmlichem Leben und viel zu kurzem Glück in den erlösenden Tod flüchtet. Das hat überhaupt nichts mit Leichenfledderei zu tun, nichts mit ausbeuterischer Auswertung von Armins Tod. Das spielt sich ab in endlosen Monologen einer unterschwelligen, kaum nachvollziehbaren Verzweiflung.

700 000 Mark investiert er aus Förderungsbeiträgen, die noch von früheren Filmen nicht abgerufen worden sind, in diese ganz private Abrechnung mit sich selber. In einen Film, der an der Kasse nicht die geringsten Chancen hat. Und doch geht jetzt erst recht die Hexenjagd los, holzgeschnitzt unerbittlich im »Eiche«-Stil:

»Der hat den Armin systematisch in den Tod getrieben, damit er drüber einen Film machen kann!«

Gegen dieses allgemeine Votum hat Rainer keine Chance mehr, kaputt, wie er ist. Er kriegt Hausverbot. Nach ein paar Monaten wird's ihm zu dumm, und er geht wieder hin. Und daß er sich überhaupt reintraut, wird respektiert. Sein letzter Geburtstag, zehn Tage vor seinem Tod, wird ein rauschendes »Eiche«-Fest.

Dieses Überheblichtun, dieses moralische Abkanzeln wird auch sonst in München gern gepflegt. Bevor ich die erste Zeile über meine Begegnungen mit Rainer in die Maschine getippt habe, lese ich schon unter der Überschrift »Alle schreiben über Fassbinder« in der Zeitung wichtigmacherischen Feuilletonisten-Tadel: »... Auch ich habe Fassbinder gekannt. Auch ich durfte Rainer zu ihm sagen. Sollte das schon einen Groschenroman wert sein? Nein danke!«

Ich denk nicht drüber nach, was der Herr zu sagen hätte und ob überhaupt. Mir stinkt bloß seine hohe Warte. Bis mir ein paar Wochen später sein autobiographischer Beitrag zum 85. Geburtstag von Elisabeth Bergner unterkommt: »...Sie fragte mich aus über deutsches Theater heute und wußte dabei alles ziemlich genau. Das war ihre Prüfung, bei der sie ihren Zeitplan zu meinem Vergnügen erheblich überzog, bis sie mich höflich ›rausschmiß‹ und ein Wiedersehen in München versprach. Weil das nur en passant stattfand, bei einer Ausstellungseröffnung, schrieb sie dann einen Brief und entschuldigte sich, daß sie ihr Versprechen nicht so richtig eingehalten habe. Sie hätte schnell nach London zurückmüssen und außerdem hätte sie ja nicht gewußt, ›ob Sie nicht schon genug von mir haben‹.«

Und so was darf einer, der über andere herzieht. Da würde mich bloß noch interessieren, ob er zu ihr »Liesel« sagen darf.

Mit derselben Doppelmoral ist damals der tote Armin von den Außenseitern vereinnahmt worden. Und Rainer wurde in simpler Schwarzweißmalerei zum Mörder-Schwein reduziert. So einfach war das.

Dabei ist schon die Widmung zu »Faustrecht der Freiheit« 1974 vieldeutig: »Für Armin und alle anderen«. Und bei »allen anderen« schließt Rainer sich mit ein. Am Ende des Films bringt sich der arme, gescheiterte und abservierte Narr mit Tabletten um. Eine der vielen Varianten, in denen sich Rainer in Permanenz mit dem Tod beschäftigte. Keiner, dem er nicht schon kurz nach dem Kennenlernen erzählte, daß er jung sterben würde:

»Ich werd auf keinen Fall vierzig, maximal fünfunddreißig, sechsunddreißig.«

Womit er, woran ihm ja immer besonders lag, recht behalten hat. Gerhard Zwerenz leitet daraus in seinem Buch »Das langsame Sterben des Rainer Werner Fassbinder« eine Todessehnsucht, ein prophetisches Wissen um den frühen Tod ab und datiert den Beginn dieser »Krankheit« auf 1974. Logo, da hat er ihn kennengelernt und wurde zum erstenmal auch mit Rainers fixer Idee bekanntgemacht. Da wäre jedes andere Datum auch recht. Und daraus, daß Rainer als Kind in der Kirche auf einen Altar kletterte und nicht mehr herunterwollte, ließe sich mit einiger Mühe vielleicht noch eine frühe Himmelfahrtsvision konstruieren.

Man kann das nicht so dämonisieren. Rainer hatte diese fixe Idee, so wie's ja auch Leute gibt, die sich in regelmäßigen Abständen zum Weltuntergang versammeln, und dann war's wieder nichts. Bei ihm aber löste diese Angst eine Produktions-Manie aus, in fliegender Hast riß er einen Film nach dem andern herunter, machte er seinen Körper, um das Tempo durchzuhalten, mit Aufputschmitteln immer kaputter. Und wurde immer noch mehr von der Panik gejagt, er könne mit seinen Plänen nicht fertig werden, bis der geschundene Motor, der bei pfleglicherer Behandlung noch viele Jahre hätte laufen können, aussetzte. Eine Panne, ein Betriebsunfall, nicht der mystisch verquaste Schluß-Akkord der Schicksals-Symphonie eines Frühvollendeten.

»Querelle« – und das kann man drehen und wenden, wie man will – war kein »letztes Werk«, von dem man einen Bogen über sein Gesamt-Œuvre spannen kann. Allenfalls ein Schlußstrich unter das Kapitel Männerfreundschaft, Alter ego und Selbstanalyse. Und das Tragische ist, daß er aus eigenem Verschulden, sofern man da von Schuld sprechen kann, sein Lebenswerk unvollendet hinterließ. Die Lebenslust der letzten zwei Jahre, die er neu für sich entdeckt hatte; die Projekte, die kurz vor der Verwirklichung standen; die Pläne, die für die nächsten fünfzig Filme gereicht hätten – so einen läßt nicht das Schicksal sterben, sondern bloß die maßlose Unvernunft. Und dieser Zufalls-Tod wäre nicht einmal ein Thema für einen Fassbinder-Film gewesen.

Fassbinder im Herbst

*»Ich glaube, daß speziell Deutschland sich in einer Si-
tuation befindet, wo sehr vieles sehr rückläufig ist. Das
heißt, ich würde sagen, daß 1945, als der Krieg zu Ende
war, als das Dritte Reich zu Ende gewesen ist, daß da
die Chancen, die Deutschland gehabt hätte, nicht
wahrgenommen worden sind, sondern ich würde sagen, ...daß die Strukturen letztlich und die Werte, auf
denen dieser Staat – jetzt als Demokratie – beruht, im
Grunde die gleichen geblieben sind. Das heißt, daß das
zusammen mit einer Entwicklung nach rückwärts zu
etwas führen wird, was eine Art von Staat ist, in dem
ich nicht so gerne leben möchte.«*
Interview mit Peter W. Jansen 1978

Eine Krise, eine Dauerkrise, die Rainer die Arbeit, die sein
Leben war, verleidete, gab's eigentlich nur rund um seine
Frankfurter Zeit.

Die eine Geschichte, in die er hineinschlitterte, ließ ihn beinahe an seinem Verstand zweifeln. Für den Thriller »Martha«, in dem ein Mann seine Frau mit sadistischer Fürsorge
bis in den Rollstuhl bringt – ein typischer Fassbinder-Einfall,
wie man meinen sollte – hatte er Idee und Drehbuch aus dem
Ärmel geschüttelt. Und ein halbes Jahr nach den Dreharbeiten, als der Film vom WDR gesendet werden sollte, stellte
sich heraus, daß das gar kein Originalstoff war, sondern genau die Kurzgeschichte »For the rest of her life« von Cornell
Woolrich.

Das kann einen schon an den Rand des Wahnsinns treiben.

Rainer zermarterte sich noch Jahre den Kopf, ob's ein Parallel-Einfall war, oder ob er die Geschichte gelesen und verdrängt hatte. Bei seinem Konsum von Filmen, Fernsehprogrammen und Büchern durchaus denkbar. Aber wieso dann das photographische Gedächtnis in jedem Detail?

Es gibt da einen Präzedenzfall, den Fall Siegfried Jacobsohn von 1904. Der spätere Begründer der »Schaubühne« und der »Weltbühne« hatte in einer Kritik über die Duse nahezu wörtlich Formulierungen übernommen, die ein Kollege 1897 über Adele Sandrock geschrieben hatte. Wütender Plagiatsvorwurf seiner Gegner. Vor Zeugen konnte Jacobsohn Proben für eine Eigenart seines Gedächtnisses liefern, der er sich erst jetzt bewußt wurde: einer Hypertrophie seiner mnemotechnischen Veranlagung, die ihn ganze Buchpassagen speichern ließ, die bei der leichtesten Assoziation abgerufen werden konnten. Aus Wien meldete sich Arthur Schnitzler mit medizinischen Erklärungen, aus der Schweiz der Psychologe C. G. Jung mit anderen Beispielen für »Kryptomnesie«, die ihn »auf die Kraft der künstlerischen Begabung und Leidenschaft Jacobsohns« schließen ließen. Und Maximilian Harden stellte fest: »Zu stehlen braucht er nicht, denn er ist nicht arm.«

Rainer hätte sich wie Jacobsohn mit seinem »nicht arm sein« trösten können. Und mit seinem phänomenalen Computerhirn konnte er einem sogar Sätze um die Ohren schlagen, die man vor Jahren gesagt und längst vergessen hatte. Aber er löste das Problem auf seine Weise – mit dem Film »Satansbraten«. Und auch noch besonders gemein, indem er das in ihm nagende Plagiats-Problem einfach der schwarzen Seele Kurti Raab zudichtete, der einen »Poeten« aus zweiter Hand spielen mußte, und der als Sündenbock für Rainers vermeintliche eigene Niedrigkeit wieder einmal prädestiniert war.

Da geht's um das Gedicht »Albatros«, das der Dichter Walter Kranz geschrieben hat und eines Tages entdecken muß, daß es

Wort für Wort schon von Stefan George gedichtet wurde, der es seinerseits aus dem Französischen des Baudelaire übertragen hat. Ich halte das Ganze erst für einen Joke, denn »Albatros« heißt die Produktionsfirma von Michael Fengler und mir, die nach der Spaltung vom Filmverlag der Autoren gegründet worden ist. Aber so weit gehen Rainers Anspielungen denn doch nicht.

Aber seine Aggressivität befriedigt nicht, was er alles an öliger, schmieriger, aufgetakelter Erbärmlichkeit in den Dichter hineinprojiziert, den Kurti übrigens fabelhaft spielt. Er muß noch mehr verluderte Häßlichkeit um sich haben. Der Margit Carstensen verpaßt er eine Brille mit so dicken Gläsern, daß ihre Augen dahinter wie Kuhaugen quellen, und daß sie kaum mehr die Richtung findet – ganz abgesehen von den Schmerzen, die eine solche optische Folter verursacht. Und daß Ingrid Caven mit dem Schminken nie zu Potte kommt, paßt ihm diesmal hervorragend ins Konzept. Er zerrt sie mit ihren Lockenwicklern aus der Garderobe vor die Kamera. Da hilft kein Schreien und Umsichtreten, denn schließlich war man ja einmal verheiratet.

Ich fühle mich wieder richtig daheim.

Gefunden haben wir uns schon beim Film davor, bei »Schatten der Engel«, einem Sujet, das der zweite Schatten auf Rainers Leben ist. Wenn man eine Liste aller nur erdenklichen Beschimpfungen, Verdächtigungen und Angriffe aufstellen würde, die ihm wie keinem anderen aus allen Richtungen zuteil wurden, dann würde der sogenannte »Frankfurter Antisemitismus«-Vorwurf den unrühmlichen Mittelpunkt bilden.

Ausgehend vom Zwerenz-Roman »Die Erde ist so unbewohnbar wie der Mond« hat Rainer in seiner Theater-am-Turm-Zeit das Theaterstück »Der Müll, die Stadt und der Tod« geschrieben, mit der zentralen Figur eines jüdischen Bauspekulanten. Inspiriert durch seine speziellen Frankfurter Erfahrungen. Unbekümmert und gerechtigkeitsfanatisch, wie er alle seine Themen angeht.

Das Theaterstück, dessen Aufführung noch während der Proben verboten wird, löst eine Hetz-Kampagne aus wie nach einem Stich in ein Wespennest. Die FAZ meint eine Gesamt-Verschwörung zu entdecken: »Der Begriff ›Linksfaschismus‹ ist bislang meist im polemischen und jedenfalls ungenauen Sinn verwendet worden. Es liegt ein Fall vor, wo er die Sache, die damit gemeint ist, aufs exakteste deckt... nur noch billige, von ordinären Klischees inspirierte Hetze... Natürlich verzichtet das Stück nicht auf ein paar ›progressive‹ Versatzstücke. Pornographische Elemente zählen derzeit dazu, desgleichen der Haß auf die Stadt; und auch der neue Antisemitismus nennt sich fortschrittlich... Erst die Politik der Sowjetunion gegen den Staat Israel, die ungerührt antisemitische Affekte mobilisierte, hat auf der linken Szene der Bundesrepublik das Bewußtsein verbreitet, der Antisemitismus sei ein Element der Weltrevolution und habe mit dem Judenhaß des Dritten Reiches nichts zu schaffen. Das macht dem linken Antisemitismus das gute Gewissen... Im übrigen aber scheint der Antisemitismus des Stückes von Fassbinder weniger eine Sache des Ressentiments, als eine der Taktik und des radikalen Schicks... Im Hause des Henkers sprechen die Söhne gern schnoddrig vom Strick.«

Daß Joachim C. Fest, der Mitherausgeber der FAZ, in seinem Film »Hitler – eine deutsche Karriere« der Judenverfolgung allenfalls zwei Minuten widmet, wird dagegen kaum zur Debatte stehen. Und keiner rechnet ihm auf, daß ihm die Fassbinder-Hetze erheblich größeren Zeitaufwand wert war.

»Schatten der Engel«, den Daniel Schmid dreht, der übrigens selber Jude ist, wird ein erster Testversuch, um das Thema und die öffentliche Meinung in den Griff zu kriegen. Aber Rainer schwört sich, daß er auch selber einmal drangehen wird:

»Den Film mach ich trotzdem! Wenn's sein muß, im Ausland! Und wenn ich zehn Jahre warten muß!«

Gleich darauf kriegt er mit »Mutter Küsters Fahrt in den Himmel« noch einen Tiefschlag, weil aller guten Dinge drei sind. Der Film zeigt, wie eine von der Gerechtigkeit verlassene alte Frau vor den Propaganda-Karren der DKP gespannt wird, sich enttäuscht auch von dieser abwendet und zum Schluß von Terroristen, die sich mit ihr als Gallionsfigur interessant machen wollen, in eine Geiselnahme gezogen und dabei getötet wird. Da fühlt sich die DKP verscheißert, und Rainer ist auch bei den Linken aussätzig geworden.

Daß es in diesem Land offenbar nicht erlaubt ist, die Probleme differenziert zu sehen, macht ihn mutlos. Und da beginnen bereits seine Überlegungen, Deutschland den Rücken zu kehren:

»Wenn sie einen nicht mehr arbeiten lassen, dann ist es immer noch besser, Straßenkehrer in Mexiko zu werden.«

Er ist so emotional mit dieser lockenden Idee beschäftigt, daß er ganz vergißt, daß er ja keine Sonne verträgt…

Er vergräbt die brisanten Stoffe in sich, verliert vorerst die Lust am Kampf gegen Institutionen, Vorurteile, Meinungsmache und den ganzen lähmenden Trott der bundesrepublikanischen Gesellschaft und hält den Spiegel wieder nur sich selber vor, seinem Innenleben, seinen Ängsten, seiner von Literatur noch genährten Traurigkeit.

»Bolwieser«, ein Fernseh-Zweiteiler nach dem Roman von Oscar Maria Graf, ist der Abschied eines Gedemütigten von seiner Heimat – Fassbinders Deutschland-Bild zusammengezwängt in die Enge seines bayerischen Dorfes der zwanziger Jahre. Und wird, so satt hat Rainer auch seine nächste Umgebung, der Abschied von Kurt Raab.

Bei dieser 1,8-Millionen-Produktion hat Kurt zwei höchst verantwortliche Funktionen auszufüllen – und dabei zwei ganz konträre. Als Bahnhofsvorsteher Bolwieser ist er der vom Leben und der Ehefrau Betrogene, muß vom angesehenen Beamten hinunter in die rechtlose Anonymität. Das spielt er erschütternd. Erschütternd ist aber auch – und nicht im positiven Sinn –, was er inzwischen als Ausstatter treibt. Da hat er nur noch Chi-Chi und Gesumse im Kopf. Berauscht sich nun einmal zu oft an seinen niedlichen Zimmerpalmen, gottvoll röhrenden Hirschen im Wohnzimmer, und überall Putten, Putten, Putten – und Tüll!

Seinen Höhepunkt als gelernter Requisiteur hat er in »Welt am Draht« überschritten. Die Kalkulation aber auch gleich mit, um hunderttausend Mark. Daß das einfach so durchging, hat ihn offenbar ganz frech werden lassen. Und so verschafft er sich, dem betrogenen Bolwieser, reiche Genugtuung – nein, nicht mit einem Griff in die Beamtenkasse der Deutschen Reichsbahn, was der Rolle noch zu verzeihen wäre.

Rainer ist bislang allenfalls sauer gewesen, wenn was abgezweigt wurde. Aber er hat Verständnis dafür aufgebracht, weil er ja selber mit dem Geld nicht umgehen kann. Da mußte ein Seidenanzug für den Kurti schon mal drin sein. Aber jetzt fehlt das Geld echt für die Produktion, jetzt fehlt's da, wo der Rainer es keinesfalls dulden kann – wo es für die »Echtheit« der Bilder nötig wäre. Und als bei der Endabrechnung der überzogene Ausstattungsetat von den Bavaria-Leuten, die ja auch Augen im Kopf haben, mit dem geleisteten Aufwand verglichen wird, als die Schluderei Rainer angelastet wird, der ja ausdrücklich auf Herrn Raab bestanden hat, ist endgültig der Ofen aus.

Kurt Raab wird in Zukunft – so anhänglich ist der Rainer – nur noch zu den Geburtstagsfeten eingeladen. Und tritt erst beim letzten Fassbinder-Film in der für ihn so typischen bizarren Art wieder als »Mitarbeiter« in Erscheinung. Schauplatz: Manila, wo Kurti als Regisseur philippinische Schlüpfrigkeiten dreht, begleitet von seinem Produzenten

Peter Kern, den Rainer schon vorher gefeuert hatte, und der in seiner ganzen Dicke unter den kleinen Filipinos so gerne Pascha spielt.

Internationales Filmfestival in Manila. Die Drähte nach München laufen heiß. Da haben »zwei dicke Herren aus Deutschland«, die sich als Produzenten von »Querelle« ausgaben, Franco Nero aufgeklärt, daß seine Gage viel zu klein sei und daß Fassbinder ihn mit seinem Vertrag übers Ohr gehauen habe. Neros Agentin will daraufhin seine Mitwirkung absagen. Und damit droht die ohnehin komplizierte Finanzierung zu platzen.

Bis herauskommt, wer die beiden »dicken Herren« gewesen sind.

Ob der Kurti das mit seinem »katholischen« Gewissen vereinbaren kann, mit seiner nun lautstark geäußerten »Freiheit, Frechheit und Fähigkeit zu trauern«? In Manila hat er jedenfalls erst mal getrauert, daß ihm sein Streich nicht geglückt ist.

Mir tut sein unfreiwilliger Abschied nach »Bolwieser« trotzdem nach wie vor leid. Rainer hatte uns so gut um sich arrangiert. Mich als »weißen« Clown, Kurti als Hanswurst, eine Paarung, die Rainer richtig glücklich und heiter stimmte, und die er nie mehr wieder gefunden hat. Danach mußte ich den Hanswurst auch noch spielen, aber irgend etwas fehlte…

Ich komme Rainer nicht lange nach »Bolwieser« auch für kurze Zeit abhanden, allerdings aus ehrenwerten Gründen. In Luigi Comencinis Vier-Länder-Produktion »Der Stau« spiele ich aus paritätischen Gründen einen italienischen Lastwagenfahrer, eine Hauptrolle neben den Stars Annie Girardot, Marcello Mastroianni, Fernando Rey, Alberto Sordi, Gerard Depardieu, Miou-Miou und Angela Molina. Gedreht wird in allen vier Sprachen, also kein Problem. Ich merke wieder, daß Spielen doch verdammt Spaß macht. Bei der Auswertung ist der Film dann ein Flop. Künstlerpech! Wieder einmal am Entdecktwerden vorbeigerauscht. Immerhin sieht Rainer das Plakat in Cannes hängen und entdeckt zu seinem Mißvergnügen, daß mein Name wunderbarerweise über dem von Mastroianni steht:

»Wie hast denn das ang'stellt?«

Die langwierigen Vorbereitungen für »Berlin Alexanderplatz« beginnen sofort nach Schluß der Dreharbeit mit Comencini. Zurück in die Tretmühle.

Und dann: Deutschland im Herbst 1977. Schleyer, Mogadischu, Stammheim. Deutschland im »Ausnahmezustand«. Theo Hinz vom Filmverlag der Autoren hat die rettende Idee, alle die Emotionen, die sich da aufstauen, in einem Gemeinschaftsfilm von acht Regisseuren unterzubringen, der klärend und befreiend sein soll und die Standpunkte in einem möglichst breiten Spektrum zeigen:

»Unter dem Eindruck einer weitverbreiteten Terroristen-Hysterie, einer undifferenzierten Sympathisanten-Verfolgung, einer drohenden Kriminalisierung jeglicher Kritik an den bestehenden Verhältnissen, einer allgemeinen Überwachungs- und Zensurangst, vor allem aber aus Furcht vor der unheiligen Allianz von Terrorismus und Faschismus, begannen sie mit einem gemeinsamen Film, der sich an die Demokratie unseres Landes wendet.«

Alles, was sich schon so lange in Rainer aufgestaut hat, schleudert er nun heraus, funktioniert wie der Geist in der Flasche, der nun endlich durch ein äußeres Ereignis befreit wird. Während die anderen Regisseure noch mitten in den Überlegungen stecken, erledigt Rainer seinen »Fall« schon nach einer Woche. Sein Beitrag ist eine schonungslose Diskussion mit seiner Mutter und mit Armin, eine Moment-Aufnahme, in die selbstverständlich auch seine Arbeit am »Alexanderplatz«-Buch und seine Telefonate mit eingebracht sind. Die Vehemenz dieses Ausbruchs, die direkte Botschaft wird auch aus der distanzierten Sicht des Auslands als

aufwühlendes Dokument gewertet. Die Wiener »Presse«
schreibt: »Im Kontext dieser Episode, die Fassbinder mit
einer an die Grenzen der Erträglichkeit gesteigerten Ehrlichkeit, mit einem gegen die eigene Person rücksichtslos vorge-
henden Exhibitionismus »inszeniert«, wirkt dieses Winseln
und Flehen nach dem Weiterbestand von Demokratie und
Rechtsstaat erschütternd.«

Als ich den Beitrag im Schneideraum zum erstenmal sehe,
haut mich die Wucht um. Und erst ganz allmählich kommen
mir leise Zweifel, ob ein bißchen weniger Emotion und ein
bißchen mehr Analyse nicht richtiger gewesen wäre. Und es
fällt mir auf, daß er mit diesem Gewaltakt die Angst vor der
Angst überrennt.

Vor ein paar Jahren ist ihm aus dem Untergrund die Botschaft
zugekommen, daß Ulrike Meinhof mit ihm sprechen wolle.
Er war sehr verwirrt und hat nicht reagiert. Reagierte erst,
als sie schon festgenommen war und »Bambule«, ihr Film
über Fürsorgezöglinge, vom Fernsehen gesperrt. Wollte diesen Film unbedingt sehen, das, was diese Frau bewegte, auf
der Leinwand studieren. Doch da halfen die besten Beziehungen zum WDR nichts. Das Fragezeichen ist geblieben. Und
davor steht der Fragesatz: Hätte nicht jeder von uns 68ern
diesen Weg gehen können? Und diesen Satz hat er nun in
seinem Beitrag ausgespart.

Auch seine Abkehr von Deutschland inszeniert er unent-
schieden, auf Raten. Lebt in Paris, überlegt sich, ob er nicht
ganz nach Amerika gehen soll. Aber da ist der eine Film noch
fertigzustellen, und für den nächsten hat er schon tolle Ideen.
Und überhaupt – bevor das Lebenswerk »Berlin Alexanderplatz« nicht beendet ist, und das möglichst vor der nächsten
Bundestagswahl, wo der Strauß an die Macht kommen
könnte, muß die Welt auf ihn warten.

So waren damals seine Überlegungen, die ihn eine endgültige
Entscheidung umgehen ließen. Und so wählte er zwischen

den Möglichkeiten »auswandern« oder »etwas dagegen tun« die zweite.

Als die meisten Kollegen ihr »Deutschland im Herbst« schon wieder abgeheftet hatten, als wieder »Ruhe im Lande« eingekehrt war, kam er mit dem Film »Die dritte Generation«, mit einer wirklichen Analyse des Terrorismus und seiner Entwicklung: Nach den Idealen von 68, der tödlichen Radikalisierung der RAF und der sie verteidigenden Anwälte ist der Kampf nun zum bloßen Indianerspielen verkommen.

»Eine Komödie in 6 Teilen«, definiert er im Vorspann, »um Gesellschaftsspiele voll Spannung, Erregung und Logik, Grausamkeit und Wahnsinn«. Die brisante Grundthese formuliert der Kriminalkommissar gegenüber dem amerikanischen Computervertreter: »Das Kapital hat den Terrorismus erfunden, damit es besser geschützt werden kann.«

Ein Rundumschlag gegen den Staat ebenso wie gegen verratene Ideen. Bei der Geiselnahme des Computer-Spezialisten (Eddie Constantine) treten wir als Clowns, Piraten, Transvestiten auf. Befund: Die Situation ist nicht einmal mehr einen Lemmy-Caution-Effekt wert, sondern nur noch idiotisches Kasperle-Theater, in dem symbolisch dem Computermann eine Schweinsmaske aufgesetzt wird. Vater Staat spielt mit beim Karneval.

Über weite Strecken des Films überlagern sich bis zu sieben Tonebenen, Fernsehen, Rundfunk, Musikgedudel, Dialoge. Nachrichten, Informationen, Beeinflussungen neutralisieren sich gegenseitig. Eine Botschaft hätte gar keine Chance mehr durchzukommen. Festgefahren alles, eingefroren.

Der dort oben gibt seinen Segen dazu. Dieser Winter 78/79 ist der kälteste in Berlin seit Jahrzehnten. Bei dreißig Grad minus springt keines unserer Autos mehr an. Kamera, Schienen, Licht müssen durch den Schnee geschleppt werden. Außendrehs werden zu Innenaufnahmen, weil die Gefahr besteht, daß sogar die Kamera-Batterien ausfallen. Eine absurde Situation, die der Absurdität des Films entspricht.

Und schließlich muß Rainer feststellen, daß es noch immer ein Luxus ist, sich in diesem Land, in dieser Stadt eine Meinung zu erlauben, auch wenn sie noch so verklausuliert ist. Die FKT, Instrument des Berliner Senats zur Filmfinanzierung, verweigert fest eingeplante dreihunderttausend Mark, obwohl das Drehbuch gegenüber der ursprünglichen Version entschärft ist. Man verschanzt sich hinter wirtschaftlichen Erwägungen, hinter den geringen Chancen für einen kommerziellen Erfolg – ein dürftiges Feigenblatt vor einem politischen «Pfuiteuferl». Rainers Firma »Tango-Film« zahlt noch lange, zahlt bis »Querelle« für Rainers Vergnügen, sich eine Ansicht geleistet zu haben...

Die Schlange in der Seele der Schlange

»...etwa fünf Jahre später habe ich ›Berlin Alexanderplatz‹ wieder gelesen. Diesmal hat mich etwas anderes umgehauen, oder wachgemacht für eine Erfahrung, die mir wiederum geholfen hat, vieles zu begreifen, von dem, was das ist, ich, eine Erfahrung, die mir geholfen hat, nicht unbewußt etwas zu tun, das ich mal ganz salopp ›ein Leben aus zweiter Hand zu leben‹ nennen möchte. Beim zweiten Lesen also wurde mir von Seite zu Seite mehr und mehr klar, staunend erst, dann mehr und mehr beängstigend, so betroffen zuletzt, daß ich beinahe gezwungen schien, Augen und Ohren zu schließen, zu verdrängen also, wurde mir klarer und klarer, daß ein riesiger Teil meiner selbst, meiner Verhaltensweisen, meiner Reaktionen, vieles eben, das ich für mich, für mich selbst gehalten hatte, nichts anderes war, als von Döblin in ›Berlin Alexanderplatz‹ Beschriebenes. Ich hatte also, ganz einfach, unbewußt Döblins Phantasie zu meinem Leben gemacht...«

RWF in »Der Film Berlin Alexanderplatz
– ein Arbeitsjournal«

In den Phantasieträumen des Rainer Werner Fassbinder führen alle Wegweiser zu Franz Biberkopf, dem traurigen Helden aus »Berlin Alexanderplatz«. In seinem ersten Film »Liebe ist kälter als der Tod« spielte er einen Franz. In »Götter der Pest« hieß ich bereits vollständig Franz Biberkopf, so wie er selber wieder in »Faustrecht der Freiheit«. Immer wieder heißen seine Figuren Franz oder Franzl, und als Cutter wählt er das Pseudonym Franz Walsch.

Rainer Werner Fassbinder identifiziert sich mit diesem Franz Biberkopf (so wär er gerne) und kreist ihn von Film zu Film immer mehr ein. Aber wie im Roman der Störenfried Reinhold über die Seele des Franz Biberkopf immer mehr Macht gewinnt, so kann auch er den recht dominierenden Reinhold in sich nicht verdrängen.

Wir lebenden Modelle, die abwechselnd für seine Alter-ego-Projektionen herhalten durften, waren nur Schatten im Vergleich zu dem Leben, das die beiden unteilbaren Romanfiguren in ihm führen.

Und als es endlich soweit ist, als »Berlin Alexanderplatz« als vierzehnteilige Fernseh-Serie vorbereitet wird, wird er von den zwei Seelen, die da – ach – in seiner Brust wohnen, fast zerrissen. Daß er sich erst einmal mit der Besetzung beschäftigen muß, gleicht einem Opfergang. Er scheint nervös und unentschlossen, vor allem aber unglücklich. So hab ich ihn bei einer Projektierung noch nie erlebt. Hat er Angst vor der eigenen Courage gekriegt, in zehn Monaten fünfzehn Stunden Film abzuliefern? Sein Hinundherschwanken provoziert dann schon einmal von mir die ganz naive Frage:

»Sag mal, warum machst du die Geschichte denn eigentlich wirklich?«

Und kriege eine überraschende Antwort:

»Ich will wissen, wer dieser Reinhold wirklich ist. Das muß ich rauskriegen, woher der seine Macht herholt über den Biberkopf... Eigentlich müßte ich den Reinhold selber spielen, um draufzukommen!«

Da müßte er sich den Fassbinder bloß einmal von außen anschauen können, dann würde ihm über den Reinhold schon einiges dämmern. Aber meine weise Erkenntnis behalte ich lieber für mich. Wie er mit sich kämpft, ist schon schlimm genug. Den Biberkopf hat er nun schon so oft geprobt, daß er den eigentlich mit der linken Hand hinstrichen könnte. Der Reinhold auf der anderen Waagschale ist die teuflische Verlokkung. Und außerdem hat er als Regisseur die ganze Waage ja in der Balance zu halten. Daß die Dreieinigkeit schon rein produktionstechnisch fast unmöglich ist, daß dieser »Hattrick« selbst seine selbstmörderische Kraft übersteigen würde, bricht ihm fast das Herz. Es bleibt ihm keine Wahl – er muß die heilig gehüteten Gefährten seiner Seelenkämpfe ausliefern – sie irgendeinem berufsmäßigen Schauspieler überantworten, für den sie selbst im optimalen Fall nur eine dankbare Rolle sind. Und so sind, als er sich endlich für Günter Lamprecht als Biberkopf und Gottfried John als Reinhold entscheidet, die psychologischen Weichen schon gestellt. Den John belauert er beim Inszenieren, der Lamprecht, der ihm sein eigenes Ich »gestohlen« hat, wird zehn Monate lang durch Gefühlskälte bestraft. Rainer sammelt kommentarlos Einstellung um Einstellung, sagt immer nur: »Danke.«

Bis es Lamprecht zu viel wird, er schon gar nicht mehr nach Streicheleinheiten fleht, sondern nur mehr wenigstens einmal eine nackte Kritik hören will. Er beschwert sich bei den Bavaria-Bossen und will den ganzen Krempel hinschmeißen. Rainer wird das in sanfter Form beigebracht, er gelobt hoch und heilig, sich zu bessern. Und am nächsten Tag springt er über seinen eigenen Schatten, sagt am Ende: »Danke, Günter!« und schreitet tückisch lächelnd von dannen.

Da braucht einer schon ein schönes Quantum Selbstbeherrschung, um nicht aus der Haut zu fahren. Daß Rainer von Lamprecht, der in Alexanderplatz-Kneipen aufgewachsen ist und einen gesunden Schlag führt, nicht verprügelt wird, setzt uns alle in Erstaunen. Am meisten vielleicht Rainer, der auf diese Weise wenigstens seinem Biberkopf wieder nähergekommen wäre.

Ansonsten geht Rainer mit dem Team ausgesprochen menschlich um. Allein der Stab vom Produktionsfahrer über Sekretärinnen, Beleuchter, Architekten bis zum Produktionsleiter umfaßt sechzig Leute. Dazu eine Besetzungsliste von sieben-

Dreharbeiten zu *Berlin Alexanderplatz*
Harry Baer, Xaver Schwarzenberger, Fassbinder

undneunzig Rollen und insgesamt sechstausend Komparsen. Das muß über eine so lange Zeit alles bei Laune gehalten werden.

Der erste Drehtag in einem Hinterhof am Tempelhofer Damm. Mit den meisten hat Rainer noch nicht gearbeitet. Was soll man zum Einstand tun? Eine Rede halten, eine Runde Champagner werfen? Rainer sagt bloß ein fröhliches »Hallo« und zeigt dem Kameramann die ersten Einstellungen. »Aha«, rastet es hörbar in den Gehirnen ein, »die 200 Drehtage, vor denen wir so einen Bammel gehabt haben, sind auch nichts anderes als die gewohnte Arbeit.« Das Team funktioniert, als ob es schon seit Jahr und Tag eingespielt ist. Das ist Rainers Professionalismus, daß er die anderen seinen eigenen Bammel nicht merken läßt.

Wir drehen ein Vierteljahr in Berlin. Die »Bavaria« produziert, und deshalb sind die meisten aus dem Stab Münchner. Da muß eine ganze Menge gegen das Heimweh und den sexuellen Notstand unternommen werden. Speziell am Freitag dreht Rainer immer besonders schnell, oft nur eine Klappe, damit die Darbenden heimjetten können. Unter der Woche führt er einen Bowlingabend ein. Die Mannschaften immer gemischt, damit nicht auch noch in der Freizeit Gruppenrivalität aufkommt. Raffiniert, wie er ist, achtet er bloß, daß die Kostümbildnerin Barbara Baum in seinem eigenen Team ist, weil die schmeißt die wildeste Kugel und begleitet ihre Treffer mit einer so durchdringenden Lache, daß die Gegner von dem Schlachtruf regelrecht gelähmt werden.

Auch eine Fußballmannschaft wird von Rainer auf die Beine gestellt. Zusätzliches Pech für Günter Lamprecht, daß er nicht mitkicken darf – wegen dem Unfallrisiko. Aber die anderen Schauspieler müssen ja auch zuschauen. Rainer betätigt sich im Sturm. Und sein fülliger, aufgeschwemmter Körper, der sonst so unendlich träge wirkt, mobilisiert ungeahnte Kraftreserven. Aber für seinen geliebten Fußball würde Rai-

126

ner jede Strapaze auf sich nehmen. Und das der »FC Alexanderplatz« von der Prominenten-Mannschaft der Tennis Borussia, die Hans Rosenthal anführt, vernichtend 1:11 geschlagen wird, läßt seine Laune über Tage absinken.

Fußball ist für ihn die Welt wie für einen kleinen Buben. Der Gott, der drin regiert, ist der FC Bayern. Und die Sportschau am Samstag von fünf nach sechs bis sieben ist für Rainer das feierliche Wort zum Sonntag. Ob er die kultische Handlung in seiner Wohnung in der Clemensstraße vollzieht (keiner würde es wagen, ihn in dieser Zeit zu stören, und wenn der Fall auch noch so dringend wäre) oder ob er von überall in der Welt die Bundesliga-Ergebnisse telefonisch abfragt – in dieser Zeit hat kein anderer Gedanke in ihm Platz.

Und mehr als auf jede Ehrung für seine Filme ist er stolz, als er beim entscheidenen Spiel um die Deutsche Meisterschaft 1982 vom ZDF-Sportstudio um seine Meinung gefragt wird. Er, der nach seinem ganzen Habitus der totale Anti-Typ für eine solche Sendung sein müßte, wertet diesen Auftritt als letzten Ritterschlag seiner Berühmtheit. Jetzt fehlt ihm nur noch der »Oscar«…

Die Spielertrikots, die er abgestaubt hat, hütet er wie Reliquien. Besonders das vom Paul Breitner. Als ich einmal den Frevel begehe, mir das vom Libuda überzustreifen, das einladend im Produktionsbüro herumhängt, tobt und kreischt er wie ein Irrer in der Gummizelle. Das ist das einzige Mal, wo ich Angst vor ihm und Angst um seinen Verstand kriege.

Wie alles übertreibt er auch diese Leidenschaft. Und nutzt sie für die kleinen Sticheleien, die ihm den Tag verschönen. Ich als Anhänger von den Münchner »Löwen« bin seine liebste Zielscheibe.

»Da sieht man wieder einmal, lieber Harry, daß du von überhaupt nix eine Ahnung hast. Dieses unprofessionelle Gekicke, das diese Stümper an den Tag legen – da setzt du

Schumacher
Kaltz   Dietz
Schuster : Stielike   KH Förster
Del Haye Briegel Müller Magath Rummenigge
Junghans, Cullmann, B. Förster, Briegel, Hrubesch
IMMEL, Zimmermann, Matthäus, Votava, Menzung

CSSR – BRD	0:2		Italien – Spanien	2:0
Griechl – Niederl	0:2		Belgien – England	0:2
CSSR – Griechl	2:0		Italien – Belgien	2:0
BRD – Niederl	1:1		Spanien – England	0:2
CSSR – Niederl	1:1		Italien – England	1:1
BRD – Griechl	2:0		Spania – Belgien	1:1

1. BRD	5:1		1. England	5:1
2. Niederl	4:2		2. Italien	5:1
3. CSSR	3:3		3. Belgien	1:5
4. Griechl	0:6		4. Spanien	1:5

Um den 3. Platz
Italien – Niederlande 0:2

Um den 1. Platz
BRD – England 2:0

1. BRD.
2. England
3. Niederlande
4. Italien
5. CSSR
6. Belgien
7. Spanien
8. Griechenland

Handschriftliche Prognose Fassbinders zur Europameisterschaft 1980 in Italien. Mannschaftsaufstellung

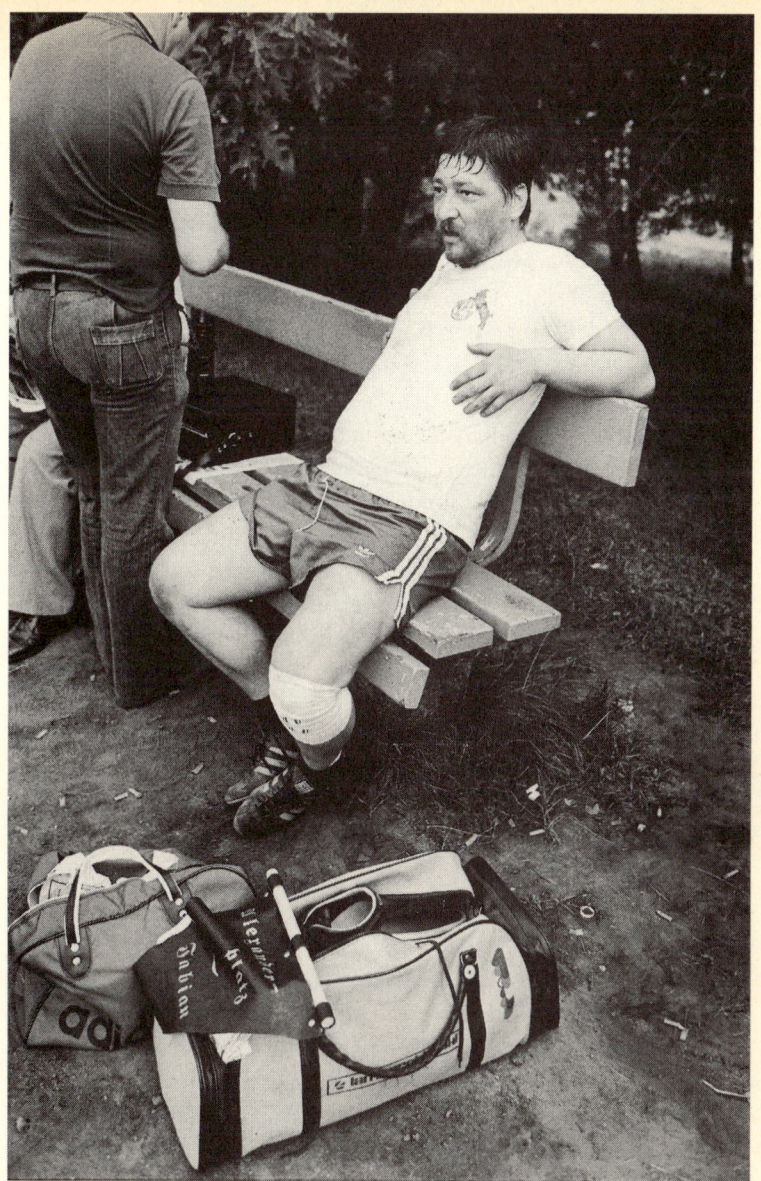

Fassbinder als Fußballer. Erschöpfung nach der 1. Halbzeit des *FC Alexanderplatz* gegen *FC Fabian* des Berliner Regisseurs Wolf Gremm – 13 : 1!

einfach auf das falsche Pferd. Aber was rede ich an dich hin. Du hast eben keinen Sinn fürs Siegen!«

Siegen, Professionalismus, ausgeklügelte Taktik – das fasziniert ihn am Fußball wie in seiner eigenen Arbeit. Mit seiner Kenntnis der Mannschaftsaufstellungen auch längst vergessener Spiele könnte er jedes Experten-Quiz lässig bestehen. Und da er auch hier die eigene Kreativität einbringen muß, übt er sich strategisch wie in seinen Drehbuch-Einzeichnungen an den Prognosen für Europa- und Weltmeisterschaften. Klügelt in langer Nachtarbeit ganze Listen aus und irrt sich kaum.

»Halbzeit« bei »Berlin Alexanderplatz«. Das »Bergfest«, das Rainer einige Filme vorher eingeführt hat, ist bei dieser Marathon-Produktion besonders erholsam. Der halbe Weg hinter uns, die Höhe erklommen. Keiner ahnt noch, wie schwierig der Abstieg werden wird. Daß dieses Fest bei einer so »offiziellen« Firma wie der Bavaria durchzubringen ist, daß dafür ein ganzer Set mit Girlanden und allem Pi-Pa-Po hergerichtet wird, erfüllt ihn mit großem Stolz:

»Das will bei dem Apparat schon was heißen, weiß Gott!«

Er thront dann patriarchalisch inmitten seines Volkes, hört sich leutselig auch mal eine Beschwerde oder eine Kritik an, und sogar der Günter Lamprecht kriegt ein paar Brosamen vom Tisch des Vaters.

Und wieder Alltag in Geiselgasteig. Am Drehort »Berliner Straße« auf dem Filmgelände ist Feierabend. Die Beleuchter bauen schon die ersten großen Scheinwerfer ab...

»Halt!... wir brauchen noch ein paar Nur-Ton-Geräusche«, schreit der Tonmeister der auseinanderstrebenden Menge nach. Dieses Geräuschband ist wichtig bei einem Außendreh. Die Bavaria liegt zwar recht geschützt, aber der Geräuschpegel der Großstadt dringt doch in das Waldgelände. Während der ersten Einstellungen Rushhour morgens, Ruhe bis gegen Mittag, dann der Nachmittagsverkehr. Die zu den verschiedenen Tageszeiten gedrehten Einstellungen innerhalb einer einzigen Szene lassen sich schwer aneinanderfügen...

Durch Megaphon werden die Komparsen zurückgerufen. Immerhin zweihundertfünfzig Menschen.

»Also bitte. Das Ganze wie eben vorhin. Dieselben Bewegungen. Vorhin sind Sie doch von da nach dort gegangen. Wenn wir uns alle anstrengen, sind wir in zwei Minuten fertig. Also Konzentration und Ruhe bitte! Und jetzt los!«

Da gehen sie nun zum soundsovieltenmal in ihren Zwanziger-Jahre-Kostümen, markieren das Gedränge einer Großstadt, die Anonymität hat man ihnen nicht einstudieren müssen. Vom Komparsenführer werden sie als »Einheit« geführt. Ein Komparse ist eine »Einheit« für einen Drehtag. Das ist eigentlich unmenschlich, trotz der stolzen 82 Mark, die sie pro Tag für ihr Nicht-als-Mensch-eingesetzt-werden kassieren. Aber anders läßt sich der Auftrieb ja wohl nicht lösen. Und wehe der Produktion, in der die Masse nicht mehr anonym bleibt, in der sich ein paar zuviel »aufspielen«, in den Vordergrund drängen und Gesicht und Schicksal zeigen wollen...

Die Geräuschaufnahmen dauern bloß fünf Minuten. Da kann keiner von denen eine Szene machen, daß ihm für die zusätzliche Geräuschabsonderung ein Sonderhonorar zusteht. Also dann bis morgen. Servus. Tschüs...

Aber zu früh gefreut. Da ist doch einer dazwischen, der sich nach Dienstschluß noch interessant machen will. Welcher Trick ist es denn diesmal, um Zulagen herauszuschinden? Spielzulage, Schmutzzulage, Kleidergeld, Sprechaufschlag, Gefahrenzuschlag, Essenszulage oder Fahrkostenbeteiligungsgeld? Die schachern doch mit einer ungeheuren Gewieftheit um jeden Groschen.

Also was bezweckt er denn, der alte Mann, der da auf dem Boden liegt, mitten im Set »Platz mit Litfaßsäule – außen Nacht«? Einer schreit nach dem Notarzt. Also doch was Ernstes. Ich hau mich für meinen bequemen Zynismus aufs Maul. Schließlich bin ja ich für das Wohlbefinden meiner »Kinder« verantwortlich. Der liegt auf dem Boden, und ich seh zum erstenmal sein Gesicht. Bild für Bild, Einstellung um Einstellung läuft unser heutiger Dreh nochmals in mir ab. Wo ist der Mann? Ich finde ihn nicht. Bild für Bild. Zeitlupe. Zweihundertfünfzig Menschen.

Hab ich einen davon überfordert? War er in dem Rudel, das dem Bus nachhasten mußte? Oder ein Passant am Metro-Eingang, rauf, runter, rauf – wie oft wurde die Einstellung gedreht?

Rainer sitzt in einiger Entfernung auf einem Autotrittbrett. Den Kopf auf eine Hand gestützt, die andere steckt automatisch eine Zigarette in den Mund, greift zum Feuerzeug, schmeißt die ausgerauchte Kippe weg, nimmt eine neue Zigarette... Der Kettenraucher schafft es, seinen Rekord im hastigen Inhalieren zu brechen.

Wir sehen uns lange stumm an. Jeder bemitleidet sich selber. Wie viele Filme haben wir schon hinter uns... Is doch schon alles passiert, was überhaupt passieren konnte... Nur so was noch nicht... Der Mann dort drüben, so wie der dort liegt, so stumm und doch so präsent, das könnte doch auch der Franz Biberkopf sein...

Rainer ist wie versteinert bei dem Gedanken, daß die ganze Arbeit hätte umsonst sein können.

Sirenengeheul und Blaulicht des Notarztwagens, der endlich eintrifft. Ich bin froh, daß Rainer abgelenkt wird. Dem ist der Angstschweiß aus allen Poren gebrochen, weil er den Biberkopf da liegen sieht und sich selber und sich zuhört, wie er um Aufschub winselt, weil er mit dem Reinhold noch nicht seine Rechnung gemacht hat.

Wiederbelebungsversuche. Ich gehe in die Halle zu den Komparsen. Lange Menschenschlangen vor einem Tisch aufgereiht: Entlohnung für den gestrigen Tag und heute. Komparsen werden erst bezahlt, wenn sie abgedreht sind. Das garantiert, daß sie bei der Stange bleiben. Zweihundertneunundvierzig Leute wollen abgefertigt sein. Wollen endlich nach Hause kommen. Als ich nach dem Grund des Zusammenbruchs frage, Achselzucken. Mehr als zwei, drei können sich sowieso nicht an ihn erinnern. Kommt er jetzt halt im Wettlauf nach der Kassa auf den letzten Platz.

Mir wird übel bei dem Gedanken, wie sich auch hier praktisch ein »Alexanderplatz« abspielt. Die Roheit im Kampf ums Überleben, oder ist es einfach nur die Gleichgültigkeit von Leuten, die auch draußen im Leben, in das sie jetzt so hektisch hinausdrängen, nichts weiter sein dürfen als Statisten?

Am Dreh wird der Tod mit immer noch größeren Waffen bekämpft. Adrenalin, Herzspritzen mit unterarmlangen Kanülen, Injektionen mehr gedolcht als gestochen. Einziges Resultat: Patient endgültig tot. Das Gesicht, das sich für ein kurzes Sterben aus der Menge herausgehoben hatte, ist in seine Anonymität zurückgekehrt. Endgültig.

»Is life so precious, even now?« frage ich Rainer und verstecke mich hinter einem schnoddrigen Ton.

»Mehr als je zuvor«, gibt er an. Und behandelt den Lamprecht am nächsten Tag erst recht herzlos, um ja nicht zeigen zu müssen, daß ihm irgendwas in dieser Produktion auch nur ans Leder kann.

Und in einem Interview, das bei den Dreharbeiten zu »Querelle« geführt wird, hat er jenen Schreckensabend endgültig eingefassbindert:

»Eine Woche vor Drehbeginn« – gemeint ist der Drehbeginn von »Berlin Alexanderplatz« – »wollte ich mich umbringen, weil ich dachte, das schaffe ich nie. Ich meine das ernst. Ich habe ganz seriös darüber nachgedacht. Ich hatte schon mit Harry Baer gesprochen, ob er das machen könnte. Ne, ne hat er gesagt, das nun nicht. Günter hat gesagt, ohne mich spiele er die Rolle nicht. Xaver Schwarzenberger hat das gleiche gesagt, dann mache er die Kamera nicht, das war eine dumme Situation für mich.« Der Stoff, aus dem Legenden gewoben werden… Wirklich eine dumme Situation, denn ich kann mich beim besten Willen nur dran erinnern, daß er diese saudumme Frage an mich irgendwann zwischen Tür und Angel stellte und eine Antwort drauf überhaupt nicht abwartete. Die Vorstellung wäre ja wirklich zu lächerlich gewesen.

Und falls er sich tatsächlich gegenüber Günter Lamprecht genauso interessantmacherisch kokett verhalten hat, dann wird sich der im Lauf der Dreharbeiten bloß noch in den Arsch gebissen haben, daß er damals nicht seine einzige Chance genutzt hat, den Rainer in die Hölle zu schicken.

»Die Schlange in der Seele der Schlange«, so heißt die zwölfte Folge. Und das könnte als Leuchtreklame über dem ganzen »Alexanderplatz« stehen. Mit wie vielen Windungen sich der Rainer von einer Rolle in die andere schlängelte, wie er seine Motivationen für sich selber vielzüngig aufspaltete, da konnten auch Leute, die ihn lang zu kennen glaubten, nicht mehr so rasch folgen. Auf der einen Seite sein vollkommen klares und kalkuliertes Regieführen, das keine einzige Korrektur an der psychologischen Führung einer Figur nötig macht; in zehn Monaten kein einziger wahrnehmbarer Selbstzweifel über die Richtigkeit seines Tuns. Auf der anderen Seite eine Isolation, ein Abschotten, eine Unpersönlichkeit gerade bei diesem seinem Lieblings-Projekt – als ob's nicht ein Stück von ihm wäre, was da Einstellung für Einstellung entsteht.

Da geht etwas in ihm vor, was er so nicht überreißt. Seit er das Technische wirklich in den Griff bekommen hat, seit »Die bitteren Tränen der Petra von Kant« etwa, hat er mit scharfen Konturen gearbeitet, mit psychologisch motivierten Schlagschatten. Und selbst in den immer wieder benutzten Spiegeleinstellungen (eine seiner Lieblingsmarotten, die er in »Welt am Draht« und in »Chinesisches Roulett« auf die Spitze treibt) sind die Gesichter wie gestanzt.

Fassbinder in der Dekoration *Berliner Straße* auf dem Gelände der Bavaria Atelier Gesellschaft Folge 14 zu *Berlin Alexanderplatz*

Hier geht er jetzt viel näher ran mit seinem Kameraauge, viel privater, nicht mehr »ausgestellt«. Beim Xaver Schwarzenberger rennt er damit offene Türen ein. Dem ist ein »versoßter«, das heißt, durch breitgestreutes Grundlicht ausgerissener Set sowieso zuwider.

»Ich will sehen, was in den Leuten vorgeht«, sagt Rainer, »und das will ich auf ihren Gesichtern sehen. Da brauch ich nicht jedes Detail im Hintergrund. Und ich find's nun mal richtig, daß sich die Figuren zwischendrin auch im Dunkeln bewegen – wie im richtigen Leben auch.«

Viele brutale Szenen werden fast schamhaft in Schatten getaucht, als ob er dem Zuschauer nur einen Teil seiner »Alexanderplatz«-Welt zeigen und den Rest der Phantasie überlassen wollte. Und das führt dann dazu, daß in Millionen bundesdeutscher Haushalte wie verrückt die Helligkeits- und Kontrastregler betätigt werden, weil die Leute glauben, daß ihr Fernseher im Eimer ist. Besonders betroffen sind die Schwarzweiß-Geräte, an die wir einfach nicht gedacht haben, und über die jetzt eine »Neger im Tunnel«-Produktion läuft.

Besonders anstrengend wird's in der letzten Folge, im Epilog »Mein Traum vom Traum des Franz Biberkopf«, in dem Rainer zu Döblins Visionen seine eigenen einbringt, und in dem an das Erinnerungsvermögen des Zuschauers über dreizehn Folgen hin besondere Anforderungen gestellt werden.

Diese Folge ist schon beim Drehen ein Alptraum, am Ende dieser zehn Monate, die auch den stärksten Wasserbüffel in die Knie gezwungen haben. Sie wird als einzige separat gedreht, nach einer vierzehntägigen Vorbereitungspause, in der sich Rainer nach Frankfurt absetzt, um dort ungestört träumen zu können.

Seine neuen Visionen teilt er mir vorzugsweise in stundenlangen Telefongesprächen mitten in der Nacht mit: »Denk einfach an Hieronymus Bosch. Schau dir mal seine Bilder genau an. Und hinten auf der Dia-Aufprojektion möchte ich eine Atombomben-Explosion haben, die in den Himmel von Caspar David Friedrich übergeht. Und das Kreuz, an dem der Lamprecht hängt, muß von einem Kran aus dem Jahr 2000 hochgezogen werden.«

»Du spinnst! Das schaff ich nicht in der kurzen Zeit!« Aber schon bewirft er mich mit neuen Details, weil er eh weiß, daß er's im Rahmen des Machbaren sowieso trotzdem kriegt.

Den größten Ärger machen mir dann die Mäuse, die der Franz Biberkopf in seinem Delirium sieht und die er anwinselt, ihm ein Loch in die Freiheit zu machen. Die Wand wird aus Käse präpariert, und zweihundert Tierchen werden in langwierigen Experimenten auf ihren großen Auftritt vorbereitet. Denn Mäuse sind im Gegensatz zu Ratten leider strohdumm. Da steht in dem verdammten Drehbuch:

»Sobald Franz gesprochen hat, hören die Mäuse auf zu fressen und gehen nach links aus dem Bild.«

Wenn Rainer von etwas wirklich keine Ahnung hat, dann sind das Mäuse. Die fressen, so lang's ihnen Spaß macht. Und denken auch überhaupt nicht dran, nach links aus dem Bild zu gehen. Aber eines können sie – in Lamprechts Hose kriechen. Dem graust's vor diesem Tag sowieso schon seit Wochen. Er hat sich einen solchen angesoffen, daß er wirklich nur noch dahocken und kriechen kann. Als er sich wieder mal plumpsen lassen muß, zerquetscht er eine Maus, die sich bis zum Schritt hochgearbeitet hat. Mit einem tierischen Brüller springt er auf und schüttelt sich das Biest aus dem Leib. Gießt vier Flaschen Spiritus in den Hosenbund. Und das hilft sogar. Die Mäuse halten jetzt Abstand von ihm. Aber er kommt immer noch halb um vor Ekel, verkehrt mit uns nur noch per »Arschloch« und warum das nicht gedoubelt wird. Rainer steht dabei und freut sich höllisch, der Sadist.

Aber dann kriegt er seine ganze Grausamkeit, die er am »fremden« Biberkopf ausgelassen hat, doppelt und dreifach zurück. Schon nach der Ausstrahlung der ersten Folge fällt vor allem die Springer-Presse, gegen die er gerade ein Manifest mitunterzeichnet hat, über ihn her. Ausgerechnet »Bild« schreibt von »einer Orgie von dummen Redensarten« und von »Schmuddelsex«. Familienväter empören sich in Leserbriefen im Namen der Nation. Die Katholische Kirche legt Unterschrifts-Listen aus. Ein Aufstand, wie's ihn in Deutschland seit der »Sünderin« nicht mehr gegeben hat.

»Das ist nicht bloß Rufmord, das ist schon Volksverhetzung«, ist einer der wenigen Kommentare, die Rainer in seiner Sprachlosigkeit noch einfallen. Er, der nie auf den landläufigen Geschmack spekuliert hat, dem kritische Schmähungen und Pamphlete nur ein müdes Lächeln abrangen, der im Gegenteil grad stolz drauf war, daß er bei seinen Gegnern Schaum vor den Mund produzieren konnte, und auf politische Hetze mit vitaler Wut reagierte – er ist für ein paar Wochen echt gebrochen. Sein zentrales Werk, sein Lebenswerk, die getreue Umsetzung des Romans, der für ihn seine eigene Lebens-Realität bedeutet, ist nicht anerkannt, nicht verstanden worden. Und das verändert auch seine Einstellung zur eigenen Arbeit. Ab nun bezeichnet er die Filme bis zum »Alexanderplatz« als idealistische Periode und die nach »Alexanderplatz« als berufsmäßige Ausübung des Metiers Film-Regisseur. Aber diese Resignation ist nur verbal. Mehr denn je hält er jetzt den Deutschen einen Spiegel vor, versucht in drei Anläufen eine Geschichtsschreibung, wie sie bisher nur die Amerikaner und allenfalls die Italiener in ihren Film-Epen unternommen haben…

Die Tetralogie über die deutsche Vergangenheit

»Vom Ästhetischen her übt... das ganze Ritualtheater des Dritten Reiches eine Faszination auf Sie aus, oder?
FASSBINDER: Ja, ja, In ›Lili Marleen‹ ist das drin. Da habe ich versucht klarzumachen, daß bestimmte formale Möglichkeiten des Nationalsozialismus, sich darzustellen, auch faszinierend sein können... Das habe ich mit dem Biberkopf auch im ›Alexanderplatz‹ versucht zu tun: Ohne das Bewußtsein dieser ganzen Fehlentwicklung den Nationalsozialismus zu zeigen. So war es auch mit Wilkie, die nicht wußte, was sonst los ist in dem Lande. Vor dem, was wir wissen könnten, verschließen wir einfach die Augen. Dann bleibt also diese faschistoide Ästhetik übrig, die bis zu einem gewissen Grad ihre Reize hat...
Spürt sie eigentlich diese Faszination auch bei ihrer Begegnung mit Hitler?
FASSBINDER: Der Führer ist für sie... nun, wir haben ja eine Metapher gefunden mit diesem ›pure light‹. Der Führer war halt was Tolles für die Leute, was Grandioses.«
Aus dem Spiegel-Interview mit Wolfgang Limmer

Die wütenden und verständnislosen Reaktionen auf »Berlin Alexanderplatz« treffen Rainer Werner Fassbinder um so mehr, weil er mit seinem letzten Film vorher endlich internationale Anerkennung errungen hat. Und das, obwohl »Die Ehe der Maria Braun« unter ungünstigeren und chaotischeren Vorzeichen entstand als jeder andere Fassbinderfilm.

Ursprünglich soll »Berlin Alexanderplatz« nicht nur als Serie, sondern auch in einer Spielfilm-Fassung mit internationaler Besetzung gedreht werden. Gesamt-Budget für beide Versionen an die 20 Millionen Mark. Drehorte Berlin und Paris. Während Rainer in seinem gemieteten Haus am Montmartre das »Alexanderplatz«-Buch schreibt, mache ich mich schon auf Motivsuche. Da schießt ihm plötzlich durch den Kopf, daß doch Zeit wäre, um dazwischen noch schnell diesen anderen Film zu machen. Die Idee von der Nachkriegskarriere einer Frau, die sich ohne Mann behaupten muß, nimmt in seinem Kopf, der auf »Alexanderplatz«-Länge trainiert ist, immer größere Formen an. Und ein Achtstundenfilm ließe sich – ganz abgesehen von der Unverkäuflichkeit – selbst für ihn in den verbleibenden Wochen nicht realisieren.

Zum erstenmal läßt er das Drehbuch von anderen schreiben, von Pea Fröhlich und Peter Märthesheimer. Die stellen rasch eine Fassung her, die für ihn zufriedenstellend ist. Das wird Folgen haben: Sie werden auch für »Lola«, »Veronika Voss« und »Rosa L.« die Bücher liefern. Rainer schreibt zwar am Drehort alle wieder um, aber sie verstehen sich gut miteinander.

»In diesem Punkt«, sagt Rainer, »sind beide sehr gut, daß sie mir ein dramaturgisches Konzept oder Korsett geben, das mich überhaupt nicht bedrängt, sondern befreit. Sie sind auch nicht Autoren, die dann am Drehort stehen und auf ihre Sätze warten. Ich kenne solche. Die stehen dann am Drehort und sagen: ›Nein, nein, nein. Da steht ein UND!‹ So sind sie nicht. Sie freuen sich eher wie die Kinder, wenn sie das sehen, was sie mal angeregt haben und was daraus geworden ist. Darüber freuen sie sich. Es ist eine ganze produktive Arbeit, es ist ganz prima.«

Ganz und gar nicht freut sich Michael Fengler, der das Mammutprojekt »Alexanderplatz« produzieren soll und nun zusehen muß, wie Rainer sich mit einem seiner Meinung nach ganz nebensächlichen Projekt verzettelt. Die beiden verkrachen sich im Lauf der Dreharbeiten der »Maria Braun«, die in Coburg stattfinden.

Und auch sonst höre ich von dort, während ich weiter »Alexanderplatz« vorbereite, nichts Erfreuliches. Rainer, der in »Despair« mit Rolf Zehetbauer einen kongenialen Ausstatter hatte, kommt diesmal mit seinen Ausstattern überhaupt nicht zurecht. Jetzt merkt er erst richtig, was er an Kurti Raab und dessen eingespielter Phantasie gehabt hat. Aber da ist er eisern – Kurt Raab bleibt in der Verbannung. Um den Streß bewältigen zu können, nimmt Rainer mehr Aufputschmittel, als ihm und der Arbeit guttun. Die Stimmung ist auf dem Nullpunkt.

Bei diesem Stand der Dinge werde ich vom Berlinale-Chef Wolf Donner für eine Woche zu den Filmfestspielen eingeladen. Eine Woche ausspannen, mal andere Filme anschauen. Schon nach zwei Tagen läuft mir Rainer über den Weg. In Coburg ist endgültig der Ofen aus, den Rest des Films will er in Berlin drehen. »Was machst du denn hier?« fragt er in aller Unschuld, »ich denke, du tust was für'n ›Alex‹!«

»Ich mache mal eine Woche Urlaub, wenn du nichts dagegen hast.«

»Da wird wohl nichts draus. Ich hab das komplette Produktionsteam rausgeschmissen. Hilf mir, wir bringen das zusammen zu Ende.«

»Du spinnst. Und überhaupt, wann willst du drehen?«

»Übermorgen. Komm mit ins Hotel, setz dich zwei Stunden über das Buch und vergiß erst mal den ›Alexanderplatz‹!«

»Das geht doch nicht, so einfach als Produktionsleiter von einer Minute zur anderen einsteigen!«

»Stell dich nicht so an. Als wär's das erste Mal, daß wir so dasteh'n. Hier ist das Buch, da ist der Kühlschrank mit Getränken.«

Dann geht er ins Schlafzimmer seiner Suite im Schweizerhof.

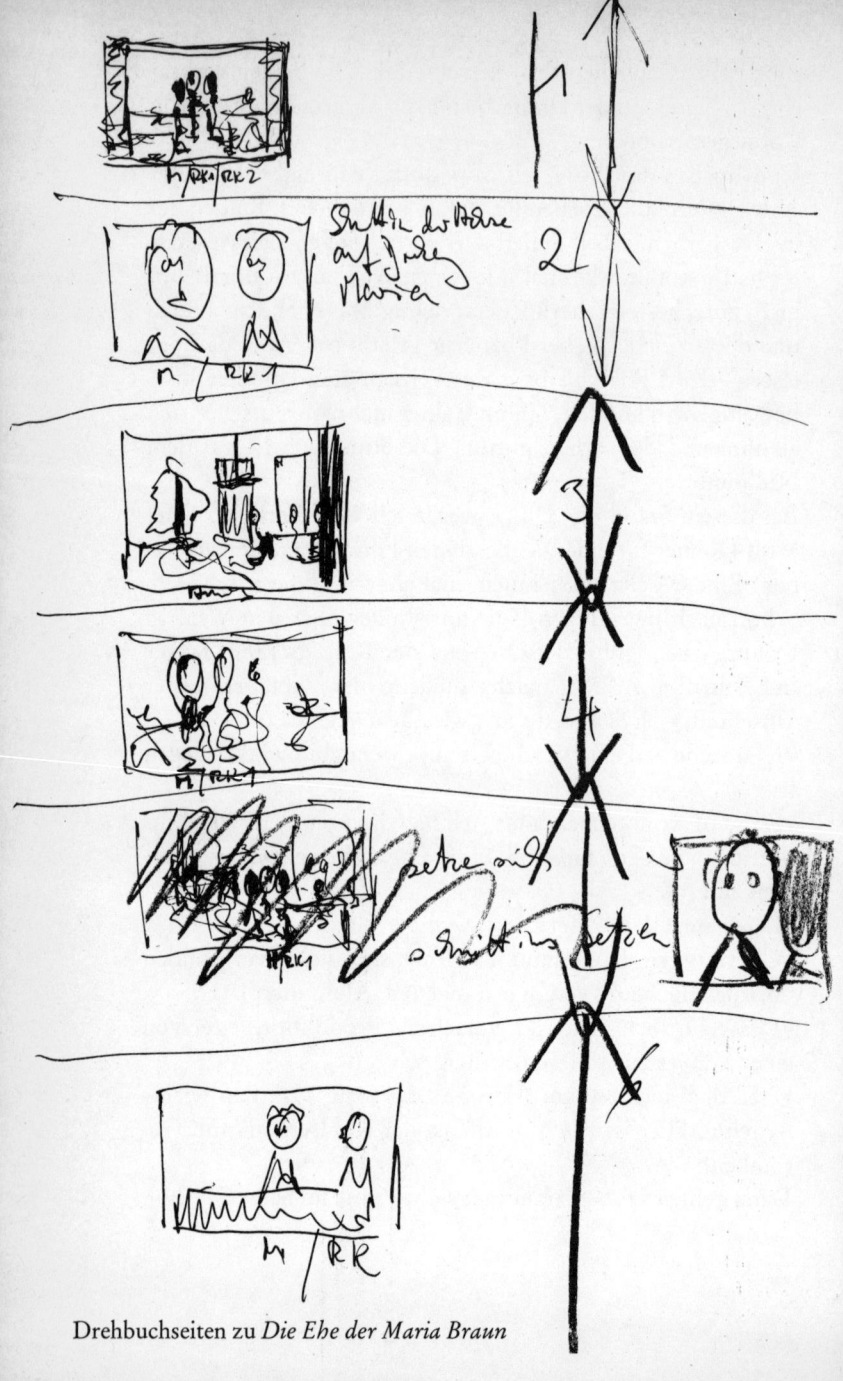

Drehbuchseiten zu *Die Ehe der Maria Braun*

Maria und die Krankenschwester sitzen an einem Tisch und
trinken ihre Bouillon. In der Nähe spielen vier amerikanische Soldaten Karten, sie sind laut und fröhlich. Ein
paar abgerissene Deutsche lauern darauf, dass ein Ami seine
Zigarettenkippe wegwirft. Dann entsteht ein winziger, stummer
Kampf. Maria beobachtet das interessiert.

     SCHWESTER
     Gleich zu Anfang ist er gefallen, in Norwegen.
     Er war bei der Marine ~~auf einem Zerstörer, und~~ *verwundet worden ist.*
     bis sein Schiff haben ~~sie ihm weggeschossen und er~~ *Also das*
     hat es überlebt, ~~und~~ durch das Eiswasser ist er
     geschwommen mit brennendem Öl drauf, ~~und hat es~~
     ~~überlebt und~~ dann hat er auf dem Land kämpfen
     müssen ~~obwohl er als Matrose ja darin garnicht~~
     ~~geübt war und trotzdem ging alles gut. Und~~ dann
     ist er in eine Gletscherspalte gestürzt. ~~Ein-~~
     ~~fach in eine Gletscherspalte gestürzt~~ und war tot.

     MARIA
     Warum haben Sie nicht wieder geheiratet ? Einen
     anderen ?

Die Schwester sieht Maria verwirrt an, sie hält so eine
Idee offenbar für verrückt. Sie schüttelt den Kopf und
fährt in ihrem Monolog fort.

     SCHWESTER   *Zum Trost*   *Gemälde*
     ~~Dann~~ haben Sie mir ein ~~grosses~~ Bild geschickt,
     in Öl, da *mit* ~~sind~~ Wellen drauf gemalt, *auf denen* ~~ganz~~ endlos,
     ~~und darauf~~ schwimmt ein Kranz mit einer Schleife
     dran und auf der ~~Schleife steht:~~ 'Sie starben, auf
     dass Deutschland lebe.' Stellen Sie sich das mal vor!

     MARIA (verständnisvoll)
     'Sie starben, auf dass Deutschland lebe' - und
     er ist tot.

Bald höre ich ihn schnarchen, laut und heftig, wie immer zum Davonlaufen. Ich versuche zu denken:

»Ist ja wirklich nicht das erste Mal, daß wir so dastehen. Aber dieser Film kostet 1,9 Millionen. So was in der Größenordnung ist mir neu.«

Während ich noch das Hin und Her abwäge, steht er plötzlich hinter mir. Lacht und sagt:

»Ich seh', du hast dich ja schon richtig eingelebt an deinem neuen Arbeitsplatz. Bestell uns was zu essen.«

Noch bevor das Essen kommt, sprudelt es aus ihm heraus, was er in Berlin alles braucht, Drehorte, Kleindarsteller, Technik. Ich werde statt mit Essen mit facts gefüttert wie ein Computer. Zwischenfragen werden exakt beantwortet. Das Essen ist beendet, das Interview auch. Das sehe ich an seinem aufgesetzt, gespielt gelangweilten Gesichtsausdruck.

Er geht wieder ins Schlafzimmer, dreht den Fernseher auf volle Lautstärke. Immer noch besser als das Schnarchen. Ich beginne zu telefonieren wie ein Geisteskranker. Er kommt mich jede Stunde »besuchen« und meint: »Na siehste. Geht doch, wenn man nur will!«

Ich griene zurück: »Ja, ja, Rainer, schon gut.«

Rainer hat in der neuen Umgebung seine Lust zurückgefunden, kommt wieder jeden Tag zum Drehen, dreht drei der schönsten Sequenzen, die Trümmerweiber-Szene, die Schwarzmarktszene, in der er selber als Schieber und Dealer auftritt, und den gesamten Schluß. Da freut sich am meisten der Requisiteur, der sein recht baufälliges Haus als Motiv zur Verfügung gestellt hat. Bei der vom Pyrotechniker vorgetäuschten Gasexplosion, bei der's ein bißchen mehr brennt als vorgesehen, überlagern die neuen Schäden die alten. Und er kriegt für viele tausend Mark eine kostenlose Renovierung.

Es wird ein guter Film, vielleicht einer der besten aus der langen Reihe bisher.

»Die Ehe der Maria Braun« läuft bei den Berliner Filmfestspielen 1979. Keine besonderen Vorkommnisse. Von einigen wird er wie in den letzten zehn Jahren aus Prinzip ausgebuht.

In Cannes zeigt er den Film außer Konkurrenz – und da kriegt er zum erstenmal eine »standing ovation« der internationalen Kritiker und sogar der deutschen.

Was das Ausland so fasziniert und was die Deutschen gar nicht so gerne sehen wollen, drückt für mich am besten eine Kritik in »Le Monde« aus:

»Maria Braun symbolisiert nicht nur Deutschland, ganz offensichtlich ›ist‹ sie… in den Augen Fassbinders, Deutschland. Was ist aus Maria, was ist aus Deutschland geworden? In höhnischen und grausamen Bildern gibt Fassbinder die Antwort: ein Wesen, das mit auffälligen teuren Kleidern angetan ist, das aber seine Seele verloren hat; eine ›Gewinnerin‹, der ihr Vermögen den Kopf verdreht hat und der die Katastrophe ins Haus steht…«

Der Einsatz von Hanna Schygulla, der erste seit »Effi Briest«, hat sich für beide Teile gelohnt. Auch geschäftlich. »Die Ehe der Maria Braun» läßt sich in fast alle Länder verkaufen und hilft mit zu der Feststellung: »Der deutsche Film ist wieder wer!«

Und das macht natürlich die Alt-Produzenten hellhörig, für die der Fassbinder bisher der Buhmann der Filmnation gewesen ist. So wie sie für ihn umgekehrt auch die Buhmänner waren. Besonders pikant dabei ist, daß er während der Dreharbeiten zum »Alexanderplatz« von der Roxyfilm, der Produktionsfirma von Luggi Waldleitner, einen Drehbuchentwurf für einen Großfilm bekommt, die Geschichte des Lieds »Lili Marleen«, einen Stoff, der ihn interessiert – bis er erfährt, wer der Drehbuchautor ist. Manfred Purzer nämlich, Waldleitners Hausregisseur und Vorsitzender der Bewilligungs-Kommission für Filmprojekte bei der FFA, der Filmförderungsanstalt in Berlin.

Und in dieser letzteren Funktion hat Purzer vor gut zwei Jahren eine ganz aggressive Rolle gespielt, als die FFA die Verfilmung des Zwerenz-Romans »Die Erde ist so unbewohnbar wie der Mond« verhinderte. Da war ihm kein Antisemitismus-Vorwurf zu schade, um das Projekt abzuschmettern. Und er hat Rainer sogar einen »Verderber der Volksmoral« geheißen.

Daß Herr Purzer nun dem inzwischen so erfolgreichen »Abschaum« sein Drehbuch vertrauensvoll überantworten will – wen wundert's. Bei Rainer liegt die Sachlage komplizierter – der hat über Anstand und Fairneß so seine altmodischen Gedanken. Später resümiert er über seine Überlegungen:

»Als ich erfahren habe, daß der Purzer an dem Drehbuch zumindest mitgearbeitet hat, habe ich mir natürlich überlegt, ob ich jetzt sage, ich kann das nicht machen. Ich habe mich auch mit ein paar Leuten unterhalten, an deren Integrität ich glaube.

Ich habe mit dem Bavaria-Chef Rohrbach gesprochen, der den Purzer kennt. Er sagte, Purzer sei halt auch nur ein Mensch, der bestimmte Probleme aus bestimmten Gründen hat. Rohrbach hat mir zugeraten, es zu machen, wenn es mir gefällt. Ich habe auch mit dem Alxander Kluge gesprochen, und der hat auch gesagt, es wäre absolut kindisch, Purzers wegen auszusteigen, wenn mich die Geschichte ansonsten antörnt, etwas daraus zu machen. Auf der anderen Seite hatte ich im Vertrag alle Möglichkeiten, jeden Dialogsatz, jede Szene, alles zu verändern. Alles zusammengenommen, würde ich das nicht als Verrat an meinen Idealen bezeichnen.«

An ein Vorgespräch zu »Lili Marleen« erinnere ich mich besonders gerne. Rainer und ich haben eine Verabredung mit Luggi Waldleitner und dem Filmanwalt Dr. Müller-Goerne, der eine ein g'standener, verschmitzter Bayer, der andere eher von preußischer Haltung. In einem Nobel-Restaurant unterhält man sich erst gemessen über einen Vertragspassus, der die Musikrechte betrifft. Denn das Lied darf in ganzer Länge im Film nur zweimal vorkommen, und da soll einmal die englische Version rein, weil das den Verkauf ins Ausland fördert.

Aber obwohl Rainer die englische Version von der Marlene am meisten mag, wird er ganz stur:

»Die Begründung mit dem Auslandsgeschäft reicht mir nicht. Die Amis knallen uns ja auch immer ihre Originalversionen hin. Außerdem ist das Lied sowieso in der ganzen Welt bekannt. Und überhaupt sollen sich die Amerikaner mal dran gewöhnen, daß der europäische Film nicht schlechter ist als der ihre, sondern gleichrangig!«

Rainer sagt das ohne Punkt und Komma. Die Herren schlukken und merken schnell, wer hier das Sagen hat. So einfach, wie sie sich das vorgestellt haben, geht's auf jeden Fall nicht mit ihm. Und als es dann über die Modalitäten seines Vertrages geht, beißen sie sich erst recht die Zähne aus. Aber schließlich ist der Waldleitner großzügig. Und für seinen Regisseur soll ihm nichts zu teuer sein. Da chartert er schon mal auf eigene Kosten ein Privatflugzeug, weil Rainer zum Festival von Taormina will und muß. Kleine Einsparungen gibt's dafür hinterher beim Drehen, wo er mit dem Kaffeegeld und dem Pausenbier für die Mannschaft knausert.

So schillernd ist er, ein Strauß-Spezi zwar, aber auf den Fassbinder läßt er nichts kommen, steht alle Kämpfe mit seinen politischen Freunden durch, die fassungslos sind, wie sich der Luggi mit ihm hat einlassen können. Hut ab vor diesem Mann, vor seiner Bauernschläue und seinem Durchsetzungsvermögen. Da ist wirklich einmal ein Konservativer liberal, einer, der nach dem Krieg dazugelernt hat. »Daß er sich gegen seine Spezln durchgesetzt hat«, sagt Rainer, »ist wahrscheinlich der einzige große Moment in seinem Leben gewesen.«

Als die beiden alten Kämpen Waldleitner und Müller-Goerne

im vorgerückten Stadium beim fünften doppelten Himbeergeist mit ihren Stories aus der »Lili Marleen«-Zeit auspacken, kommt's allerdings ein wenig dick. Voran der Herr Doktor, der damals schon Filmanwalt war und nun leutselig berichtet, wie er im Propaganda-Ministerium ein und aus ging, und die alten Anekdoten über den brüllenden und tobenden Goebbels zum besten gibt, inklusive der Ohrfeige, die Gustav Fröhlich dem Herrn Propagandaminister verpaßt hat oder auch nicht. Für uns sind die alten Geschichten neu. Vor allem finden wir's merkwürdig, mit welcher gradlinigen Offenheit sie über jene Zeit berichten. Als der Luggi auch noch seine sonnigen Alltagsgeschichten über Kaffeeschmuggel und andere Streiche losläßt, lachen wir einfach drauflos über die Art und Weise, in der die beiden diese Zeit abtun. Vielleicht hat sich das alles ja auch so oder so ähnlich abgespielt – aber daß sich die Zeit aufs bloße Anekdotische reduzieren läßt, ist für uns schon eine makabre Erfahrung.

Am Ende sind wir beide auch betrunken. Die Geschichten wirbeln wie ein groteskes Panoptikum durcheinander. Rainer hält sich den Bauch vor Lachen, die Tränen schießen ihm über das verschwitzte Gesicht. Mir geht's nicht anders.

Auf der Straße schauen wir uns ungläubig an.

»Sag mal, ist das alles wahr, oder träum ich«, fragt er.

»Das überleg ich mir auch schon die ganze Zeit. Aber irgendwie muß es wohl wahr sein.«

»Weißt du, was das war? Das war eine Lektion ›Drittes Reich‹, wie ich sie noch nicht erlebt habe.«

Die letzten Wochen vor Drehbeginn in der Bavaria werden dann zum richtigen Alptraum. Der Epilog zu »Berlin Alexanderplatz« ist gerade rechtzeitig am Gründonnerstag fertig geworden. Ein Nachdreh nach den Osterfeiertagen wäre wegen der anderen Termine der Schauspieler nicht möglich gewesen. Erst im Herbst hätte man alle wieder unter einen Hut bekommen.

Handschriftliche Besetzungsliste von Fassbinder zu »Lili Marleen«

Hanna Schygulla in *Lili Marleen*

Die Osterruhe ist leider nur von kurzer Dauer. Speziell für Rainer, der mit Juliane Lorenz im Schneideraum wie ein Besessener die vielen, vielen Teile zu einem Ganzen zusammensetzt. Und ich habe nicht nur die letzten Vorbereitungen für »Lili Marleen« am Hals.

Um einem dringenden Bedürfnis abzuhelfen, und damit uns ja nicht langweilig wird, sind wir auf die glorreiche Idee gekommen, ein Arbeitsjournal über die vierzehn Filme des »Berlin Alexanderplatz« zu verfassen.

Jetzt greife auch ich zu Aufputschmitteln, die es mir erlauben, den Arbeitstag bis zu zwanzig Stunden auszudehnen. Der Gesundheit bekommt das weniger. Der »Alexanderplatz« hat mich schon zum Gespenst gemacht, jetzt ähnle ich bald einem Skelett, weil die Drogen einem außerdem auch noch jeden Appetit nehmen.

Gott sei Dank habe ich während der zehn Monate genug Materialien zusammengetragen, so daß ich wenigstens eine solide Basis für das Arbeitsjournal habe. Aber der Zeitdruck. Als die »Lili Marleen«-Leute merken, daß ich zweigleisig fahre, quartieren sie mich in der Star-Garderobe in der Halle sieben ein, mit Fernseher und Bad und einem Bett aus dem Fundus. Da kann ich mir die Nächte arbeitend um die Ohren schlagen. Und am Morgen haben sie mich dann gleich am Schlafittchen.

Rainer geht es nicht viel anders. Auch er muß die Fertigstellung der Serie noch in die Dreharbeiten von »Lili Marleen« hineinziehen. Hauptschwierigkeit – und das verträgt sich mit dem Drehplan der »Lili Marleen« überhaupt nicht – ist die Ton- und Bildmischung, wo zwölfspurig Geräusch-, Sprach- und Musikbänder dem komplett geschnittenen Bild-Material angepaßt werden müssen. Aber irgendwie schafft Rainer das Unvereinbare, ohne daß die Geldgeber einen Tobsuchtsanfall bekommen müssen.

Vielleicht kommt's von dieser Überbelastung, daß die Gratwanderung zwischen der dekorativen Faszination des Dritten Reichs und der grausigen Realität der Diktatur nicht zu so stimmigen, die Zeit durchleuchtenden Bildern führt, wie in der »Ehe der Maria Braun«.

An den Darstellern liegt's nicht. Hanna Schygulla, die Wilkie (Original Lale Andersen), wird durch diesen Film zum internationalen Star. Ich nehme zurück, daß ich sie früher, wenn ihr breitflächiges Gesicht schlecht ausgeleuchtet war, gerne den »Reichspfannkuchen« nannte. Ihr Geliebter Robert Mendelsson (Vorbild ist Rolf Liebermann, der Komponist und Opernintendant) wird von Giancarlo Giannini gespielt, von dem Rainer seit dem letzten Visconti-Film »Gewalt und Leidenschaft« fasziniert war. Dessen Vater im Film ist Mel Ferrer, der Star aus vielen großen Hollywoodfilmen, der ein Tempo, wie es Rainer an den Tag legt, noch nie erlebt hat und ihm anerkennend den Titel »Mr. Fastbinder« zukommen läßt.

Rainer selber spielt den Günther Weißenborn, einen Verbindungsmann im antifaschistischen Untergrund. Dafür bekommt er die giftigsten Anfeindungen von links: »...macht einen Film für die Rechten, arbeitet mit Purzer und Waldleitner zusammen und stellt sich auch noch als Antifaschist aus...«

Das steht in merkwürdigem Einklang mit den Anfeindungen von rechts, deren Anführer Peter Gauweiler (manche versprechen sich und sagen »Gauleiter«) »Deutschland im Herbst« in »bewährter deutscher Tradition und in erster Linie mit ›Jud Süß‹« gesehen hat. Beim Fassbinder finden sie sich einträchtig immer wieder alle zusammen.

Inneren Halt gibt's im Team, das sich außerordentlich verstärkt hat und gerade in den neuen optischen Qualitäten nicht unerheblich zu Rainers internationalen Erfolgen beiträgt. Da ist der Architekt und Oscar-Preisträger Rolf Zehetbauer, der schon bei »Despair« mitgearbeitet hat und nun nicht nur auf die Innendekorationen, sondern auch auf die Außensets erheblichen Einfluß nimmt.

Xaver Schwarzenberger, seit »Berlin Alexanderplatz« Rainers Kameramann, entwickelt immer neue Varianten in der Licht-Choreographie. Setzt nun (nach der Reduzierung auf das Wesentliche der Figuren Döblins) die blendenden und verblendenden Highlights der »Lili Marleen«, demaskiert den Talmi und das Brimborium der Diktatur durch Übersteigerung einer Lichtrausch-Magie. Wird in den Bonbon-Farben von »Lola« die Aufbruchstimmung der Nation nach dem Zweiten Weltkrieg wie mit einem Zuckerguß überpinseln und in den harten Schwarzweißtönen der »Veronika Voss« die Brutalität des »Wir sind wieder wer« zeigen und die Erbarmungslosigkeit der Gesellschaft, die sich keine Versager leisten kann. Und schließlich in Cinemascope (das zweitemal nach dem verunglückten »Whity« wagt sich Rainer wieder an das Breitwand-Format) die Untergangsstimmung der Stadt

Jeder Film hat seine Farbe und seine Gründe, klar!!

Brest und ihres Matrosen Querelle in eine Farborgie der Morbidität tauchen.

Am meisten zitiert wird die Chiffre, die er für den »Führer« und seine Faszination auf Wilkie und all die anderen Betörten findet. Sie geht eine Treppe in der Reichskanzlei hinauf, rätselt, wie sie Hitler grüßen soll. Vor dem Führerzimmer stehen zwei Leibwachen der SS aufgepflanzt. Dann gehen die beiden Flügel der Tür auf, und gleißend helles, gelbes Licht bricht heraus, als ob Gottvater dahinter sitzen würde. Endlich einmal eine Szene, die nicht mißverstanden wird. Bei jeder Vorführung wird über die Verführbarkeit durch den Führer schallend gelacht.

Nun beginnt Fassbinder seine filmische Chronik über die Geschichte Deutschlands, über das er sagt:

»Ich kann genaue Auskünfte bis heute nur über die Bundesrepublik Deutschland geben. Über alles andere müßte ich zu dem greifen, was ich gelesen habe und was ich daraus für Erfahrungen oder für Nachrichten für mich persönlich gezogen habe. Das wäre verkehrt.«

Er plant quasi einen unendlichen Mehrteiler, der vorläufig erst mal bis in die achtziger Jahre gehen soll. Dafür sammelt er wie der besessenste Groupie jede auch noch so »bereits vor Erscheinen verschollene« Platte von New Wave und Deutsch-Rock. Die filmische Auswertung, die frühestens 1990 stattfinden soll, kommentiert er schon jetzt mit leuchtenden Sammleraugen:

»Was meinst du, was die für Augen machen werden. Das glaubt einem dann doch keiner mehr, daß es mal so eine Musik gegeben hat!«

Daß er dazwischen wie mit »Lili Marleen« auch mit »Rosa L.« seine eigenen Lücken schließt – und verarbeiten kann er ja nur, worüber er einen Film macht –, ist selbstverständlich.

Erste Etappe der gewaltigen »tour d'Allemagne« waren die späten vierziger und frühen fünfziger Jahre mit »Maria

Braun«. Jetzt kommt das Wirtschaftswunder und »Lola«, »Professor Unrat« auf die neureichen Bonzen projiziert, für die die Frau nach dem Aufbau wieder möglichst preiswertes Lustobjekt geworden ist.

Hanna Schygulla, die tüchtige Unternehmerin Maria Braun, kann und will Rainer für die Rückverwandlung in das deutsche Weibchen nicht brauchen. Da gibt's einige Mißverständnisse, daß er sie schon wieder kaltgestellt hat. Aber Barbara Sukowa, die bis in den Tod alles erduldende Mieze aus »Berlin Alexanderplatz«, ist für Rainer schon rein leitmotivisch die einzige richtige Besetzung dafür, daß sich an der Ausbeutung der Frau eigentlich nichts geändert hat.

In der Bavaria haben wir uns heimatlich eingerichtet, Rainer und ich. Zwei Schreibtische, ein Sofa (keine »Besetzungs-Couch«, sondern für seine Schnarch-Orgien), ein Kühlschrank mit Whisky und Ginger Ale in rauhen Mengen. Und für alle Fälle eine schwarze Flagge, die vor dem Zimmer gehißt wird und unseren Unwillen signalisiert, wenn wieder mal etwas nicht so gemacht worden ist, wie Rainer das gerne gehabt hätte. Vier Fetzen Papier mit dem Wort »Streik« in vier Sprachen, eine Musikmaschine mit vielen Cassetten. Und ein Fernseher, falls es wirklich unmöglich sein sollte, einen Drehtag vor einem wichtigen Fußballspiel zu beenden. (Das fließt sogar in die Filme ein. Die Berner Reportage von Herbert Zimmermann 1954 hat in der Schlußsequenz der »Maria Braun« noch ihre dramaturgische Notwendigkeit. In »Lola« und »Veronika Voss« ist der damit angespielte background der Zeit nur noch für ganz ausgefuchste Fußballexperten zu erkennen.)

Aschenbecher stehen natürlich auch überall herum, denn Rainer raucht wie ein Schlot, Camel, den ganzen Tag. Und ich stehe ihm da nicht viel nach. Mit dem Unterschied, daß er mit der brennenden Zigarette einschläft und nach spätestens vier Minuten unsanft geweckt wird. Die Juliane wird zur Sau

gemacht, wenn sie nicht in jedem Hotel der Welt für impräg-
nierte, nicht brennbare Laken sorgt. So groß ist seine Angst,
daß er wie Ingeborg Bachmann enden könnte.

Ein Schild an der Eingangstür unseres Büros ist besonders
wichtig:

»Vor dem Eintreten bitte zweimal anklopfen und das ›Entree‹
abwarten!«

Schließlich sind wir auch nur schreckhafte Wesen. Die zwei
Telefone dienen ebenfalls zur Abschirmung. Nur meine
Nummer ist Allgemeingut, damit er sich verleugnen kann.
Was aber so gut wie gar nichts nützt, denn wenn ich einen
abzuwimmeln versuche, mischt er sich so lautstark aus dem
Hintergrund in das Gespräch ein, daß auch der Dümmste
drauf kommt, daß Herr Fassbinder himself sehr wohl anwesend ist. Oder wenn er mal die Klappe hält, fragen mich die
Leute, ob ich sie für dumm verkaufen will, ich sei doch der
Fassbinder – so sehr hat sich unsere Diktion im Lauf der Jahre
einander angeglichen. Da geht's mir dann besonders ab, daß
ich nicht so schreien kann wie er, weil mir dabei die Stimme
bricht. Auch Jochgeier will gekonnt sein. Inzwischen haben
wir wieder einmal den Produzenten gewechselt. Rainer hat
sich über die Kaffee- und Bier-Knapserei vom Waldleitner zu
sehr aufgeregt und überhaupt im Lauf des näheren Kennen-
lernens hinter der anfänglichen weltmännischen Größe die
niederbayrische schlitzohrige Bauernschläue erkannt. Bis auf
weiteres geht man freundschaftlich nur noch auf dem Fuß-
ballplatz um. Und sein »Alexanderplatz«-Marathon definiert
Rainer ab nun als Überlebens-Training, das ihn härter als
Kruppstahl gemacht hatte:

»Als ich damit fertig war, habe ich gesagt, jetzt kann kommen, was will. Danach konnte ich selbst Herrn Waldleitner
überleben.«

In seinem nächsten Altproduzenten findet er wirklich einen
väterlichen Freund: Horst Wendlandt, der schon der Verlei-

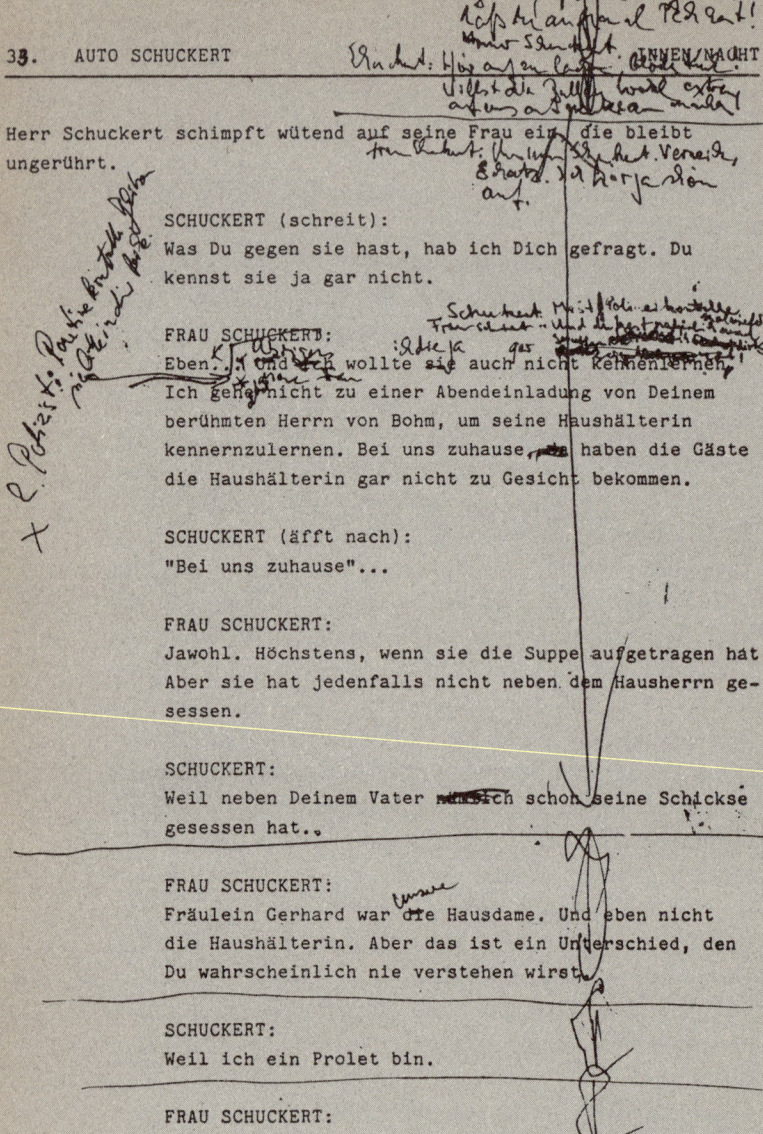

Herr Schuckert schimpft wütend auf seine Frau ein, die bleibt
ungerührt.

SCHUCKERT (schreit):
Was Du gegen sie hast, hab ich Dich gefragt. Du
kennst sie ja gar nicht.

FRAU SCHUCKERT:
Eben. Und ich wollte sie auch nicht kennenlernen.
Ich gehe nicht zu einer Abendeinladung von Deinem
berühmten Herrn von Bohm, um seine Haushälterin
kennernzulernen. Bei uns zuhause, da haben die Gäste
die Haushälterin gar nicht zu Gesicht bekommen.

SCHUCKERT (äfft nach):
"Bei uns zuhause"...

FRAU SCHUCKERT:
Jawohl. Höchstens, wenn sie die Suppe aufgetragen hat.
Aber sie hat jedenfalls nicht neben dem Hausherrn ge-
sessen.

SCHUCKERT:
Weil neben Deinem Vater nämlich schon seine Schickse
gesessen hat..

FRAU SCHUCKERT:
Fräulein Gerhard war die Hausdame. Und eben nicht
die Haushälterin. Aber das ist ein Unterschied, den
Du wahrscheinlich nie verstehen wirst.

SCHUCKERT:
Weil ich ein Prolet bin.

FRAU SCHUCKERT:
Eben. Weil Du ein Prolet bist. Leider.

Drehbuchseiten von Fassbinder zum Film *Lola*

her von »Lili Marleen« war. Auch schon rein äußerlich könnten die beiden Vater und Sohn sein. Und Wendlandt, der wohl nicht von ungefähr die »Winnetou«-Filme produziert hat, geht nun ohne Produzenten-Geschrei, fast lautlos mit Rainer auf die Fährtensuche nach einem Erfolgsfilm.

Diesmal hat Rainer sich besonders magische Eckdaten für die Drehzeit ausgedacht. Der erste Drehtag ist der Geburtstag vom Xaver Schwarzenberger, der letzte sein eigener. Aber daß die Drehzeit eingehalten wird, hängt nur mit seiner Sturheit zusammen. Eines Morgens bricht er sich beim Aufstehen den rechten Fuß, angeblich, weil er am Türabsatz hängengeblieben ist, der in der Nacht gewachsen sein muß. Seine telefonische Absage am Dreh glaubt ihm keiner. Um so stolzer ist er, als er sich mit dickem Gehgips wie Aga Khan selig in Kissen ruhend dem staunenden Volk präsentieren kann. Irgendwann – er humpelt schon wieder – stellt er mir vor versammelten hundert Statisten ein Bein, das kranke natürlich, und kreischt auf:

»Auuu! Willst du mich ganz umbringen? Jetzt hat's jeder gesehen, jetzt kannst dich nicht mehr rausreden!« Ich bin ganz erschrocken über meine Tollpatschigkeit, bis ich hundert Statisten grinsen sehe.

»Lügensau!« kriegt er zurück und humpelt stöhnend von dannen.

Eine ausgesprochen lockere Produktion also, die nur am ersten Drehtag des ausgebürgerten DDR-Stars Armin Müller-Stahl einige peinliche Momente bringt. Normal in einer solchen Atmosphäre wäre, daß Rainer sagt:

»Armin, Sie gehen jetzt von da nach da… Armin, Ihr Satz kommt dann beim Umdrehen, und da liegt auch schon der Schnitt…«

Aber Rainer bringt das »Armin« nicht über die Lippen: »Herr Müller-Stahl, machen Sie bitte das…«

Der begreift das erst mal nicht, denkt nach den Erzählungen

über Lamprecht, er sei vielleicht das nächste Opfer. Ich erklär's ihm in der ersten Drehpause. Nun ignoriert er sehr feinfühlig Rainers Schwierigkeiten. Und nach zwei Tagen ist Rainer über seine Hemmschwelle geholfen.

Für Mario Adorf, den anderen Hauptdarsteller, ist die »Lola« sowieso das reinste Honiglecken, nach dem Horror mit Werner Herzogs »Fitzcarraldo«, Zumutungen, die einem Fassbinder selbst in Höchstform nicht einfallen würden. Adorf unterhält uns ganze Abende mit immer neuen Schauergeschichten.

»Siehst du, Rainer«, sag ich, »es gibt Leute, die nicht was dazuerfinden müssen, damit's spannend wird.«

Nach »Lola«, trennen sich wieder mal unsere Wege. Wir befriedigen unsere Eitelkeit, tun, was wir schon lange nicht getan haben, spielen beide wieder einmal Hauptrollen. Ich rechne zurück: Bis auf meinen Ausflug zu Comencini 1977 bin ich seit »Wildwechsel« für Rainer in schnell übernommenen Nebenrollen nur noch Stimm- und Gesichtsverleiher gewesen.

Er spielt jetzt in Wolf Gremms »Kamikaze 1984« den Kommissar Jansen, ich bin in der »Tatort«-Folge »Sterben und sterben lassen« das Opfer, das zum Glück für mich und meine Tagessätze erst zum Schluß erschossen wird.

Mein Fernseh-Bruder ist Hanno Pöschl, der eine entfernte Ähnlichkeit mit mir hat, und den Rainer in der österreichisch geführten »Paris Bar« in Berlin kennenlernt. Ihn sieht er erst als Querelle und mich als Querelles Bruder, bis diese Chance durch den Zwang zur internationalen Besetzung flötengeht.

Immerhin gefällt ihm meine Leistung im »Tatort« ganz gut, bis auf einen Ausbruch, wo ich gegen einen Wohnwagen trommle, so wie er in »Kamikaze« gegen eine Glaswand getrommelt hat – was ich ihm auch irgendwann gestehe.

»Das hätt'st mir gar nicht zu sagen brauchen«, kanzelt er

mich verächtlich ab, »ich bin ja schließlich nicht doof! Kannst eh nur alles nachmachen!«

Schauspieler untereinander sind eben doch am unausstehlichsten!

Für »Die Sehnsucht der Veronika Voss« bin ich wegen der Terminüberschneidungen gar nicht vorgesehen. Aber als ich wieder in München bin, schenkt er mir »einen Drehtag«, das heißt, irgendeine läppische Rolle. Und schon sitze ich wieder im gemeinsamen Büro und tue meine übliche Arbeit. Diesmal ohne Vorbereitungszeit, ohne Einsteigen in das Thema, an dem Rainer nun zeigen will, wie die Wirtschaftswundergesellschaft ihre Idole zugrunde richtet.

Am Schicksal der Sybille Schmitz, ihrem langen Sterben an Morphium, an der Figur der dämonischen Ärztin, die ihre Patientin zum Opfer macht, entzündet sich Rainers Phantasie leidenschaftlich und gipfelt in dem Satz:

»Alle Ärzte sind Mörder!«

Womit er wieder einmal Abrechnung mit seinem Vater hält.

Rosel Zech, die die Veronika Voss spielt, geht mit äußerster wissenschaftlicher Genauigkeit an ihre Rolle heran, läßt sich von Ärzten die Symptome schildern, schluckt in der Selbstmord-Szene tatsächlich dreißig Tabletten, harmlose zwar. Aber daß ihr nicht schlecht wird, kommt nur davon, wie sehr bis zum Exzeß sie sich eingelebt oder vielmehr eingestorben hat.

Kein Filmstoff, bei dem man annehmen würde, daß die Dreharbeiten in heiterster Laune stattfinden. Aber je trostloser der Befund, desto mehr Befreiungsmechanismen kommen in Bewegung. Und Rainer resümiert:

»›Veronika Voss‹ ist ein Paradebeispiel, weil von den Dreharbeiten gesehen es die schönsten waren, die wir je hatten. Alle waren auf irgendeine Weise happy, wir hätten den ›Goldenen Bären‹ wirklich nicht gebraucht. Für alle, die dabei waren, war die Zeit so – nicht nur für den Kameramann oder die Schauspieler, sondern auch für die Beleuchter, die Requisiteure, die Maskenbildner – es war eine so schöne Zeit. Und wenn man die immer herstellen kann, ist es eigentlich genug, daß es noch ein paar Leute gibt, die das sehen mögen.«

Fassbinder kriegt für »Veronika Voss« nicht nur den »Goldenen Bären«. Sogar die Katholische Kirche wendet sich nach ihrer »Alexanderplatz«-Polemik dem Verlorenen Sohn nach seinem Tod allmütterlich zu. In der Sterbeszene der »Veronika Voss« hat er Osterläuten unterlegt und aus dem Radio die »Urbi et orbi«-Ansprache von Papst Pius XII… Und nun schreibt eine Kirchenzeitung: In seinem Werk müsse man auch eine tiefe Frömmigkeit erkennen. Auch Döblin sei im hohen Alter zum Katholizismus konvertiert. Und wenn Fassbinder genug Zeit zur Reifung geblieben wäre, hätte man ähnliches von ihm erwarten dürfen…

Bei aller Spekulation um die arme Seele ist das gar nicht so falsch. Von den katholischen Riten war er schon immer fasziniert und eigentlich auch neidisch, daß der Willy und der Kurt ihm ihre Ministranten-Vergangenheit voraushatten und sie mit gregorianischen Chorälen immer wieder neu beschwören konnten. Und was die »Zeit zur Reifung« betrifft – zuzutrauen war ihm alles. Aber eher so, wie es Hans Schweikart formuliert hat: »Die Qualität der alten Männer ist nicht die Güte, sondern die Bosheit…«

Open end: »Querelle«

FASSBINDER: »Nach meiner Meinung geht es da nicht um Mord und Homosexualität, es geht darum, daß jemand mit allen Mitteln, die in dieser Gesellschaft möglich sind, versucht, seine Identität zu finden. Das ist eigentlich das Thema des Romans ›Querelle‹ – so meine Auffassung. Und um mit sich identisch zu werden, muß Querelle alles, was er macht, von zwei Seiten her sehen. Von der, von der Gesellschaft formulierten verbrecherischen Seite – also aus der Niedrigkeit heraus –, und weil ihm das nichts nützt, muß er es auf der anderen mystifizieren. Nur so kommt Querelle einen Schritt weiter.«
FILMFAUST: »Die Suche nach der Identität ist auch ein Thema, was in Ihren Filmen immer wiederkehrt.«
FASSBINDER: »Ja, ja, das ist so, weil ich immer wieder den gleichen Film mache, klar. Und das ist logisch.«

Filmfaust 27 / 82

Der letzte Film des Rainer Werner Fassbinder. Letzte Taten, letzte Worte – dazu will mir, je mehr ich darüber nachdenke, ums Verrecken nichts einfallen. Er hat seinen Abgang nicht inszeniert. Ich kann bloß Impressionen liefern über diese Dreharbeiten, die auch nicht anders verlaufen sind als die meisten, und bei denen keiner, wenn er nur einigermaßen ehrlich ist, den »Todesengel« durchs Studio huschen sah.
Und wenn's ein »mystisches« Wesen gab in diesem Film, nämlich Jeanne Moreau, dann sagt das nur etwas aus über

seinen Rang, von dem aus er sich eine solche Besetzung leisten konnte. Wie sich die beiden bei den Dreharbeiten begegneten, war viel unkomplizierter, als sich ein Laie ein solches spektakuläres Aufeinandertreffen ausmalt.

Am ersten Drehtag, bei der ersten Begegnung, geht er artig auf sie zu, macht einen Diener. Sie sagt »Hello, Rainer, nice to meet you« und fragt ihn, was er sich unter ihrer Rolle der Puffbesitzerin Lysiane so vorstellt.

»Just be great«, sagt Rainer. Und sie ist zufrieden mit der kargen Auskunft. Spielt die Rolle ohnehin so, wie sie's spürt.

Und Rainer läßt alles mit sich geschehen und genießt es als meist stiller Beobachter, daß er nicht das »Double« eines Stars bewegen muß, sondern daß er den Star selber hat.

Nach ihrer letzten Einstellung – ihre Szenen sind aus Termingründen auf zehn Drehtage zusammengezogen worden – gibt sie Champagner aus, und Rainer überreicht ihr einen Strauß von hundert weißen Rosen. Ihre Lieblingsblumen. Irgendwie muß sie das doch berührt haben. Sie betritt zum erstenmal unser Arbeitszimmer, setzt sich ganz selbstverständlich hin, beginnt in einem Mischmasch aus Englisch und Französisch über ihren letzten Film zu plaudern und sagt, daß ihr die Atmosphäre hier besonders gut gefallen hat. Hält einen zwanzigminütigen Monolog, der uns so fasziniert, daß keiner auch nur einen Einwurf zu machen wagt. Was sie erzählt, nur in Bruchstücken verständlich, ist gar nicht wichtig. Wie sie's sagt, ersetzt jedes Wörterbuch – die menschliche Wärme, die Vertrautheit, als ob sie uns schon immer gekannt hätte.

Als ich Rainer heimchauffiere, sage ich:

»Diese halbe Stunde war's wert, die nächsten zehn Jahre weiterzumachen.«

Sonst läßt er sich bei der Heimfahrt die Ohren immer mit der MusiCassette vom Joachim Witt volldröhnen und grölt zumal den einen Refrain mit: »Ich bin das Glück dieser Erde – ach wär das schön, wenn's so wäre...«

Diesmal hört er dem »sound« der Jeanne Moreau nach, stumm.

Ein weiter Weg von der ersten Beschäftigung mit Genet, den er wie alle in der Pubertät nach eindeutigen Stellen durchblätterte. Den Stoff hat er später dann schon mit sich herumgetragen. Aber sich nie näher drauf eingelassen, weil es hieß, daß der Genet unglaublich schwierig ist und die Verfilmungsrechte sowieso nicht herausrückt.

Ausgerechnet Dieter Schidor, Schauspieler seines Zeichens und auch sonst recht umtriebig, hat dem verschlossenen alten Mann die Zustimmung zur Romanverfilmung entlockt. Paßt eigentlich gar nicht zu dem Bild, das man sich von Genet macht, daß er sich von der Quasselstrippe hat einwickeln lassen. Der Schidor ist mit den Rechten bei Bernardo Bertolucci und Sam Peckinpah hausieren gegangen. Die winkten dem Frisch-Produzenten ab. Beim Werner Schroeter ziehen die Geldgeber nicht recht. Und letztlich schafft er's mit dem Namen Fassbinder, der auch für die entsprechend hochkarätige Besetzung garantieren kann. Daß er sich bis zum Rainer durchgeschlängelt hat, beschert ihm einige Prozesse von Werner Schroeter, der den blauen Brief mitten in den Vorbereitungen auf Motivsuche bekommen hat.

Rainer geht ganz anders an das Projekt ran, als er's vor zehn Jahren getan hätte. Ganz abgesehen davon, daß da die Schygulla die Lysiane gespielt hätte, und möglicherweise sogar ich den Querelle, und er selbst mit Sicherheit den miesen Kommissar – er wäre viel spontaner gewesen und hätte sich einen Dreck um die komplizierte Psychologie gekümmert.

Jetzt tastet er sich in verschiedenen Ansätzen in die Nähe des Stoffes. Auf seinem Schreibtisch finde ich die Besetzungskataloge von Pornoagenturen, wo neben den üblichen Körpermaßen auch noch die »Spezialmaße« angegeben sind, und wie

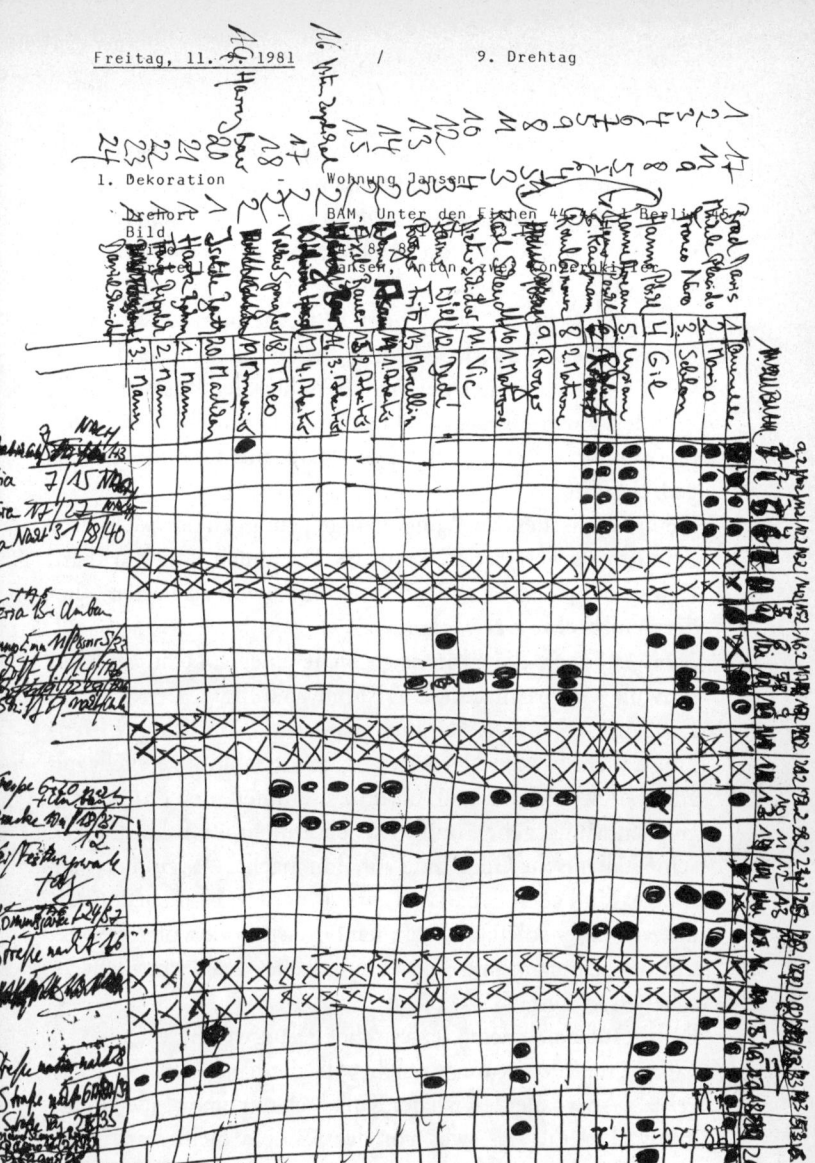

Handschriftliche und erste Version des Drehplans zu *Querelle*

oft pro Drehtag einer kann. Den Plan hat er mangels Masse wieder fallenlassen müssen.

Dann spielt er mit der Idee, seine eigenen Schauspieler zu Pornodarstellern umzufunktionieren. Oder sagt er's bloß, um Günther Kaufmann in Panik zu versetzen? In einem Bierzelt auf dem Oktoberfest macht er ihn scharf mit der tollen Rolle des Puffinhabers.

»Aber du weißt ja, daß der den Querelle bumst. Ob du das kannst? Meinst, du kriegst einen hoch vor der Kamera?«

Günther, hin und her gerissen zwischen der Bomben-Rolle und den unzumutbaren Details, fängt an zu schwitzen. Und bleibt mißtrauisch, bis die Szene dann nur in Andeutungen gedreht wird.

Denn inzwischen hat Rainer den ursprünglich beabsichtigten Brutalo-Sex vergeistigt. Und das Drehbuch von Burkhard Driest, das jede Menge Großaufnahmen von erigierten Gliedern einbrachte, verworfen:

»Das ist doch die hirnrissige Sicht eines ›Macho‹ auf das schwule Matrosenleben. Das ist mir zu billig!«

Die Weltstars führen sich auch so noch auf wie zickige Ehrenjungfrauen. Franco Nero, der Leutnant Seblon, versucht mit allen Tricks um den Kuß herumzukommen, den er Querelle auf den Mund geben muß. Das paßt nicht ins Bild, das sich seine italienische Gemeinde von ihm macht. Das ruiniert sein Image. Und auch Brad Davis, der Querelle, ist nicht sonderlich von einer solchen Direktheit begeistert, obwohl er privatim den Umgang mit dem männlichen Geschlecht nicht zu scheuen scheint.

Rainer stellt sich dem Geziere eher gelangweilt:

»Wenn die nicht tun, was ich will, dann können sie heimgehn!« Aber zuletzt wird der Kuß doch nur eine bloße Umarmung. Und all das, was vor der Kamera nicht stattfindet, übernimmt eine Erzählerstimme. Rainer hat sich in seiner Einstellung zur Sexualität rar gemacht.

Den Günther knüpft er sich noch einmal vor. In der Bumsszene braucht er jetzt nur sein Gesicht in Großaufnahme. Aber das soll alles wiederspiegeln, was ihm an Monstrosität nur zu entlocken ist. Und in voller Lautstärke läßt er den passenden Song vom Joachim Witt ungezählte Male laufen: »Ich bin der deutsche Neger... Ich bin der deutsche Neger...«

Günther wird so wütend, daß man nur noch das Weiße seiner Augen sieht. Aber er hält durch und liefert außerdem den wüsten Ausdruck, der Rainer berauscht:

»Ich sag's ja immer wieder! Bei euch gibt's nur den einen Weg. Man stellt euch vor die Wahl, daß ihr entweder heulend abhaut oder so gut seid wie nie zuvor!«

Musik als Stimulans. Musik und Würstchen, die Rainer an jedem Tag vor Arbeitsbeginn spendiert. Das hat sich so eingebürgert in den letzten Jahren. Das macht gute Laune, läßt schneller arbeiten.

Die Musikkulisse wechselt von Film zu Film, ist dann aber auch während der ganzen Produktionszeit zu hören, außer natürlich, wenn gedreht wird. Bei »Querelle« begleiten uns Joachim Witts LPs »Silberblick« und »Edelweiß«. Bei »Die Sehnsucht der Veronika Voss« war's Vangelis mit seiner Drogenmusik. Bei »Alexanderplatz« die Stones (aber als er in Paris das Drehbuch schreibt, läßt er wochenlang »La Traviata« laufen), bei »Satansbraten« und »Chinesisch Roulett« die Gruppe »Kraftwerk«, bei »Die bitteren Tränen der Petra von Kant« Elvis Presley. Anregungen, Querverbindungen zwischen irgendwelchen geheimen Kanälen, die nur er selber kennt, und die letztlich auch wieder dazu dienen, daß er sich in eine Isolation einspinnen kann. Ein bißchen merkwürdig und nicht gerade passend klingen die Witt-Songs schon in dem Set, der in der größten Halle des Berliner CCC-Studios aufgebaut ist. Da könnte ich mir besser die Musik der dreißiger und vierziger Jahre vorstellen. Denn das absolut Revolutionäre, das Rainer in »Querelle« angeht, ist die ganz be-

VORBEMERKUNGEN

I. Die Verfilmung von Literatur legitimiert sich, im Gegensatz zur
landläufigen Meinung, keinesfalls durch eine möglichst kongeniale
Übersetzung eines Mediums (Literatur) in ein anderes (Film).
Die filmische Beschäftigung mit einem literarischen Werk darf
also nicht ihren Sinn darin sehen, etwa die Bilder, die Literatur
beim Leser entstehen läßt, maximal zu erfüllen.
Dieser Anspruch wäre ohnehin in sich absurd, da jeder Leser jedes
Buch mit seiner eigenen Wirklichkeit liest und somit jedes Buch
soviel verschiedene Phantasien und Bilder provoziert, wie es Leser
hat.
Es gibt also keine endgültige objektive Realität eines literarischen
Werkes, darum darf auch die Absicht eines Filmes, der sich mit
Literatur auseinandersetzt, nicht darin liegen, die Bilderwelt
eines Dichters als endgültig erfüllte Übereinstimmung verschiedener
Phantasien zu sein. Der Versuch, Film als Ersatz eines Stückes
Literatur zu machen, ergäbe den kleinsten gemeinsamen Nenner von
Phantasie, wäre also zwangsläufig im Ergebnis medioker und stumpf.

Ein Film, der sich mit Literatur und mit Sprache auseinandersetzt,
muß diese Auseinandersetzung ganz deutlich, klar und transparent
machen, darf in keinem Moment seine Phantasie zur allgemeinen
werden lassen, muß sich immer in jeder Phase als eine Möglichkeit
der Beschäftigung mit bereits formulierter Kunst zu erkennen geben.
Nur so, mit der eindeutigen Haltung des Fragens an Literatur und
Sprache, des Überprüfens von Inhalten und Haltungen eines Dichters,
mit einer als persönlich erkennbaren Phantasie zu einem literarischen
Werk und nicht der Versuch einer Erfüllung von Literatur, legitimiert
deren Verfilmung.

II. Querelle de Brest von Jean Genet ist vielleicht der radikalste
Roman der Weltliteratur, was die Diskrepanz von objektiver Handlung
und subjektiver Phantasie anbetrifft. Das äußerliche Geschehen
abgelöst von der Bilderwelt des Jean Genet, ergibt eine wenig
interessante, eher drittklassige Kriminalgeschichte, mit der zu
beschäftigen sich kaum lohnte.
Was sich aber lohnt ist die Auseinandersetzung mit der Erzählweise
des Jean Genet, die Auseinandersetzung mit einer außergewöhnlichen
Phantasie, die eine auf den ersten Blick fremdartige Welt entstehen läßt, eine Welt in der eigene Gesetze zu gelten scheinen,

die einer erstaunlichen Mythologie verpflichtet sind.

Es ist überaus aufregend und spannend, erst langsam, dann aber immer dringender und dringender, herauszufinden, wie diese fremde Welt mit ihren eigenen Gesetzen sich zu unserer, freilich auch subjektiv empfundenen, Wirklichkeit verhält, dieser Wirklichkeit erstaunliche Wahrheiten abringt, weil sie uns zu Erkenntnissen und Entscheidungen zwingt, die, und ich bin mir des Pathos voll bewußt, so schmerzhaft diese Erkenntnisse im einzelnen auch erscheinen mögen, uns unser Leben näherbringen.

Das heißt auch: wir nähern uns unserer Identität!

Und nur wer wirklich mit sich identisch ist, braucht keine Angst vor der Angst mehr zu haben. Und nur wer keine Angst hat, kann wertfrei lieben; das äußerste Ziel aller menschlichen Anstrengung: sein Leben leben!

III. Ich kann mir die Welt des Jean Genet, also zwangsläufig auch die Beschäftigung mit dieser Welt, nicht an Originalschauplätzen vorstellen, da jedwede Handlung, die in dieser Welt geschieht, jede Geste, jeder Blick, immer anderes bedeutet, immer wesentlich mehr und immer Größeres, meist Heiliges.

Ich habe mich daher, gemeinsam mit Rolf Zehetbauer, dafür entschieden, daß der Film"Jean Genet's 'Querelle' " in einer Art surrealistischer Landschaft gedreht wird, die sich aus spezifischen Teilen und Signalen aller angesprochenen Motive zusammensetzt.

In dieser Landschaft stehen einige Projektionswände, die ermögliche durch Aufprojektionen diese Kunstwelt mit Partikeln der Wirklichkeit ins Unendliche zu verlängern.

Ein ganz wesentlicher Aspekt, der außerdem für diese Landschaft spricht, ist, daß in jeder Szene die Möglichkeit besteht, jedwedes andere Motiv in etwa kontrapunktisch mit ins Bild zu bringen, ob nur als Motiv oder als bespielter Ort wird von Fall zu Fall neu zu entscheiden sein.

Fassbinders Vorbemerkung zum Drehbuch

Letzter Drehtag von Jeanne Moreau in *Querelle*
Fassbinder, Jeanne Moreau, Brad Davis.
Berlin 1982, CCC-Studios

Dreharbeiten zu *Querelle*. Diskussion zwischen den Einstellungen.
Fassbinder, Harry Baer und der Schauspieler Burkhard Driest.

SEBLON

You know perfectly well that isn't
so.

At which point, QUERELLE embraces the LIEUTENANT,
pulls him down on his knees and kisses him frantically
on the open mouth. Then he tries to get up, supporting
himself on SEBLON. This brings about such a burst of
tenderness that he looks feminine for the first time
in his life. QUERELLE leans against the wall and
smiles quite relaxedly.

QUERELLE

I am on the brink of a shame from which
no man ever rises again and in which I
shall find my lasting peace. I am so
weak, and I am conquered, completely
conquered. And my thoughts are sad -
sad because I have   forebodings of
autumn   ., soilings, fine
mortal wounds in me.

THE LIEUTENANT leads QUERELLE now, gently but firmly,
away from the square.

QUERELLE

I will never find peace until you've
taken me.   But it must be
done so that afterwards you will let
me   lie on your thighs like a Pietá
cradling a dead Jesus.

QUERELLE and SEBLON leave the frame. The camera remains
on the graffiti with the drawing we already know and
the inscription: "Young man needs boys with big cocks".

Auszug aus dem Drehbuch zu *Querelle*
(die beanstandete Szene mit dem Kuß)

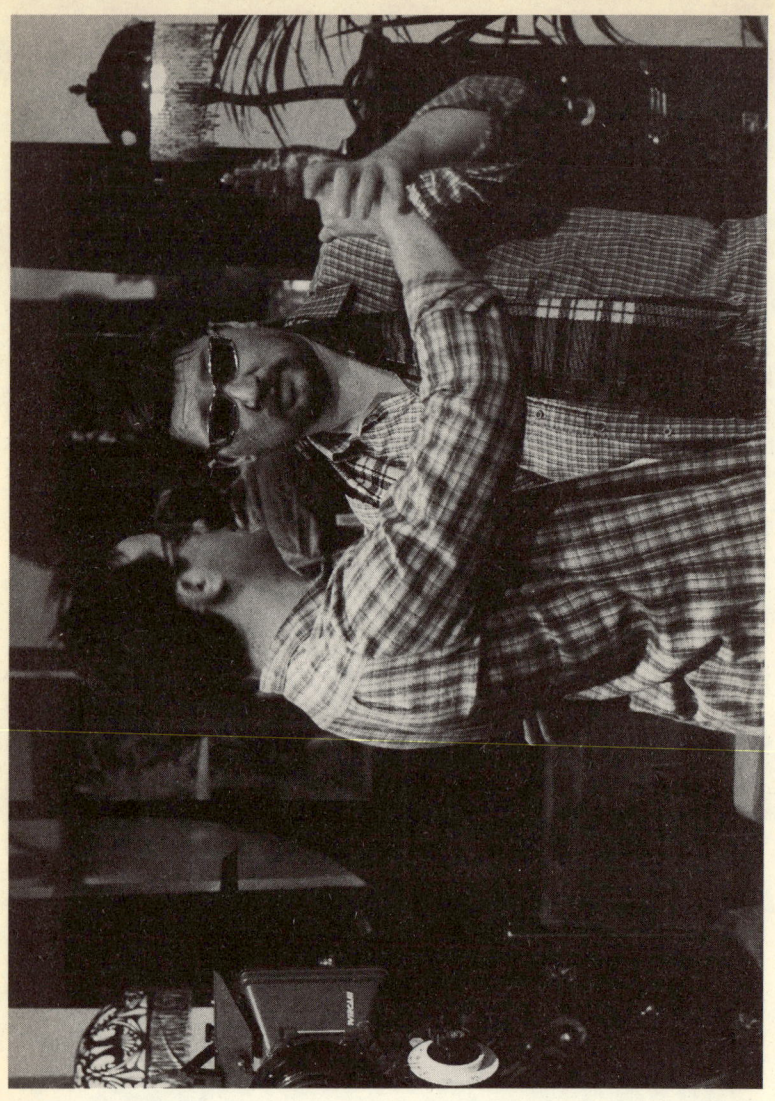

Dreharbeiten zu *Querelle*, Berlin 1982. Stellprobe eines Tangos für die Kamera.
Harry Baer, Fassbinder

wußte Rückkehr in die hermetische Welt der gebauten Studiodekoration, in eine künstlich vorgeführte Traumfabrik-Wirklichkeit, die sich nicht an irgendwelchen vorgefundenen Original-Motiven orientieren muß.

Das ist die Methode, nach der Rainers Lieblingsfilme gedreht worden sind, Sternberg-Filme wie »Morocco«, Michael Curtiz-Filme wie »Flamingo Road«, Detlef-Sierck-Filme wie »Zu neuen Ufern« oder »La Habanera«.

Rolf Zehetbauer hat ihm eine gigantische Stadt Brest aufgebaut, die ihren Sünden-Reiz aus übertriebener Künstlichkeit holt. So puffig könnte kein echtes Hafenbordell aussehen. Verblüffend, wie sich der gestandene bayerische Familienvater in diesem Milieu ausdrücken kann. Und das Ganze noch überhöht durch phallische Mauersteine und einen überdimensionalen Leuchtturm-Penis, getaucht in orange-bräunlich-rotes Untergangslicht, fast sandfarben.

Keine Frage, das ist genau die optische Umsetzung von Rainers »Querelle«-Vision – mit dem heutigen Bewußtsein die Phantasien eines Gefängnis-Insassen aus den vierziger Jahren zu beschreiben. Oder auch die Rückkehr zum Kintopp bester alter Qualität. Diese atmosphärische Dichte ließe sich in Original-Sets auch mit dem phantasievollsten Kameramann und dem tollsten Beleuchter nicht so herstellen. Die alten Melodram-Spezialisten wußten, was sie mit diesem Plus an Geheimnis anfangen konnten. Und Rainer weiß es auch. Alle diese unsagbaren Beziehungen der Figuren untereinander und Genets Quintessenz, daß der Verrat am Freund noch höhere Selbstverwirklichung ist als ein Mord, läßt er in magischen Bildern entstehen, die sich nicht eindeutig festlegen. So ist dem Zuschauer die Möglichkeit gelassen, in den Freiräumen seiner eigenen Gedanken die maßlose Anarchie dieses Stoffes entweder zu reduzieren oder weiterzuspinnen – ein open end je nach Niveau und Mut.

Diese Bildmagie vieler Einstellungen holt er sich aus seiner

Kenntnis von Goya-Bildern. Und so suggestiv wirkt das schon beim Drehen, daß es die Studiobesucher umhaut. Patrice Chereau, der Regisseur des Bayreuther »Jahrhundert->Ring‹«, ist Dauergast, der amerikanische Maler Robert Rauschenberg kommt und läßt sich inspirieren. Und Andy Warhol, ätherisch wie eine Flaumfeder, weht durch die Dekoration. Er, der für den Plakat-Entwurf engagiert ist, bekommt nach Jahren wieder Lust aufs Filmemachen. Und wie's zu seiner Selbst-Inszenierung gehört, läßt er sich am liebsten mit alten Huren vor dem phallischen Leuchtturm ablichten.

Rainer findet an der »Kostümierung« seiner Kinowelt so viel Vergnügen, daß er auch privat modisch zu spinnen beginnt. Der letzte Drehtag von »Querelle«, der sein letzter überhaupt sein wird, beginnt mit einem Schnickschnack, wie ihn sonst nur Modetunten aufführen.

Zwar ist er die letzten Tage, wenn ich ihn aus der Bleibtreustraße abholte, regelmäßig in den vis-à-vis gelegenen New-Wave-Laden »Kaufhaus Schrill« gestürzt, um für Dieter Schidor eine atemberaubende Handtasche herauszuangeln, eine schrille Sonnenbrille oder sonst einen fetzigen Anhänger. Heute läßt er das »Kaufhaus Schrill« links liegen und kommandiert mich und den Rest der Belegschaft zum Kurfürstendamm.

Ich laß mich überraschen. Am letzten Drehtag hat er ja immer was auf Lager. Meistens kommt er frisch rasiert und mit neuem Haarschnitt im Smoking zum Drehen. Spätestens zur Abschlußfeier donnert er sich auf. Sein spitzbübischer Ausdruck verrät, daß er heute einen Übergag plant.

Zu fünft brechen wir in unseren Jeans in ein stinkvornehmes Herrenbekleidungsgeschäft ein. Die Verkäufer betrachten uns pikiert. Mit spitzem Finger deutet Rainer auf eine Kombination des italienischen Modeschöpfers Gianni Versace, lila Hose, Ton in Ton das Hemd und die blau-türkis chan-

174

gierende Jacke. Eine jener unauffällig saloppen Creationen, die für ein Normal-Portefeuille unerschwinglich sind.
»Fünfmal!« sagt Rainer.
Der Verkäufer glaubt nicht richtig zu verstehen.
»Fünfmal das Ganze! Ich wiederhole mich ungern!«
Jetzt fällt der Groschen, und schon sind wir von mehreren Verkäufern umringt. Die Schwierigkeiten, uns fünffach und trotzdem »uni« einzukleiden, sind zwar enorm. Aber nach einer halben Stunde stehen wir endlich da wie eine abenteuerliche Herren-Combo, die nebenbei auch noch Gigolo-Dienste verrichtet. Rainer wird auf einen Schlag mehr als zehntausend Mark los und zahlt, ohne mit der Wimper zu zucken.
Im Auto frage ich:
»Was für ein Teufel hat dich denn da geritten?«
»Jeden Tag kann ich mir das auch nicht leisten. Aber immer Jeans und kariertes Hemd, geht dir das nicht auch langsam auf die Eier?«
»Ich finde es ein wenig zu bunt, lieber Rainer«, sage ich.
»Du bist auch so konservativ mit deinem Anziehzeugs, daran liegt es. Das trägt man heute nicht mehr, 68 ist vorbei. Heutzutage trägt man eben das!«
»Und das sagt ausgerechnet einer, der frische Jeans auch bloß aus dem Werbefernsehen kennt!«
Jetzt ist er beleidigt und schaut mit zusammengekniffenen Lippen stur geradeaus. Erst im Studio ist er mit sich und der Welt wieder zufrieden. Denn der Effekt, den er bezwecken wollte, gelingt hundertprozentig. Er geht erst einmal voraus, läßt sich in seinem Aufzug von der Crew begaffen und bewundern. Nach zwei Minuten komme ich, jetzt glotzen sie ganz doof. Wie ein Gentleman fordert mich Rainer auf, wir tanzen einen Walzer durchs Studio, die Crew bricht in Beifallsstürme aus. Und das ist die beste Ausgangsbasis für diesen letzten schweren Arbeitstag, der uns bevorsteht...

Der 10. Juni 1982

Ich brauche einen Pfleger
der mir die Haare kämmt
und mir die Füße pudert
wenn ich ans Sterben denk'
Ich bin auf einer Reise
die mich vom Leben trennt
Ich sehe keine Preise
für Schlüpfer, Schuh und Hemd
Ich spüre Nervenströme,
so streng wie Achselschweiß
sie peitschen mir die Sinne
und knüppeln meinen Geist
Wilde Liebe
unerhörter Drang treibt mich nach vorn
in deinen warmen Schoß
rücksichtslos und halbverdorben
steh' ich dann vor dir
So was wie dich hab ich noch nie gesehen
So was wie dich hab ich noch nie gesehen
So was wie dich hab ich noch nie gesehen
auf dieser...
Ich fühl die Hitze steigen
sie zieht mir ins Gehirn
ich möcht dir Muskel zeigen
und falle auf die Stirn
Ich schätze meine Heimat
ich brauche Zeit und Raum
ich lebe oft in Freiheit
und wenn auch nur im Traum
Wilde Liebe
unerhörter Drang treibt mich nach vorn
in deinen warmen Schoß
rücksichtslos und halbverdorben
steh ich dann vor dir
So was wie dich hab ich noch nie gesehen
......

(Joachim Witt)

Bayern, Fronleichnam. Als Bub war ich bei der katholischen Jugend und wahnsinnig stolz, daß ich die Fahne unserer Pfarrei tragen durfte. Die Ludwigstraße rauf und runter, kehrt schwenk marsch am Odeonsplatz Feldherrnhalle – Fähnleinführer, ich fand mich toll.

Bayern, Fronleichnam 1982. Das erzbischöfliche Ordinariat wettert gegen den »importierten Saustall«, den die Rolling Stones am Tag der Fronleichnamsprozession im Olympiastadion veranstalten. Wir, die Leute, die zu den »Stones« hinwollen, haben uns auch über den Papstbesuch gefreut, obwohl uns keiner gefragt hat, ob wir damit einverstanden sind. Wir sind halt doch toleranter.

Vor sechs Tagen hab ich mir den kleinen Zeh am Wasserfall hundert Meter hinter dem Haus der Kunst angebrochen. Ein Vorgips bis zum Knie, drei Tage absolute Bettruhe. Rainer ist mit einer Flasche Moët Chandon gekommen, hat sich neben mich aufs Bett geschmissen und dem lästigen Patienten den Bauch gestreichelt. So zärtlich ist er noch nie gewesen. Aber schon wird's ihm peinlich, daß er sich auf Gefühle einläßt:

»Arm's Buale. Besonders erotisch ist dein Klumpfuß ja wirklich nicht!«

Ich nicke ergeben und möchte ihm eine reinhauen, verbuche den ambulanten Termin in der Poliklinik als persönlichen Erfolg. Kein Gips, nur ein dekorativer Kreuzverband. Bald kann ich wieder humpeln. Weiter in der Vorbereitung zu »Ich bin das Glück dieser Erde«, dem nächsten Film, der am 20. Juli Drehbeginn haben soll. Lebensgefühl 1982, New Wave, Deutsch Rock. Rainer wird selber die Kamera machen, wie bei der »Dritten Generation«. Dasselbe Team wie damals: Juliane Lorenz, Cutterin, Köchin, der gute Geist in der Clemensstraße; die Regieassistentin Karin Viesel; Willy, der diesmal ziemlich arbeitslos sein wird, weil die aktuellen Hits der Szene untergebracht werden sollen, was er für eine ziemliche Niveaulosigkeit hält; der in Paris lebende Argentinier Raoul Gimenez als Ausstatter; und ich in einer neu von Rainer geschaffenen Funktion als künstlerischer Produktionsleiter – was immer das auch sein mag. Jeder wird wieder für alles zuständig sein, ein Familienfilm, eine Art Selbstreinigung und Selbstfindung nach den Großproduktionen, endlich wieder nach unserem Geschmack. Eine kleine überschaubare Story über drei Typen, die ohne Erfolg eine Detektei betreiben, nach einigen mißglückten Fällen beschließen, Musik zu machen, und damit ganz oben landen. Zum erstenmal eine unbeschwerte Komödie mit Hanno Pöschl, Günther Kaufmann, mir und Y Sa Lo, die uns drei in erotische Verwirrung bringen soll. Eben Lebensgefühl 1982. Wenn's wer bringen kann, dann wir, oder?

8. Juni. Treff mit dem Co-Produzenten Dieter Schidor in der »Eiche«. Nachdem er sich ausgequasselt hat, Einigung bei der Kalkulation. Sie bleibt unter einer Million. Euphorie! Wenn wir dran zurückdenken, daß die ersten Rucksackproduktionen mit maximal hunderttausend gemacht wurden…

9. Juni. Am Abend finde ich endlich das Hauptmotiv »Discothek« – das alte »Song Parnass« in der Einsteinstraße. Komisch, daß ich da nicht früher draufgekommen bin. Da hängt die Patina von ganzen Musiker- und Liedermacher-Generationen an den Wänden. Die neuen Schuppen mit verlockenden Titeln wie »Größenwahn« sind entweder zu klein oder zu keimfrei.

10. Juni, ein Uhr morgens. Ich wähle die Nummer vom roten Telefon in der Clemensstraße, den Direktanschluß neben Rainers Bett:

»Rainer, ich hab's. Song Parnass. Da können wir alles machen, was wir uns vorstellen. Zwei Ebenen, der Raum ist hoch genug, daß wir Einstellungen auch von oben machen können. Bühne und Sitzgelegenheiten variabel. Wir können umdekorieren und streichen, wie's uns paßt. Und der Preis ist auch o. k!«

»Wunderbar, mach für heut abend die Termine klar. Ausstattung, Requisite und wer sonst noch dabeisein muß. Sonst noch was?«

»Alles klar. Geht's dir gut?«

»Ich schau fern, Video, les dazwischen, muß noch was tun.«

Ich mache die Sache mit den Leuten vom Song Parnass perfekt. Inzwischen ist es drei. Ich gehe nach Hause, hau mich ins Bett. Will früh wieder auf sein. Jetzt ist es aus mit der Faulenzerei und mit dem Pennen bis in den Mittag hinein. Ich schlafe über der Kalkulation ein.

Das Telefon weckt mich. Die Bildzeitung will von mir ein Statement... Von mir... Zu was? Tot – wer? ... Ich knalle den Hörer auf die Gabel. Blöder Joke! Und das schon am frühen Morgen... Wieder das Telefon:

»Hast du schon gehört? ... Furchtbar...«

Jetzt reißt's mich hoch. Aber glauben will ich's noch immer nicht. Wähle die Geheimnummer. Eine fremde Stimme meldet sich. Was macht denn der in Rainers Zimmer? Ich wähle die andere Nummer. Da muß doch die Juliane drangehen... Wieder fremde Stimmen, das kann nur Polizei sein...

Die nächste Stunde klingelt mein Telefon ohne Unterbrechung. Ich geh nicht ran. Meine Wohnung kommt mir plötzlich unbewohnt vor. Ich muß hier raus. Rase zur U-Bahn, zu meinem Freund Marcus, der mir verschlafen die Tür aufmacht. Ich umarme ihn, heule, rede wirres Zeug. Er macht das Radio an. Nachrichten. Reagan in Bonn. Natogipfel. Am Ende vor dem Wetter die einzige Nachricht, die zählt: Rainer Werner Fassbinder tot in seiner Wohnung aufgefunden. Wenn man's so offiziell hört, zieht's einem die Füße erst richtig weg.

In der »Eiche« zwei, drei, vier Schnäpse auf nüchternen Magen. Bekannte trudeln ein. Einer sieht beschissener aus als der andere. Sonnenbrillen, Heulen. Lähmung. Aber man muß doch irgendwas tun! Eine Journalistin hängt am Telefon, gibt einen ersten »Stimmungsbericht« durch. Ich brüll sie an, daß sie sich verpissen soll. Aasgeier verdammter! Alle Nummern, die mir im Moment einfallen, sind belegt. Als ob man von einem Moment zum anderen von der Welt abgeschnitten ist. Die Welt im Ausnahmezustand. Bloß weg!

Beim Dieter Schidor sitzen sie zusammen, aufgescheucht wie die Hühner, aus deren Mitte der Fuchs grad sein Opfer geschlagen hat: Juliane, Regina Ziegler, Wolf Gremm, der im Zimmer neben Rainer geschlafen hat und nichts gemerkt hat, der liebe Trottel! Schidor versucht sich mit überkandideltem Lachen abzureagieren. Im Café »Extrablatt«, erzählt er, sitzen sie schon, die Herren Altproduzenten, und überschlagen, was ihnen da alles an Fellen den Bach hinunterschwimmt, was ihnen dieser Tod an Gewinnen wegnimmt aus den geplanten Produktionen, die nun nicht mehr stattfinden können. Juliane läuft weinend aus dem Haus. Ich wünsch mir eine Schrotflinte, um mit den Geldsäcken aufzuräumen …

Es wird dunkel. Ziellos irre ich mit meinem Marcus herum. Die Zeitungen von morgen sind voll von Fassbinder. Schlagzeilen, Mutmaßungen, lächerliches Geschmiere: »Starb Fassbinder wegen Romy?« Reagan von der Titelseite verbannt. Wenigstens das hast du noch geschafft, jagt es mir durch den Kopf, das war deine letzte Tat!

11. Juni. Das zweite Konzert der Rolling Stones im Olympiastadion.

»Geh doch hin und schau dir an, wie die Leute reagieren«, hat er gesagt, »dann stellst du dich nicht so dumm an, wenn du mir hysterische Groupies inszenieren mußt!«

Da stehe ich auf dem heiligen Rasen, den sie mit Zeltplanen abgedeckt haben. Regen und knöcheltiefe Pfützen. Was hab ich hier überhaupt zu suchen? Egal. Ich brauch Bewegung, dröhnende Musik. Tanze, plärre laut wie früher im Kirchenchor:

»Start it up!«

Start it up – aber wohin? Die ungeheuren Emotionen, die da im Stadion frei werden, kommen mir auf einmal klein vor. Bisher hat er uns immer eingeheizt, hat uns das »Glück dieser Erde« verschafft und uns von den Höhenflügen wieder heruntergeholt. Er hatte eben mehr Leben in sich als wir alle miteinander…

ANHANG

Abkürzungsverzeichnis

Vorspanndaten:
R = Regie
B = Buch
K = Kamera
Sch = Schnitt
RA = Regieassistenz
M = Musik
A = Ausstattung
Ü = Übersetzung
O = Organisation
T = Ton
B = Beleuchtung
P = Produktion
U = Uraufführung
TV = Fernsehausstrahlung
F = Format
L = Länge
V = Verleih

Rundfunk und Fernsehen:
ARD = Arbeitsgemeinschaft der öffentlich-rechtlichen
       Rundfunkanstalten der Bundesrepublik
       Deutschland
BR = Bayrischer Rundfunk
NDR = Norddeutscher Rundfunk
SDR = Süddeutscher Rundfunk
SFB = Sender Freies Berlin
SR = Saarländischer Rundfunk
WDR = Westdeutscher Rundfunk
ZDF = Zweites Deutsches Fernsehen

Filmographie

(entnommen aus: Dokumentation Rolf Rietzler zu Wolfgang Lim-
mer »Rainer Werner Fassbinder, Filmemacher« – Spiegel-Buch
Nr. 8, Copyright © 1981 by Rowohlt Taschenbuch Verlag GmbH,
Reinbek bei Hamburg. Abdruck mit freundlicher Genehmigung des
Verlages.)

1965
Der Stadtstreicher

R, B: Rainer Werner Fassbinder. – K: Josef Jung.
P: Roser-Film. – F: 16 mm, schwarzweiß. – L: 10 min. – V: Referat
für Filmgeschichte, Köln.
Darsteller:
Christoph Roser, Susanne Schimkus, Michael Fengler, Thomas
Fengler, Irm Hermann, Rainer Werner Fassbinder.

Zum Inhalt
Ein Stadtstreicher findet eine Pistole und hat Schwierigkeiten, sie
wieder loszuwerden.

1966
Das kleine Chaos

R, B: Rainer Werner Fassbinder. – K: Michael Fengler.
P: Roser-Film. – F: 35 mm, schwarzweiß. – L: 9 min. (letzte Fas-
sung).
Darsteller:
Marite Greiselis, Christoph Roser, Lilo Pempeit, Greta Rehfeld,
Rainer Werner Fassbinder.

Zum Inhalt
Drei junge Zeitschriftenwerber rauben eine Hausfrau in deren Wohnung aus und kommen unbehelligt davon.

1969
Liebe ist kälter als der Tod

(Widmung: »Für Claude Chabrol, Eric Rohmer, Jean-Marie Straub, Lino und Cuncho«.
Die Fahrt durch die Landsberger Straße wurde von Jean-Marie Straub zur Verfügung gestellt.)
R, B: Rainer Werner Fassbinder. – K: Dietrich Lohmann. – S: Franz Walsch (d. i. Rainer Werner Fassbinder). – M: Peer Raben, Holger Münzer. – A: Ulli Lommel, Rainer Werner Fassbinder.
P: Antiteater-X-Film. – K: ca. 950000 DM. – D: 24 Tage (April 1969). – U: 26.6.1969 (Berlin, Filmfestspiele). – F: 35 mm, schwarzweiß. – L: 84 min. – V: Ceres, München.
Darsteller:
Ulli Lommel, Hanna Schygulla, Rainer Werner Fassbinder, Hans Hirschmüller, Katrin Schaake, Peter Berling, Ingrid Caven, Yaak Karsunke, Peter Moland, Kurt Raab u. a.

Zum Inhalt
Franz (Rainer Werner Fassbinder), vorbestraft wegen Raubüberfall und Zuhälterei, weigert sich, einem Verbrechersyndikat beizutreten, er dreht seine Dinger, wenn schon, lieber auf eigene Rechnung. Er lebt mit seiner Freundin Joanna (Hanna Schygulla) zusammen, einer Prostituierten, die sich nach bürgerlicher Zweisamkeit sehnt. In ihre Wohnung zieht auch Bruno (Ulli Lommel), ein Freund von Franz. Bruno ist ein Spitzel des Syndikats. Durch mehrere Überfälle verstrickt Bruno die beiden in eine Schuld, um Franz reif für das Syndikat zu machen. Beim letzten Überfall, der von Joanna an die Polizei verraten wurde, wird Bruno von der Polizei erschossen. Franz und Joanna fliehen.

1969
Katzelmacher

(Widmung: »Für Marieluise Fleißer«.
Motto: »Es ist besser, neue Fehler zu machen, als die alten bis zur allgemeinen Bewußtlosigkeit zu konstituieren«, Yaak Karsunke.)
R, B: Rainer Werner Fassbinder. – K: Dietrich Lohmann. – S: Franz Walsch. – M: Peer Raaben (nach Franz Schubert). – A: Rainer Werner Fassbinder.

P: Antiteater-X-Film. – K: ca. 80000 DM. – D: 9 Tage (August 1969). – U: 8.10.1969 (Mannheim, Filmwoche). – F: 35 mm, schwarzweiß. – L: 88 min. – V: Filmverlag der Autoren
Darsteller:
Hanna Schygulla, Rudolf Waldemar Brem, Lilith Ungerer, Elga Sorbas, Doris Mattes, Irm Hermann, Harry Baer, Hans Hirschmüller, Peter Moland, Hannes Gromball, Rainer Werner Fassbinder u. a.

Zum Inhalt
Der Film basiert auf Fassbinders »antiteater«-Inszenierung seines eigenen gleichnamigen Bühnenstücks.
In der grauen Szenerie irgendwo in einem Vorort von München vertreibt sich eine Gruppe junger Leute ihre freudlose Zeit. Sie haben ihre Verhältnisse und Beziehungen: Marie (Hanna Schygulla) und Erich (Hans Hirschmüller), Paul (Rudolf Waldemar Brem) und Helga (Lilith Ungerer), Peter (Peter Moland) und Elisabeth (Irm Hermann), Rosy (Elga Sorbas) und Franz (Harry Baer), und manchmal auch eine kleine Variation. In dem von Frustrationen und Spießer-Klischees geprägten Alltagsmuff ihres kleinbürgerlichen Vorstadtreviers taucht plötzlich Jorgos (Rainer Werner Fassbinder), ein »Katzelmacher« (bayrisches Schimpfwort für südeuropäische Gastarbeiter) auf, mietet bei Elisabeth ein Zimmer und gewinnt die Zuneigung von Marie. Die jungen Männer reagieren mit Fremdenhaß, Potenzneid, Brutalität. Sie schlagen den »Griech aus Griechenland« zusammen. (»Eine Ordnung muß wieder her«). Das Ende bleibt offen.

1969
Götter der Pest

R, B: Rainer Werner Fassbinder. – K: Dietrich Lohmann. – S: Franz Walsch (d. i. Rainer Werner Fassbinder). – M: Peer Raaben. – A: Kurt Raab.
P: Antiteater. – K: 180000 DM. – D: 5 Wochen (Oktober/November 1969). – U: 4.4.1970 (Wien, Viennale). – F: 35 mm, schwarzweiß. – L: 91 min. – V: Filmverlag der Autoren.
Darsteller:
Harry Baer, Hanna Schygulla, Margarethe von Trotta, Günther Kaufmann, Carla Aulaulu, Ingrid Caven u. a.

Melodramatischer, formal an amerikanischen und französischen Vorbildern orientierter Gangsterfilm, in dessen Mittelpunkt Gefühle und Beziehungen wie Liebe, Eifersucht, Haß, Besitzgier, Abhängigkeit stehen. Franz Walsch (Harry Baer), auch Biberkopf genannt, kommt aus dem Knast, ist mit verschiedenen Frauen zusammen und plant mit seinem alten Freund Günther (Günther Kaufmann) einen Überfall auf einen Supermarkt. Bei der Ausführung des Plans wird er von Joanna (Hanna Schygulla) und Margarethe (Margarethe von Trotta) aus unterschiedlichen Motiven verraten und von der Polizei erschossen. Sein Freund kann entkommen und nimmt Rache für den Verrat.

1969
Warum läuft Herr R. Amok?

R: Michael Fengler/Rainer Werner Fassbinder. – B: Improvisationsvorlage von Michael Fengler/Rainer Werner Fassbinder. – K: Dietrich Lohmann. – S: Franz Walsch (d. i. Rainer Werner Fassbinder), Michael Fengler. – A: Kurt Raab. – RA: Harry Baer.
P: Antiteater, hergestellt von Maran-Film (im Auftrag des SDR). – K: ca. 135 000 DM. – D: 13 Tage (Dezember 1969). U: 28.6.1970 (Berlin, Filmfestspiele). – F: 16 mm, aufgeblasen auf 35 mm, Farbe. – L: 88 min. – V: Filmverlag der Autoren.
Darsteller:
Kurt Raab, Lilith Ungerer, Amadeus Fengler, Franz Maron, Harry Baer, Hanna Schygulla, Peer Raben, Carla Aulaulu, Eva Pampuch, Lilo Pempeit u. a.

Zum Inhalt

Der Film zeigt Szenen aus dem alltäglichen Leben eines kleinen Angestellten. Herr R. (Kurt Raab), technischer Zeichner in einem Architekturbüro, hat Frau und Kind und lebt in durchschnittlichen, nicht unkomfortablen Verhältnissen. Noch jung und schon etwas dicklich, ist er allem Anschein nach ein ruhig-ausgeglichener, etwas gehemmter Mensch. Wegen Kopfschmerzen einmal beim Arzt, wird ihm angeraten, weniger zu rauchen. Ansonsten sei alles in Ordnung. In seiner Ehe gibt die propere, nicht berufstätige Frau (Lilith Ungerer), die offensichtlich mehr Energie hat als er, den Ton an. Zu sehen sind Klischeebilder aus der Banalität des Alltagstrotts: Spaziergang der Familie, sonntagnachmittäglicher Kaffeeklatsch mit den Eltern, Fernsehabend, Betriebsfeier mit Besäufnis, kleine Erziehungsprobleme mit dem Sohn (Amadeus Fengler). Da sind auch Spurenelemente einer Gefühlswelt: Wie Herr R. mit dem Schulfreund (Peer Raben) gemeinsamen Erinnerungen nachsinnt, wie er in einem Geschäft eine gefühlige Schallplatte zu kaufen versucht, die er im Radio gehört hat und seiner Frau schenken möchte. Keine besonderen Vorkommnisse – bis das Unvorstellbare eintritt. Ohne Anzeichen innerer Erregung, sozusagen wie ein Automat, erschlägt Herr R. eine Nachbarin (Irm Hermann), seine Frau und das schlafende Kind. Anderntags geht er ins Büro und erhängt sich in der Firmentoilette.

1970
Rio das Mortes

R: Rainer Werner Fassbinder. – B: Rainer Werner Fassbinder (nach einer Idee von Volker Schlöndorff). – K: Dietrich Lohmann. – S: Thea Eymèsz. – M: Peer Raben. – A: Kurt Raab. – RA: Harry Baer.
P: Janus Film und Fernsehen/Antiteater-X-Film. – K: ca. 125000 DM. – D: 20 Tage (Januar 1970). – TV: 15.12.1971 (ARD). – F: 16 mm, Farbe. – L: 84 min.
Darsteller:
Hanna Schygulla, Michael König, Günther Kaufmann, Katrin Schaake, Joachim von Mengershausen, Lilo Pempeit, Ulli Lommel, Harry Baer, Hanna Axmann-Rezzori u. a.

Zum Inhalt
Der Film, der seine komischen Elemente aus den Kontrastbildern von Alltagsrealität und märchenhaft-utopischer Vorstellungswelt bezieht, erzählt die Geschichte der beiden Freunde Michel (Michael König) und Günther (Günther Kaufmann). Fliesenleger der eine, gerade aus der Bundeswehr entlassen der andere, wollen sie aus dem Alltagstrott in München ausbrechen. Sie träumen davon, nach Peru zu reisen und am Rio das Mortes einen vergrabenen Schatz zu heben. Mit Hilfe einer Mäzenin (Hanna Axmann-Rezzori) gelingt es den beiden schließlich, ihre Geldnöte zu überwinden und gegen den massiven Widerstand von Michels Freundin Hanna (Hanna Schygulla) die Reise anzutreten.

1970
Das Kaffeehaus

: Rainer Werner Fassbinder. – B: Rainer Werner Fassbinder (nach dem gleichnamigen Theaterstück von Carlo Goldoni). – K: Dietbert Schmidt, Manfred Förster. – M: Peer Raben. – A: Wilfried Minks.
P: WDR. – K: unbekannt. – D: 10 Tage (Februar 1970). – TV: 18.5.1970 (WDR III). – F: MAZ 2 Zoll, schwarzweiß. – L: 105 min.
Darsteller:
Margit Carstensen, Ingrid Caven, Hanna Schygulla, Kurt Raab, Harry Baer, Hans Hirschmüller, Günther Kaufmann, Peter Moland, Wil Rabenbauer.

Zum Inhalt
Die Fernsehbearbeitung des heute noch vielfach gespielten gleichnamigen Stückes des venezianischen Komödiendichters Carlo Goldoni (1707–1793) stützt sich auf die Aufführungen, die Fassbinder und Peer Raben in Bremen und mit der antiteater-Gruppe in München inszeniert haben. In Ridolfos Kaffeehaus trifft man sich und redet. Die Gespräche drehen sich in erster Linie ums Geld. Natürlich geht es auch um Gefühle und Ideale, Freundschaft, Liebe, Treue, Ehrbarkeit. Doch dafür muß man bezahlen können.

1970
Whity

(Widmung: »Für Peter Berling«.)
R, B: Rainer Werner Fassbinder. – K: Michael Ballhaus. – S: Franz Walsch (d. i. Rainer Werner Fassbinder), Thea Eymèsz. – M: Peer Raben. – A: Kurt Raab. – RA: Harry Baer.
P: Atlantis Film / Antiteater-X-Film. – K: ca. 680 000 DM. – D: 20 Tage (April 1970). – U: 2.7.1971 (Berlin, Filmfestspiele). – F: 35 mm, Cinemascope, Farbe. – L: 102 min. – V: ohne (eine Kopie bei Berliner Synchron GmbH)
Darsteller:
Günther Kaufmann, Hanna Schygulla, Ulli Lommel, Harry Baer, Katrin Schaake, Ron Randell u. a.

Der Film erzählt eine Geschichte, die sich in einem der amerikanischen Südstaaten in der 2. Hälfte des 19. Jahrhunderts abspielt. Der Großgrundbesitzer Ben Nicholson (Ron Randell) lebt mit seiner Frau Cathreen (Katrin Schaake) und seinen beiden Söhnen, dem homosexuellen Frank (Ulli Lommel) und dem geistesgestörten Davy (Harry Baer), in einem düsteren Herrenhaus. Vervollständigt wird die dekadente, von Mißgunst und Habgier zerrissene Familie durch den Mischling Whity (Günther Kaufmann), einem außerehelichen Sohn Bens, der als Butler und gleichzeitig als Vertrauter und Prügelknabe fungiert. Whity legt seine Unterwürfigkeit ab, als nacheinander mehrere Familienmitglieder ihn beauftragen, die anderen umzubringen. Schließlich erschießt er sie allesamt. Danach zieht er, zusammen mit der weißen Prostituierten Hanna (Hanna Schygulla), die als einziger Mensch zu ihm gehalten hat, durch die Wüste gen Osten – dem sicheren Verdurstungstod entgegen.

1970
Die Niklashauser Fahrt

R: Rainer Werner Fassbinder / Michael Fengler. – B: Rainer Werner Fassbinder. – K: Dietrich Lohmann. – S: Thea Eymèsz, Franz Walsch (d. i. Rainer Werner Fassbinder). – M: Peer Raben, Amon Düül II. – A: Kurt Raab. – RA: Harry Baer.
P: Janus Film und Fernsehen (im Auftrag des WDR). – K: 550000 DM. – D: 20 Tage (Mai 1970). – TV: 27. 10. 1970 (ARD). – F: 16 mm, Farbe. – L: 86 min.
Darsteller:
Michael König, Rainer Werner Fassbinder, Hanna Schygulla, Walter Sedlmayer, Margit Carstensen, Franz Maron, Kurt Raab u. a.

Zum Inhalt
Nach eigenem Anspruch soll der Film die Umstände und die Gründe für das Scheitern einer Revolution aufzeigen. Die Haupthandlung orientiert sich an einer authentischen Vorläufer-Figur in der Geschichte des deutschen Bauernkrieges, dem 1476 auf Geheiß des Würzburger Bischofs hingerichteten Hirten Hans Böhm, der im fränkischen Niklaushausen, unter Berufung auf Muttergottes-Erscheinungen, die Revolution gegen Feudalherren und Klerus und die Gleichberechtigung aller Menschen propagiert hatte.

Der seltsame Heilige (Michael König) findet bei den Bauern große Resonanz, aber es gelingt ihm nicht, sie zu rationalem und aktivem Handeln zu bewegen. Zu tief in ihrer Misere steckend, können sie seine revolutionäre Botschaft nicht verstehen und erwarten übernatürliche Wundertaten von ihm. Es ist kein historischer Film. In seinen Bildern, Figuren und Zitaten mischen sich ständig Geschichte und Gegenwart, wirbeln Schauplätze und ideologische Versatzstücke bunt durcheinander. Neben dem mittelalterlichen Sozialrevolutionär agiert ein Anhänger der Black-Panther-Bewegung, neben Bibelzitaten und Gebeten stehen Reden moderner lateinamerikanischer Revolutionäre und Passagen aus Berliner APO-Zeitungen.

1970
Der amerikanische Soldat

R, B: Rainer Werner Fassbinder. – K: Dietrich Lohmann. – S: Thea Eymèsz. – M: Peer Raben. – A: Kurt Raab, Rainer Werner Fassbinder.
P: Antiteater. – K: ca. 280 000 DM. – D: 15 Tage (August 1970). – U: 9. 10. 1970 (Mannheim, Filmwoche). – F: 35 mm, schwarzweiß. – L: 80 min. – V: Filmverlag der Autoren.
Darsteller:
Karl Scheydt, Elga Sorbas, Jan George, Margarethe von Trotta, Hark Bohm, Ingrid Caven, Rainer Werner Fassbinder, Kurt Raab u. a.

Zum Inhalt
Im Mittelpunkt dieses Gangsterfilms voller Chiffren, Verweisen, Zitaten und Klischees (»Kino aus zweiter Hand«) steht Ricky Murphy (Karl Scheydt), der, vierzehn Jahre nach seiner Auswanderung, im Gangster-Look, mit der Pistole im Schulterhalfter, aus den USA nach Deutschland zurückkehrt. Er ist beruflich unterwegs. Kriminalpolizisten, in obskure Unterweltsaffären verwickelt, haben den Killer mit Vietnamkriegserfahrung engagiert. Ricky, ein cooler Typ, trinkt Whisky, gebraucht Frauen, besucht seinen alten Freund Franz (Rainer Werner Fassbinder), Verwandte und Bekannte und legt auf telefonische Bestellung einige Menschen um. Am Schluß wird er selbst, zusammen mit Franz, erschossen.

1970
Warnung vor einer heiligen Nutte

(Motto: »Hochmut kommt vor dem Fall« und ein Zitat aus Thomas Manns »Tonio Kröger«: »Ich sage Ihnen, daß ich es oft sterbensmüde bin, das Menschliche darzustellen, ohne am Menschlichen teilzuhaben…«)

R, B: Rainer Werner Fassbinder. – K: Michael Ballhaus. – S: Franz Walsch (d. i. Rainer Werner Fassbinder), Thea Eymèsz. – M: Peer Raben u. a. – A: Kurt Raab. – RA: Harry Baer.
P: Antiteater-X-Film/Nova International, Rom. – K: ca. 1,1 Mill. DM. – D: 22 Tage (September 1970). – U: 28. 8. 1971 (Venedig, Biennale). – F: 35 mm, Breitwand 1 : 1,85, Farbe. – L: 103 min. – V: ohne
Darsteller:
Lou Castel, Eddie Constantine, Hanna Schygulla, Marquard Bohm, Rainer Werner Fassbinder, Ulli Lommel, Katrin Schaake, Margarethe von Trotta, Kurt Raab, Ingrid Caven, Harry Baer, Werner Schroeter u. a.

Zum Inhalt
Der Film stellt Fassbinders Auseinandersetzung mit dem Filmemachen dar, mit sich selbst und seinem ursprünglich als Kollektiv gedachten Team. Er rekapituliert die Aufregungen und Konflikte bei den Dreharbeiten zu »Whity« im spanischen Almería.
In einem alten Luxushotel am Meer wartet eine Filmcrew auf Jeff, den Regisseur (Lou Castel), auf den Star (Eddie Constantine) und auf das Geld aus Bonn. Hysterie und Apathie, Klatsch und Intrigen, sadistische und masochistische Aggressionen und Abhängigkeiten kennzeichnen die angespannte Atmosphäre. Als der Regisseur eintrifft, steht er sofort im Brennpunkt des hektischen Beziehungschaos. Bei einer Prügelei wird er zusammengeschlagen. Ganz genialischer Meister, selbstherrlich und herrisch kommandierend, benutzt Jeff schonungslos seine Mitarbeiter, um das Projekt – ausgerechnet ein Film über staatlich sanktionierte Gewalt – zu realisieren.

1970
Pioniere in Ingolstadt

R: Rainer Werner Fassbinder. – B: Rainer Werner Fassbinder (nach dem Stück von Marieluise Fleißer). – K: Dietrich Lohmann. – S: Thea Eymèsz. – M: Peer Raben. – A: Kurt Raab.
P: Janus Film und Fernsehen / Antiteater (im Auftrag des ZDF). – K: ca. 550000 DM. – D: 25 Tage (November 1970). – TV: 19.5.1971 (ZDF). – F: 35 mm, Farbe. – L: 84 min.
Darsteller:
Hanna Schygulla, Harry Baer, Irm Hermann, Rudolf Waldemar Brem, Walter Sedlmayer, Klaus Löwitsch, Günther Kaufmann, Carla Aulaulu u. a.

Zum Inhalt
Die Handlung des Films, die auf dem gleichnamigen, von Fassbinder davor schon zweimal auf der Bühne inszenierten Theaterstück der Marieluise Fleißer basiert, das in der Weimarer Republik als »Sex- und Soldatenstück« für einen politisch gefärbten Theaterskandal gesorgt hatte, ist in eine Art zeitlose Gegenwart verlegt. Die vorübergehende Stationierung einer Pioniertruppe bringt Bewegung in den Mief der Kleinstadt. Es bahnen sich Geschichten zwischen den einheimischen Mädchen und den Soldaten an. Die Mädchen träumen von der Liebe. Die Soldaten macht ihr Job brutal. Im Mittelpunkt stehen das Dienstmädchen Berta (Hanna Schygulla) und der einfache Soldat (Harry Baer). Berta, den Kopf voller Illusionen, verliebt sich in Karl, für den sie letzten Endes aber nur ein Abenteuer ist. Als sie das erkennt, ist sie verbittert darüber, daß »die Liebe nicht dabei war«.

1971
Der Händler der vier Jahreszeiten

R, B: Rainer Werner Fassbinder. – K: Dietrich Lohmann. – S: Thea Eymèsz. – A: Kurt Raab. – P: Ingrid Caven. – RA: Harry Baer.
P: Tango Film. – K: 178000 DM. – D: 11 Tage (August 1971). – U: 10.2.1972 (Paris, Cinemathèque); deutsche Erstaufführung: TV (ZDF) und Kino: 10.3.1972. – F: 35 mm, Farbe. – L: 89 min. – V: Filmverlag der Autoren.

Darsteller:
Hans Hirschmüller, Irm Hermann, Hanna Schygulla, Gusti Kneissl, Kurt Raab, Klaus Löwitsch, Karl Scheydt, Ingrid Caven u. a.

Zum Inhalt
Der Film spielt in der Wirtschaftswunderzeit der fünfziger Jahre. Der Ex-Fremdenlegionär und Ex-Polizist Hans Epp (Hans Hirschmüller), der den Ansprüchen seiner Mutter nie genügen konnte, zieht als Obsthändler mit seinem Karren über die Hinterhöfe. In seinem Leben ist schon vieles schiefgelaufen. Er trinkt, prügelt seine Frau (Irm Hermann), die ihn lieblos behandelt; eines Tages erleidet er den ersten Herzinfarkt. Nach seiner Genesung heuert er Harry (Klaus Löwitsch), seinen alten Kameraden aus der Fremdenlegion, als Angestellten an. Der Obsthandel floriert. Hans aber wird immer depressiver, er kommt mit dem kalten Egoismus der Frauen, die ihn umgeben, nicht zurecht. Sein Lebenswille erstarrt. In einer Kneipe säuft er sich bewußt zu Tode.

1972
Die bitteren Tränen der Petra von Kant

(»Gewidmet dem, der hier Marlene wurde.«)
R, B: Rainer Werner Fassbinder. – K: Michael Ballhaus. – S: Thea Eymèsz. – M: The Platters, The Walker Brothers, Giuseppe Verdi. – A: Kurt Raab. RA: Harry Baer.
P: Tango Film. – K: ca. 325000 DM. – D: 10 Tage (Januar 1972). – U: 28.6.1972 (Berlin, Filmfestspiele). – F: 35 mm, Farbe. – L: 124 min. – V: Filmverlag der Autoren.
Darsteller:
Margit Carstensen, Hanna Schygulla, Irm Hermann, Eva Mattes, Katrin Schaake, Gisela Fackeldey.

Zum Inhalt
Der Film basiert auf dem gleichnamigen Fassbinder-Theaterstück. Einziger Schauplatz des Geschehens ist das Wohn-Schlaf-Atelier der Protagonistin. Die erfolgreiche Modeschöpferin Petra von Kant (Margit Carstensen), eine gebildete und exzentrische Frau, die zwei Ehen hinter sich hat, lebt mit Marlene (Irm Hermann), ihrer sklavisch sie bedienenden Sekretärin, zusammen. Die pseudoemanzi-

pierte Karrierefrau mit dem ausgeprägten Hang zur Selbstillumination verliebt sich leidenschaftlich in Karin Thimm (Hanna Schygulla), eine jüngere, aus kleinen Verhältnissen stammende Schönheit, die den ihr von Petra gebotenen Luxus genießt, ohne sich von den absoluten Besitzansprüchen ihrer Geliebten erdrücken lassen zu wollen. Die Vision vom Glück zerplatzt, als Karin zu ihrem Mann zurückkehrt. Die verlassene Egozentrikerin erleidet exzessive Qualen der Eifersucht und Verzweiflung. Nur langsam erholt sie sich, beginnt zu begreifen und Verständnis für andere Menschen zu entwickeln. Aber als sie Marlene, ihrer unterwürfigen Zofe, partnerschaftlichen Umgang anbietet, packt diese ihre Koffer.

1972
Wildwechsel

R: Rainer Werner Fassbinder. – B: Rainer Werner Fassbinder (nach dem gleichnamigen Bühnenstück von Franz Xaver Kroetz). – K: Dietrich Lohmann. – S: Thea Eymèsz. – M: Ludwig van Beethoven. – A: Kurt Raab. – R: Dolf Defrank
P: Intertel (im Auftrag des SFB). – K: ca. 550000 DM – D: 14 Tage (März 1972) – U: 30. 12. 1972 (München). – TV: 9. 1. 1973 (SFB) – F: 35 mm, Farbe. – L: (von der FSK freigegebene Fassung) 102 min. – V: Atlas, Duisburg
Darsteller:
Jörg von Liebenfels, Ruth Drexel, Eva Mattes, Harry Baer, Rudolf Waldemar Brem, Hanna Schygulla, Kurt Raab, Karl Scheydt, Klaus Löwitsch, Irm Hermann, Marquard Bohm, El Hedi Ben Salem.

Zum Inhalt
Der bei seiner Fernsehausstrahlung wegen angeblich pornographischer Szenen umstrittene Film basiert auf dem gleichnamigen Bühnenstück von Xaver Kroetz (geb. 1946), das vom Autor nach einer Zeitungsmeldung geschrieben und 1971 uraufgeführt wurde. Gegen die Fassbindersche Aufbereitung seines Stückes hat Kroetz mit dem Vorwurf, Fassbinder habe die Hauptfiguren denunziatorisch behandelt, protestiert und erfolgreich prozessiert.
Die in ärmlichen Verhältnissen lebenden Eltern (Jörg von Liebenfels, Ruth Drexel), beide stark von ihrer eigenen engstirnigen, katholischen Erziehung geprägt, stehen den Problemen ihrer frühentwickelten Tochter, der vierzehnjährigen Hanni (Eva Mattes), hilflos

gegenüber. Hanni freundet sich mit Franz (Harry Baer) an, einem feschen, motorradfahrenden neunzehnjährigen Arbeiter. Franz entjungfert sie und muß, von einem neidischen Freund angezeigt, ins Gefängnis. Nach seiner Entlassung nehmen er und Hanni, dieses Mal heimlich, ihr Verhältnis wieder auf. Als Hanni schwanger ist und sie von ihrem Vater gemein traktiert wird, überredet sie den Franz, den Vater umzubringen, weil dieser ihrer Verbindung im Wege steht. So landet Franz wieder im Gefängnis. Bei einem Besuch erzählt Hanni ihm, daß ihr gemeinsames Kind bei der Geburt gestorben ist.

1972
Acht Stunden sind kein Tag

Eine Familienserie in fünf Teilen
R, B: Rainer Werner Fassbinder. – K: Dietrich Lohmann. – S: Marie Anne Gerhardt. – M: Jean Gepoint (d. i. Wilhelm Petersen). – A: Kurt Raab. – R: Peter Märthesheimer.
P: WDR. – K: ca. 1 375 000 DM. – D: 105 Tage (April–August 1972). – TV: (ARD) 29. 10. 1972 (I), 17. 12. 1972 (II), 21. 1. 1973 (III), 18. 2. 1973 (IV), 18. 3. 1973 (V). – F: 16 mm, Farbe. – L: 101 min. (I), 100 min. (II), 92 min. (III), 89 min. (IV), 89 min. (V)
Darsteller:
Gottfried John, Hanna Schygulla, Luise Ulrich, Werner Fink, Anita Bucher, Wolfried Lier, Christine Oesterlein, Renate Roland, Kurt Raab, Andrea Schober, Thorsten Massinger, Irm Hermann, Wolf Zerlett, Rudolf Waldemar Brem, Wolfgang Schenck, Hans Hirschmüller u. a.

Zum Inhalt
In der ersten Familien-Serie, die der WDR produzierte und erklärtermaßen die »Situation und Konflikte beschreiben« sollte, »die unsere gesellschaftliche Realität spiegeln«, bot Fassbinder eine Mixtur aus Familientratsch, häuslicher Idylle und Arbeitermilieu, die beim Fernsehpublikum auf außergewöhnliche Resonanz stieß (Einschaltquote bis zu 65 %) und bei der Kritik heftige Kontroversen auslöste.
Hauptfiguren sind der Werkzeugmacher Jochen (Gottfried John), seine Braut Marion (Hanna Schygulla), die in der Anzeigenannahme beim »Kölner Stadt-Anzeiger« beschäftigt ist, die vitale und

schrecklich patente Oma Krüger (Luise Ulrich) und ihr Freund Gregor Mack (Werner Fink), Jochens Arbeitskollegen Franz (Wolfgang Schenck), Manfred (Wolfgang Zerlett), Rolf (Rudolf Waldemar Brem) und Marions Kollegin Irmgard Erlkönig (Irm Hermann) sowie Jochens Schwester Monika (Renate Roland), die mit Harald (Kurt Raab) unglücklich verheiratet ist. Es geht um Familien- und Partnerschaftsprobleme, Konflikte am Arbeitsplatz, um Wohnungsnot und Kindergarten-Initiativen.

1972
Bremer Freiheit

Fernsehbearbeitung von Rainer Werner Fassbinder und Dietrich Lohmann

B: Rainer Werner Fassbinder. – K: Dietrich Lohmann u. a. – S: Friedrich Niquet, Monika Solzbacher. – A: Kurt Raab. – R: Karlhans Reuss.

P: Telefilm Saar (im Auftrag des SR). – K: 240000 DM. – D: 9 Tage (September 1972). – TV: 27. 12. 1972 – F: MAZ 2 Zoll, Farbe. – L: 87 min.

Darsteller:

Margit Carstensen, Ulli Lommel, Wolfgang Schenck, Walter Sedlmayer, Wolfgang Kieling, Kurt Raab, Hanna Schygulla u. a.

Zum Inhalt

Die Handlung des Fernsehspiels, das sich auf das von Fassbinder verfaßte und inszenierte gleichnamige Bühnenstück bezieht, orientiert sich an einem authentischen Fall der Bremer Stadtgeschichte: Geesche Gottfried, die bei ihren Mitbürgern als ehrbare, gottesfürchtige Frau gegolten hatte, wurde 1831 wegen fünfzehnfachen Mordes, begangen an ihren Eltern, Kindern, Ehemännern und anderen Personen ihrer nächsten Umgebung, öffentlich hingerichtet.

Fasbinder konzentriert sich in seinem moritatenähnlich aufgebauten Film auf die Figur der Giftmörderin (Margit Carstensen) und die sozialen und psychologischen Hintergründe ihrer Untaten. Er zeigt Geesche als eine Frau, die in den Mißverständnissen der Männergesellschaft keine andere Möglichkeit zur Befreiung und Selbstverwirklichung sah als die des Verbrechens.

1972/73
Zärtlichkeit der Wölfe

R: Ulli Lommel. – B: Kurt Raab. – K: Jürgen Jürges. – S: Thea
Eymèsz, Franz Walsch (d. i. Rainer Werner Fassbinder). – M: Peer
Raben.
P: Tango Film (Rainer Werner Fassbinder). – L: 85 min. – V: Film-
verlag der Autoren, München.
Darsteller:
Kurt Raab, Jeff Roden, Margit Carstensen, Brigitte Mira, Ingrid
Caven, Hannelore Riefenbrunner, Wolfgang Schenck, Rainer
Hauer, Rainer Werner Fassbinder, Heinrich Giskes u. a.

Zum Inhalt
Der Film erzählt im Stil eines düster-phantastischen Kino-Märchens
die Geschichte des Massenmörders Fritz Haarmann (Kurt Raab),
der nach dem Ersten Weltkrieg in Hannover über zwanzig Knaben
umgebracht hat – leicht abgewandelt ins Ruhrgebiet zur Schwarz-
markt-Zeit der vierziger Jahre verlegt.

1973
Welt am Draht

R: Rainer Werner Fassbinder. – B: Fritz Müller-Scherz / Rainer
Werner Fassbinder (nach dem gleichnamigen Roman von Daniel
F. Galouye). – K: Michael Ballhaus. – S: Marie Anne Gerhardt. – M:
Gottfried Hüngsberg. – A: Kurt Raab. – R: Peter Märthesheimer,
Alexander Wesemann.
P: WDR. – K: ca. 950000 DM. – D: 44 Tage (Januar bis März 1973).
– TV: (ARD) 14. 10. 1973 (I), 16. 10. 1973 (II). – F: 16 mm, Farbe. –
L: 99 min (I), 106 min. (II)
Darsteller:
Klaus Löwitsch, Mascha Rabben, Adrian Hoven, Ivan Desny, Bar-
bara Valentin, Karl-Heinz Vosgerau, Günter Lamprecht, Margit
Carstensen, Wolfgang Schenck, Joachim Hansen, Rudolf Lenz,
Kurt Raab, Karl Scheydt, Ulli Lommel u. a.

Zum Inhalt

Der zweiteilige Fernsehfilm basiert auf einem von dem amerikanischen Autor Daniel F. Galouye (1920–1976) geschriebenen, in Deutschland 1965 als Goldmann-Taschenbuch veröffentlichten Science-fiction-Thriller (Originaltitel: »Simulacron-3«, London 1964).

Im Mittelpunkt steht der Wissenschaftler Dr. Fred Stiller (Klaus Löwitsch), der im »Institut für Kybernetik und Zukunftsforschung« (IKZ) an einem Forschungsprojekt arbeitet, das präzise Voraussagen über zukünftige Entwicklungen auf wirtschaftlichem, gesellschaftlichem und politischem Gebiet ermöglichen soll. Die IKZ-Wissenschaftler haben sich dafür mit dem Computersystem »Simulachron I« eine zweite künstliche Welt geschaffen. Je weiter die Arbeit an diesem Simulationsmodell fortschreitet, desto merkwürdigere Dinge geschehen um Stiller herum. Seine Zweifel und Recherchen lassen ihn langsam erkennen, daß er selbst eine »Simulachron-Einheit« ist, das heißt Teil einer künstlichen, elektronischen »Welt am Draht«. Es stellt sich heraus, daß in diesem Retortenstaat allein Eva (Mascha Rabben), Stillers Geliebte und angebliche Tochter des auf mysteriöse Weise verunglückten Projektleiters Vollmer (Adrian Hoven), Verbindungen zur realen Welt besitzt, was am Ende dazu führt, daß das Bewußtsein des elektronischen Stillers in einer namensgleichen Person der realen Welt weiterlebt.

1973
Nora Helmer

R: Rainer Werner Fassbinder. – B: Schauspiel von Henrik Ibsen. – Ü: Bernhard Schulze. – K: Willi Raber u. a. – S: Anne-Marie Bornheimer, Friedrich Niquet. – A: Friedhelm Boehm.
P: Telefilm Saar (im Auftrag des SR). – K: ca. 550000 DM. – D: 21 Tage (Mai 1973). – TV: (SR) 3. 2. 1974 – F: MAZ 2 Zoll, Farbe. – L: 101 min.
Darsteller:
Margit Carstensen, Joachim Hansen, Barbara Valentin, Ulli Lommel, Klaus Löwitsch, Lilo Pempeit, Irm Hermann

Zum Inhalt
Aktualisierte Fassung des klassischen Emanzipations-Stückes »Nora oder ein Puppenheim« von Henrik Ibsen (uraufgeführt:

1880): Nora (Margit Carstensen), verheiratet mit dem Anwalt Tor-
vald Helmer (Joachim Hansen), löst sich aus der Bevormundung
durch ihren Mann und aus der Enge ihrer Ehe.

1973
Martha

R: Rainer Werner Fassbinder. – B: Rainer Werner Fassbinder (inspi-
riert von der Kurzgeschichte »Für den Rest ihres Lebens« von Cor-
nell Woolrich). – K: Michael Ballhaus. – S: Liesgret Schmitt-Klink.
– A: Kurt Raab.
P: WDR. – K: ca. 500000 DM. – D: 25 Tage (Juli–September 1973).
– TV: (ARD) 28. 5. 1974. – F: 16 mm, Farbe. – L: 112 min.
Darsteller:
Margit Carstensen, Karlheinz Böhm, Gisela Fackeldey, Adrian Ho-
ven, Barbara Valentin, Ingrid Caven, Ortrud Beginnen, Wolfgang
Schenck, Günter Lamprecht, Peter Chatel u. a.

Zum Inhalt
Die dem Film zugrunde liegende Kurzgeschichte (Originaltitel:
»For the Rest of her Life«) des erfolgreichen amerikanischen Krimi-
Autors Cornell Woolrich (1903–1968) ist in Deutschland im »Ellery
Queen's Mystery Magazine« Nr. 19, Heyne Verlag, München 1968,
erschienen.
Martha (Margit Carstensen), eine nicht mehr ganz junge Frau, Bi-
bliothekarin in einer süddeutschen Kleinstadt, verliert auf einer Ita-
lienreise ihren Vater (Adrian Hoven), der eine dominante Rolle in
ihrem Leben gespielt hat, und begegnet gleich darauf Helmut (Karl-
heinz Böhm), dem Mann ihres Lebens, einem Ingenieur mit noblen
Manieren und virilem Charme. In ihrer Ehe wandelt sich nach einer
Zeit des großen Glücks die anfängliche Faszination Marthas zu be-
klemmender Angst. Die sadistische Fürsorge ihres Mannes, seine
umfassenden Besitzansprüche, sein sanfter Erziehungsterror veren-
gen ihr Leben unerträglich. Sie freundet sich mit einem Bekannten
aus der Zeit vor ihrer Ehe an. Dieser Befreiungsversuch endet mit
einem Autounfall. Nun ist die Unterwerfung perfekt. Querschnitt-
gelähmt im Rollstuhl, gehört Martha für den Rest ihres Lebens ganz
ihrem Mann.

Alle Filme alphabetisch geordnet, nicht nach Wertung!!!!!!!

DIE BESTEN: *48 Stunden bis Acapulco. Die Ehe der Maria Braun. Die endlose Nacht. Fontane Effi Briest. Der Händler der vier Jahreszeiten. Jane bleibt Jane. Malatesta. Mord und Totschlag. Neapolitanische Geschwister. Die Vertreibung aus dem Paradies.*

DIE WICHTIGSTEN: *Chronik der Anna Magdalena Bach. Deutschland im Herbst. Die dritte Generation. Film oder Macht. In einem Jahr mit 13 Monden. Made in Germany und USA. Nicht versöhnt. Satansbraten. Warnung vor einer heiligen Nutte.* Und *Die Artisten in der Zirkuskuppel: ratlos + In Gefahr und größter Not bringt der Mittelweg den Tod + Der starke Ferdinand + Die Patriotin + Abschied von gestern.*

DIE SCHÖNSTEN: *Angst essen Seele auf. Bildnis einer Trinkerin. Detektive. Eika Katappa. Götter der Pest. Mädchen mit Gewalt. Die Moral der Ruth Halbfass. Despair. Rheingold. Rote Sonne.*

DIE UNWICHTIGSTEN: *Adolf und Marlene. Armee der Liebenden. Carlos. Hitler, ein Film aus Deutschland. Der Kandidat. Ludwig, Requiem für einen jugendlichen König. Nicht der Homosexuelle ist pervers, sondern die Situation, in der er lebt. Groß und klein. Der Fußgänger. San Domingo.*

DIE EKELHAFTESTEN: *Ansichten eines Clowns. Geschichten aus dem Wiener Wald. Grete Minde. Karl May. Katzelmacher. Output. Scarabea. Sommergäste. Warum läuft Herr R. Amok?, Wildwechsel*

DIE ENTTÄUSCHENDSTEN: *Arabische Nächte. Einer von uns beiden. Flammende Herzen. Herz aus Glas. Katz und Maus. Negresco, Palermo oder Wolfsburg. Pioniere in Ingolstadt. Traumstadt. Der scharlachrote Buchstabe.*

VORGEHABT 61? ERHOFFT 61? Viele, viele Filme zu machen, so daß aus meinem Leben ein Film werden wird.

GETAN 61? Jeden Tag, den Gott werden ließ, vier Filme gesehen.

BEURTEILUNG DER SITUATION HEUTE: schwarz-braun bis schwarz, jedenfalls medioker und amphibisch.

BESTE ERFAHRUNG IM NEUEN DEUTSCHEN FILM: Dr. Günter Rohrbach. Horst Wendlandt. Dr. Alexander Kluge. Wolfram Schütte. H. C. Blumenberg.

SCHLIMMSTE ERFAHRUNG: Michael Fengler, Luggi Waldleitner. Hanns Eckelkamp. Christian Hohoff. Kurt Raab. Klaus Hellwig.

DIE ZEHN BESTEN SCHAUSPIELERINNEN: Hanna Schygulla. Margit Carstensen. Barbara Sukowa. Brigitte Mira. Eva Mattes. Barbara Valentin. Ruth Drexel. Karin Baal. Gisela Uhlen. Ingrid Caven.

DIE ZEHN BESTEN SCHAUSPIELER: Armin Mueller-Stahl. Klaus Löwitsch. Dirk Bogarde. Ulli Lommel. Harry Baer. Lou Castel. Hark Bohm. GianCarlo Giannini. Günther Kaufmann. Volker Spengler.

DIE TOP TEN MEINER EIGENEN FILME: 1. *Warnung vor einer heiligen Nutte.* 2. *In einem Jahr mit 13 Monden.* 3. *Despair.* 4. *Die dritte Generation.* 5. *Götter der Pest.* 6. *Martha.* 7. *Fontane – Effi Briest.* 8. *Angst essen Seele auf.* 9. *Die Ehe der Maria Braun.* 10. *Der Händler der vier Jahreszeiten.*

DIE ZEHN WICHTIGSTEN REGISSEURE DES NEUEN DEUTSCHEN FILMS: 1. Rainer Werner Fassbinder. 2. Werner Schroeter. 3. Wim Wenders. 4. Rudolf Thome. 5. Volker Schlöndorff. 6. Dr. Alexander Kluge. 7. Ulrike Ottinger. 8. Niklaus Schilling. 9. Werner Herzog. 10. Walter Bockmayer.

Hitliste von Rainer Werner Fassbinder für Joe Hembus (zusammengestellt während der Dreharbeiten zu »Lola«)

1973
Angst essen Seele auf

R, B: Rainer Werner Fassbinder. – K: Jürgen Jürges. – S: Thea Ey-
mèsz. – A: Rainer Werner Fassbinder.
P: Tango Film. – K: ca. 260 000 DM. – D: 15 Tage (September 1973).
– U: 5. 3. 1974 (München). – F: 35 mm, Breitwand 1 : 1,66, Farbe. –
L: 93 min. – V: Filmverlag der Autoren.
Darsteller:
Brigitte Mira, El Hedi Ben Salem, Barbara Valentin, Irm Hermann,
Rainer Werner Fassbinder, Karl Scheydt, Elma Karlowa, Walter
Sedlmayr u. a.

Zum Inhalt
Die Story des Films hat gewisse Parallelen zu Douglas Sirks Film
»All That Heaven Allows« (1955), in dem eine reiche Witwe und ein
weit jüngerer Gärtner eine »unmögliche« Liebe erleben.
Die etwa sechzigjährige Witwe Emmi Kurowski (Brigitte Mira), die
ihre Rente durch Putzarbeit aufbessert, lernt durch einen Zufall den
wesentlich jüngeren marokkanischen Gastarbeiter Ali (El Hedi Ben
Salem) kennen. Als sie ihn heiratet, reagieren ihre Kinder, ihre Arbeitskollegen und ihre Nachbarn mit heftigem Unverständnis, Empörung und Gehässigkeit. Diese ächtende Haltung wandelt sich in
eine unaufrichtige, herablassende Freundlichkeit, als die Leute erkennen, daß Emmi und ihr Mann recht gut auszunutzen sind. Da
nun der äußere Druck auf das ungleiche Paar nachläßt, treten die
inneren Probleme der ungewöhnlichen Lebensgemeinschaft stärker
zutage.

1972–1974
Fontane Effi Briest

oder Viele, die eine Ahnung haben von ihren Möglichkeiten und
ihren Bedürfnissen und dennoch das herrschende System in ihrem
Kopf akzeptieren durch ihre Taten, und es somit festigen und durch-
aus bestätigen.
R: Rainer Werner Fassbinder. – B: Rainer Werner Fassbinder (nach
Theodor Fontanes Roman »Effi Briest«). – K: Dietrich Lohmann,
Jürgen Jürges. – S: Thea Eymèsz. – A: Kurt Raab.

P: Tango Film. – K: ca. 750000 DM. – D: 58 Tage (September–Oktober 1972, Oktober–November 1973). – U: 28.6.1974 (Berlin, Filmfestspiele). – F: 35 mm, schwarzweiß. – L: 141 min. – V: Filmverlag der Autoren.
Darsteller:
Hanna Schygulla, Wolfgang Schenck, Karlheinz Böhm, Ulli Lommel, Lilo Pempeit, Herbert Steinmetz, Hark Bohm, Irm Hermann, Ursula Stätz, Rudolf Lenz, Barbara Valentin u. a.

Zum Buch und zu den vorangegangenen Verfilmungen
Die literarische Vorlage des Films, der berühmte Roman Theodor Fontanes (1819–1898), ist – ein Altwerk des Schriftstellers – 1895 zum erstenmal veröffentlicht worden.
Vor der Fassbinder-Adaption gab es bereits drei Verfilmungen:
– 1939 unter der Regie von Gustaf Gründgens mit dem Titel »Der Schritt vom Wege« (Hauptrolle: Marianne Hoppe);
– 1956 unter der Regie von Rudolf Jugert mit dem Titel »Rosen im Herbst« (Hauptrolle: Ruth Leuwerik);
– 1968 für das DDR-Fernsehen unter der Regie von Wolfgang Luderer mit dem Titel »Effi Briest« (Hauptrolle: Angelika Domröse).

Zum Inhalt
Die siebzehnjährige lebenslustige Effi Briest (Hanna Schygulla), Tochter eines märkischen Gutsbesitzers (Herbert Steinmetz), macht eine »gute Partie«. Sie wird mit dem zwanzig Jahre älteren Baron von Instetten (Wolfgang Schenck), einem preußischen Landrat in Hinterpommern, verheiratet. Unausgefüllt von ihrer Ehe mit dem karrierebewußten Beamten, einem etwas steifen und korrekten Mann von Grundsätzen, erlebt die romantisch veranlagte Effi Briest eine kurze Liebesaffäre mit dem attraktiven Major Crampas (Ulli Lommel). Als sechs Jahre später der inzwischen zum Ministerialrat in Berlin avancierte Baron davon erfährt, hält er sich, nicht ohne innere Zweifel, an den Ehrenkodex seiner Klasse und die Moralprinzipien der wilhelminischen Gesellschaft. Er tötet den Ex-Liebhaber in einem Pistolenduell, läßt sich scheiden und behält das einzige Kind. Die aus ihren Kreisen ausgeschlossene »Ehebrecherin«, zunächst auch von ihren schockierten Eltern unbarmherzig verstoßen, geht in ihrer Isolierung bald an Kummer und Scham zugrunde.

1974
Faustrecht der Freiheit

(Widmung: »Für Armin und alle anderen«.)
R, B: Rainer Werner Fassbinder. – K: Michael Ballhaus. – S: Thea Eymèsz. – M: Peer Raben. – A: Kurt Raab.
P: Tango Film / City Film GmbH. – K: ca. 450000 DM. – D: 21 Tage (April und Juli 1974). – U: 30. 5. 1975. – F: 35 mm, Farbe. – L: 123 min. – V: Filmverlag der Autoren.
Darsteller:
Rainer Werner Fassbinder, Peter Chatel, Karlheinz Böhm, Christiane Maybach, Harry Baer, Adrian Hoven, Rudolf Lenz, Karl Scheydt, Hans Zander, Kurt Raab, Ulla Jacobsen, Irm Hermann u. a.

Zum Inhalt
Franz Biberkopf (Rainer Werner Fassbinder), ein naiv-gutmütiger, homosexueller Proletentyp, ist, nach einem Rummelplatz-Job als »Fox – der sprechende Kopf«, arbeitslos. Da macht er mit dem Gewinn einer halben Million sein Lotto-Glück und gerät in bessere Kreise. In einem Kreis von Glitzer-Schwulen aus dem gehobenen Mittelstandsmilieu lernt er Eugen (Peter Chatel), den smarten Sohn eines bankrotten Unternehmers (Adrian Hoven), kennen und lieben. Fasziniert von seinen neuen Freunden mit den geschliffenen Manieren, wird Franz von diesen nach Strich und Faden ausgenommen. Ausgebeutet und abserviert, begeht er in einer U-Bahn-Station Selbstmord.

1974
Wie ein Vogel auf dem Draht

R: Rainer Werner Fassbinder. – B: Rainer Werner Fassbinder / Christian Hohoff. – L: Anja Hauptmann. – K: Erhard Spandel. – A: Kurt Raab. – M. B: Ingried Hoffmann. – O: Kurt Edelhagen. – R: Rolf Spinrads.
P: WDR. – K: ca. 150000 DM. – D: 6 Tage (Juli 1974). – TV: (ARD) 5. 5. 1975. – F: MAZ 2 Zoll, Farbe. – L: 44 min.
Darsteller:
Brigitte Mira, Evelyn Künneke

Personality-Show mit der Schauspielerin und Chansonsängerin Brigitte Mira.

1975
Mutter Küsters Fahrt zum Himmel

R: Rainer Werner Fassbinder. – B: Rainer Werner Fassbinder unter Mitarbeit von Kurt Raab. – K: Michael Ballhaus. – S: Thea Eymèsz. – M: Peer Raben. – A: Kurt Raab.
P: Tango Film. – K: ca. 750000 DM. – D: 20 Tage (Februar–März 1975). – U: 2.1.1976 (Voraufführung: 7.7.1975, Berlin). – F: 35 mm, Farbe. – L: 120 min. – V: Filmverlag der Autoren.
Darsteller:
Brigitte Mira, Ingrid Caven, Karlheinz Böhm, Margit Carstensen, Irm Hermann, Gottfried John, Armin Meier u. a.

Zum Inhalt
Emma Küsters (Brigitte Mira), eine sympathische ältere Frau, steht plötzlich als hilflose Witwe da. Ihr Mann, Arbeiter in einem Chemie-Unternehmen, hat in einer Kurzschlußreaktion auf bevorstehende Massenentlassungen seinen Personalchef umgebracht und dann Selbstmord verübt. Die Sensationspresse schlachtet den Fall im Greuelmärchenstil schamlos und verleumderisch aus. Zum Gram von Mutter Küsters kommen die Schande und die Demütigungen und bald die Einsamkeit, denn ihre Kinder lassen sie im Stich. Dankbar nimmt sie das Verständnis entgegen, das sie bei zwei Intellektuellen (Karlheinz Böhm, Margit Carstensen) von der DKP zu spüren glaubt, und tritt in die Partei ein. Aber es stellt sich heraus, daß die Genossen sie nur für eine Propagandakampagne ausnutzen. Die nächste Enttäuschung ihrer Hoffnung auf eine Rehabilitation ihres Mannes in der Öffentlichkeit ist für Mutter Küsters tödlich. Eine Gruppe von anarchistischen Revoluzzern, auf die sie vertraute, spannt sie in die dilettantische Aktion einer Geiselerpressung ein. Bei der polizeilichen Intervention wird Mutter Küsters erschossen.

Amerikanische Variante
In Amerika, wo der Film zum erstenmal beim »Fassbinder-Festival« im März 1977 in New York lief und einen außergewöhnlichen Publi-

kumserfolg errang, wurde er mit einem völlig anderen Schluß gezeigt. Hier fallen keine Schüsse. Die Revoluzzer ziehen wieder ab, und Mutter Küsters schließt sich einem bieder-braven Hausmeister an, der ihr statt ideologischer Indoktrination und egoistischer Hintergedanken Mitgefühl und eine Einladung zu Selbstgekochtem (»Himmel und Erde«) entgegenbringt.

1975
Angst vor der Angst

R: Rainer Werner Fassbinder. – B: Rainer Werner Fassbinder (nach einer Idee von Asta Scheib). – K: Jürgen Jürges, Ulrich Prinz. – S: Liesgret Schmitt-Klink, Beate Fischer-Weiskirch. – M: Peer Raben. – A: Kurt Raab. – R: Peter Märthesheimer.
P: WDR. – K: 375 000 DM. – D: 25 Tage (April–März 1975). – TV: (ARD) 8.7.1975. – F: 16 mm, Farbe. – L: 88 min.
Darsteller:
Margit Carstensen, Ulrich Faulhaber, Brigitte Mira, Adrian Hoven, Irm Hermann, Armin Meier, Kurt Raab, Ingrid Caven u. a.

Zum Inhalt
Margot Staudte (Margit Carstensen), Anfang Dreißig, die ihr zweites Kind erwartet, lebt in einer relativ harmonischen Ehe. Das vermeintliche Idyll bricht zusammen, als die sensible, dünnhäutige Frau, quasi aus heiterem Himmel, an heftigen Depressionen und unerklärlichen Angstzuständen zu leiden beginnt. Ihre Umwelt reagiert verständnislos, auch ihr gleichgültig-freundlicher Ehemann (Ulrich Faulhaber). Die angeheiratete Verwandtschaft stempelt sie als verrückt ab. Ärzte und Therapeuten sind machtlos, verschreiben Valium. Alkohol und andere Fluchtversuche ändern nichts an ihren beklemmenden Angstgefühlen, die sich auch nach einem Sanatoriumsaufenthalt wieder einstellen.

1975
Schatten der Engel

R: Daniel Schmid. – B: Daniel Schmid, Rainer Werner Fassbinder
(nach dem Fassbinder-Theaterstück »Der Müll, die Stadt und der
Tod«). – K: Renato Berta. – S: Ila von Hasperg. – M: Peer Raben,
Gottfried Hüngsberg. – A: Raul Gimenez. RA: Harry Baer.
P: Albatros. – L: 101 min. – V: Filmverlag der Autoren.
Darsteller:
Ingrid Caven, Rainer Werner Fassbinder, Klaus Löwitsch, Annema-
rie Düringer, Adrian Hoven, Boy Gobert, Ulli Lommel, Irm Her-
mann, Peter Chatel u. a.

Zum Inhalt
Das Drehbuch des Films entspricht wortlautgetreu dem heiß um-
strittenen, bis heute nicht aufgeführten Fassbinder-Theaterstück
»Der Müll, die Stadt und der Tod«, das wiederum inspiriert ist von
dem 1973 veröffentlichten Frankfurt-Roman von Gerhard Zwerenz
(geb. 1925): »Die Erde ist unbewohnbar wie der Mond«.
Im Mittelpunkt stehen ein jüdischer Bauspekulant (Klaus Löwitsch), der mit Hilfe der städtischen Administration dicke Profite
macht, und eine schöne Hure (Ingrid Caven), die Karriere macht,
indem sie ihren reichen Kunden zuhört.

1975/76
Ich will doch nur, daß ihr mich liebt

R: Rainer Werner Fassbinder. – B: Rainer Werner Fassbinder (nach
einem Fall aus dem Buch: »Lebenslänglich – Protokolle aus der
Haft«, München 1972, Klaus Antes, Christiane Ehrhardt, Heinrich
Hannover). – K: Michael Ballhaus. – S: Liesgret Schmitt-Klink. –
M: Peer Raben. – A: Kurt Raab.
P: Bavaria Atelier GmbH (im Auftrag des WDR). – K:
ca. 800000 DM. – D: 25 Tage (November–Dezember 1975). – TV:
(ARD) 23. 3. 1976. – F: 16 mm, Farbe. – L: 104 min.
Darsteller:
Vitus Zeplichal, Elke Aberle, Alexander Allerson, Ernie Mangold,
Johanna Hofer, Katharina Buchhammer, Wolfgang Hess, Armin
Meier, Erika Runge u. a.

Zum Inhalt

Der Film erzählt die an einem authentischen Fall orientierte Geschichte eines jungen Mannes, der wegen Totschlags im Affekt zu zehn Jahren Gefängnis verurteilt ist und von einer Psychologin (Erika Runge) zu seinem Leben und seinen Tatmotiven befragt wird. Der junge Maurer Peter (Vitus Zeplichal) hat bei seinen wohlhabenden Gastwirts-Eltern eine lieblose Kindheit und Jugend erlebt. Als es ihm nicht gelingt, durch Unterwerfung und forciertes Wohlverhalten die Zuneigung der Eltern (Alexander Allerson, Ernie Mangold) zu gewinnen, heiratet er überstürzt und zieht in die Großstadt. Dort setzt er seine verkrampften Anstrengungen fort, sich die Liebe seiner Umwelt, vor allem die seiner Frau (Elke Aberle), durch Geschenke und beflissene Anpassung zu erkaufen. Er gerät immer mehr in eine psychische Sackgasse. Leistungszwänge schnüren ihn ein, Schuldenberge erdrücken ihn. Als er auch noch seinen Arbeitsplatz verliert, dreht er durch und erschlägt einen Gastwirt, der ihn an seinen Vater erinnert.

1975/76
Satansbraten

(Motto, ein Zitat von Antonin Artaud: »Ce qui différence/les païens de nous/c'est qu'à l'origine/de toutes leurs croyances/il y a un terrible effort/pour ne pas penser en hommes/pour garder le contact/avec la creation entière,/c'est-à-dire avec la divinité«.)
R, B: Rainer Werner Fassbinder. – K: Jürgen Jürges (1. Phase), Michael Ballhaus. – S: Thea Eymèsz, Gabi Eichel. – M: Peer Raben. – A: Kurt Raab, Ulrike Bode. – P: Michael Fengler. – Produktionsleitung: Harry Baer.
P: Albatros, hergestellt von Trio-Film. – K: ca. 600 000 DM. – D: 29 Tage (Oktober 1975 und Januar–Februar 1976). U: 7.10.1976 (Mannheim, Filmwoche). – F: 35 mm, Farbe. – L: 112 min. – V: Filmverlag der Autoren.
Darsteller:
Kurt Raab, Margit Carstensen, Helen Vita, Volker Spengler, Ingrid Caven, Marquard Bohm, Ulli Lommel, Y Sa Lo, Katharina Buchhammer u. a.

Zum Inhalt
Zentralfigur ist der neurotisch-hysterische, ichbesessene Poet Walter Kranz (Kurt Raab). Dereinst, 1968, zu Zeiten der studentischen Aufbruchsbewegung, als »Dichter der Revolution« gefeiert, ist Kranz heute ein »Dichter in der Krise«, ganz offensichtlich ein ausgebranntes Wrack. Sexuell frustriert, von Geldnöten gebeutelt, lebt Kranz, eingeklemmt in einem Haushalt mit einer keifenden Ehefrau (Helen Vita) und einem debilen Bruder (Volker Spengler) in kleinbürgerlichen Verhältnissen. Als er nach einer langen Zeit der kreativen Verstopfung wieder ein Kunstwerk hervorbringt, ist es ein Gedicht, das, wie sich herausstellt, wortwörtlich von Stefan George stammt. Als Plagiator beschimpft, schafft sich Kranz in die Wahnvorstellung hinein, George zu sein. Er imitiert Aussehen und Posen, lebt, denkt und empfindet George nach – bis hin zum Weihekult des hehren Künstlertums, zur Idee des Herrenmenschen und zu einem Versuch praktizierter Homosexualität. Einen Jüngerkreis stellt er aus gemieteten Strichjungen zusammen, Andrée (Margit Carstensen), ein welkes Mädchen aus der Provinz, macht er zu einem Bündel masochistischer Unterwerfungslust.
Jedoch, die Stilisierungsorgie als »Großer Meister« ist nicht zu halten, des Dichters Leute machen nicht mehr mit. Die Ehefrau stirbt, Andree hat genug, die Jünger bleiben weg, weil das Geld fehlt. Kranz klaut und betrügt. Er erschießt und wird erschossen – allerdings mit Platzpatronen. Von Zuhältern verprügelt, findet er seine dichterische Schaffenskraft wieder, was ihm, seinem Verleger und der Kultur zu einem neuen Roman verhilft. Titel: »Der Faschismus wird siegen oder Keine Feier für den toten Hund des Führers«.

1976
Chinesisches Roulette

R, B: Rainer Werner Fassbinder. – K: Michael Ballhaus. S: Ila von Hasperg, Juliane Lorenz. – M: Peer Raben. – O: Christian Hohoff u. a.
P: Albatros/Les Films du Losange, Paris. – K: ca. 1,1 Mill. DM. – D: 36 Tage (April–Juni 1976). – U: 22.4.1977. – F: 35 mm, Farbe. – L: 86 min. – V: Filmverlag der Autoren.
Darsteller:
Margit Carstensen, Anna Karina, Alexander Allerson, Ulli Lom-

mel, Andrea Schober, Mascha Méril, Brigitte Mira, Volker Spengler, Armin Meier, Roland Henschke

Zum Inhalt
Es ist die Geschichte eines langen Wochenendes. Ein gutbetuchtes Ehepaar trennt sich, um angeblich auf Geschäftsreisen nach Oslo bzw. Mailand zu gehen, und trifft sich in Begleitung des jeweiligen Zweitpartners auf einem entlegenen Schloß, dem Landsitz der Familie, unverhofft wieder. Zu Ehemann Gerhard (Alexander Allerson) und seiner geliebten Anna (Anna Karina), Ehefrau Ariane (Margit Carstensen) und ihrem Liebhaber (Ulli Lommel) gesellen sich die Haushälterin Kast (Brigitte Mira) und ihr Sohn Gabriel (Volker Spengler) sowie Angela (Andrea Schober), die stark gehbehinderte Teenager-Tochter der Eheleute, und Fräulein Traunitz (Mascha Méril), ihre taubstumme Erzieherin. Arrangiert wurde die Konfrontation von der Tochter, die ihre Eltern haßt und von diesen wiederum für das Scheitern der Ehe verantwortlich gemacht wird. In einem Wahrheitsspiel, dem sogenannten »Chinesischen Roulette«, entfaltet sich ein Pandämonium der Frustration und Aggression, der enttäuschten Sehnsüchte und verdrängten Ängste. Die psychodynamische Prozedur entlädt sich in einem Schuß, der, von der Mutter abgefeuert, die Erzieherin am Hals verletzt. Im Off fällt dann noch ein zweiter Schuß. Wer da auf wen schoß, das kann das Publikum entscheiden.

1976/77
Bolwieser

R: Rainer Werner Fassbinder. – B: Rainer Werner Fassbinder (nach dem gleichnamigen Roman von Oskar Maria Graf). – K: Michael Ballhaus. – S: Ila von Hasperg, Juliane Lorenz. – M: Peer Raben. – A: Kurt Raab, Nico Kehrhan. – R: Willi Segler.
P: Bavaria Atelier GmbH (im Auftrag des ZDF). – K: 1,8 Mill. DM. – D: 40 Tage (Oktober–Dezember 1976). – TV (beide Teile): (ZDF) 31.7.1977. F: 16 mm, Farbe. – L: insgesamt 201 min.
Darsteller:
Kurt Raab, Elisabeth Trissenaar, Bernhard Helfrich, Armin Meier, Karl Heinz von Hassel, Udo Kier, Volker Spengler, Gustl Bayrhammer, Maria Singer, Willi Harlander, Hannes Kaetner, Gusti Kreissl, Peter Kern, Gottfried John, Gerhard Zwerenz u. a.

Zum Inhalt

Der dem zweiteiligen Fernsehfilm zugrunde liegende Roman, 1931 von dem sozialistisch gesinnten, 1933 nach New York emigrierten bayrischen Schriftsteller Oskar Maria Graf (1894–1967) geschrieben, wurde 1932 unter dem Titel »Bolwieser« zum erstenmal veröffentlicht und 1964 und 1976 unter dem Titel »Die Ehe des Herrn Bolwieser« neu herausgebracht.

Die Handlung spielt in einer kleinen bayrischen Provinzstadt während der zwanziger Jahre. Bahnhofsvorsteher Xaver Ferdinand Maria Bolwieser (Kurt Raab) ist mit Hanni (Elisabeth Trissenaar), der adrett-hübschen Tochter des Passauer Brauereibesitzers Neidhardt (Gustl Bayrhammer), verheiratet. Bolwieser ist mit seinem Leben, seiner bewußt kinderlosen Ehe, in der die Sexualität eine große Rolle spielt, mit sich und der Welt zufrieden und überzeugt, Glück und Ansehen gefunden zu haben. Als seine Frau mit dem Gastwirt Franz Merkl (Bernhard Helfrich) ein Techtelmechtel anfängt und man in der Kleinstadt darüber tratscht, wagt Bolwieser es nicht, der Wahrheit ins Gesicht zu sehen. In einem Verleumdungsprozeß läßt er sich sogar zu einem Meineid hinreißen, um seine Frau und seine Stationsvorsteherehre nicht zu verlieren. Doch der Riß in der Ehe läßt sich nicht mehr kitten, die Illusion der Eheidylle nicht mehr aufrechterhalten. Bolwieser fängt mit dem Saufen an. Hündisch klammert er sich an seine Frau, mißhandelt sie aber auch, was Hannis Verachtung ihm gegenüber noch vergrößert. Sie hat sich inzwischen einen neuen Liebhaber zugelegt, den Friseur Schafftaler (Udo Kier), der sie zur Dame herausputzt. Als Bolwieser wegen Meineids angezeigt wird, bricht er zusammen, gesteht alles, muß ins Gefängnis und verliert Amt und Ehefrau. Bei seiner Entlassung ist er ein gebrochener Mann. Er findet irgendwo bei einem Fährmann Unterschlupf – »wie fortgeweht aus dem Menschlichen«.

1977
Frauen in New York

R: Rainer Werner Fassbinder. – B: Clare Boothe: »The Women«, Übersetzung: Nora Gray. – K: Michael Ballhaus. – S: Wolfgang Kerhutt. – A: Rolf Glittenberg. – R: Dieter Meichsner.
P: NDR. – K: ca. 320000 DM. – D: 7 Tage (März 1977). – TV: (ARD) 21.6.1977. – F: 16 mm, Farbe. – 111 min.

Darsteller:
Christa Berndl, Margit Carstensen, Anne-Marie Kuster, Eva Mattes, Angela Schmidt, Heidi Grübl, Ehmi Bessel, Irm Hermann, Gisela Uhlen, Barbara Sukowa u. a.

Zum Inhalt
Fernsehaufzeichnung des von Rainer Werner Fassbinder im Herbst 1976 am Deutschen Schauspielhaus in Hamburg inszenierten Stückes von Clare Boothe, das nach seiner Uraufführung 1936 in New York großen Publikumserfolg hatte und schon zweimal verfilmt wurde (1939 von George Cukor unter dem Originaltitel, 1956 von David Miller mit dem Titel »The Opposite Sex«).
Hauptfiguren sind eine Reihe von befreundeten High-Society-Ehefrauen ohne materielle Sorgen: um sie herum weibliches Dienstpersonal wie Friseusen, Verkäuferinnen, Köchinnen, Dienstmädchen. Männer treten nicht auf, sind aber Thema Nummer eins in den Gesprächen der voll auf den »Mann« dressierten Frauengesellschaft.

1977
Despair – Eine Reise ins Licht

(Widmung: »Für Antonin Artaud, Vincent van Gogh, Unica Zürn«.)
R: Rainer Werner Fassbinder. – B: Tom Stoppard (nach dem Roman von Vladimir Nabokov). – K: Michael Ballhaus. – S: Juliane Lorenz. – M: Peer Raben. – A: Rolf Zehetbauer. – P: Peter Märthesheimer.
P: NF Geria II Film GmbH, München, in Zusammenarbeit mit SFP, Paris, hergestellt von der Bavaria Atelier GmbH. – K: ca. 6 Mill. DM. – D: 41 Tage (April–Juni 1977). – U: 19. 5. 1978 (Cannes, Festival). – F: 35 mm, Farbe. – L: 119 min. – V: Filmverlag der Autoren.
Darsteller:
Dirk Bogarde, Andrea Ferréol, Volker Spengler, Klaus Löwitsch, Alexander Allerson, Bernhard Wicki, Peter Kern, Gottfried John u. a.

Zum Buch
Der Roman »Despair« wurde 1932 von dem Exilrussen Vladimir Nabokov (1899–1977) in Berlin in russischer Sprache geschrieben und wenig später von ihm selbst ins Englische übersetzt. In den

Die vielen Namen
des Rainer Werner Fassbinder.

Rainer Werner Fassbinder
Rainer Fassbinder
Rainer
Werner
Rainer Werner
Rainer Maria
Rainer Maria Fassbinder
Mutter Maria
Papa
Mein Onkel
Maria
Mary
Bloody Mary
Chefin
Schwester Oberin
der Meister
der große Meister
der Chef
der große Künstler
der Spielleiter
der Herr Oberspielleiter
der Vorstand
der Große Vorsitzende
Fassi
R. W. F.
Der Fassbinder
Der Herr Generalmusikdirektor
Rainer Werner Wahnsinn
Rainer Wahnsinn

sechziger Jahren von dem Autor noch einmal überarbeitet, erschien 1972 der Roman zum erstenmal in Deutschland (Rowohlt-Taschenbuch, Nr. 1562).

Zum Inhalt
Die Handlung des Films spielt hauptsächlich in Berlin, 1929/30, am Vorabend der deutschen Diktatur. Sozialdemokrat Hermann Müller, der letzte vom Parlament getragene Kanzler der Weimarer Republik, wurde gestürzt, der New Yorker Börsenkrach am »Schwarzen Freitag« im Oktober 1929 hatte die Weltwirtschaftskrise eingeläutet.

Der Schokoladenfabrikant Hermann Hermann (Dirk Bogarde), baltischer Exilrusse, verheiratet mit einem »spatzenhirnigen Kakadu«, einem unablässig Süßigkeiten naschenden Dummerchen, das ihn mit ihrem Vetter betrügt, ist ein feinnerviger, großbürgerlicher Ästhet. Er leidet an sich, an seiner Umwelt, an seiner Isolation und verbohrt sich in die Idee, der kultivierten Langeweile und sozialen Indifferenz seines Milieus zu entfliehen und ein neues Leben zu beginnen. Er möchte seine Identität wechseln, es treibt ihn zum Aufbruch in den Wahnsinn. In einem Landstreicher (Klaus Löwitsch) glaubt er sein Spiegelbild zu erkennen. Nach einem Ablenkungsmanöver erschießt er den vermeintlichen Doppelgänger und flieht in dessen Kleidern in die Schweiz. Als er dort bald darauf von der Polizei aufgespürt und verhaftet wird, scheint der Zerfall seiner Persönlichkeit fortgeschritten, seine Emigration aus der Realität in die Verrücktheit bereits gelungen zu sein.

1977/1978
Deutschland im Herbst

R: Alf Brustellin, Rainer Werner Fassbinder, Alexander Kluge, Maximiliane Mainka, Edgar Reitz, Katja Rupé/Hans Peter Cloos, Volker Schlöndorff, Bernhard Sinkel. – B: Heinrich Böll, Peter Steinbach, die Regisseure. – K: Michael Ballhaus, Jürgen Jürges, Bodo Kessler, Dietrich Lohmann, Colin Mounier, Jörg Schmidt-Reitwein. – S: Heidi Genée, Mulle Goetz' Dickopp, Juliane Lorenz, Beate Mainka-Jellinghaus, Tanja Schmidbauer, Christina Warnck. – T: Roland Henschke, Martin Müller, Günter Stadelmann. A: Henning von Gierke, Winfried Henning, Toni Lündi. – P: Heinz Badewitz, Herbert Kerz.

P: Pro-ject Filmproduktion im Filmverlag der Autoren / Hallelujah-Film / Kairos-Film. – K: ca. 450000 DM. – D: Oktober 1977 – Februar 1978. – U: 3.3.1978 (Berlin Filmfestspiele) (Rohfassung) 17.3.1978 (endgültige Fassung). – F: 35 mm, Farbe und schwarz-weiß. – L: 134 min. – V: Filmverlag der Autoren.
Mitwirkende:
Caroline Chaniolleau, Hildegard Friese, Petra Kiener, Lisi Mangold, Eva Meier, Katja Rupé, Franziska Walser, Angela Winkler, Heinz Bennent, Wolf Biermann, Vadim Glowna, Helmut Griem u. a.
Fassbinder Beitrag:
R, B: Rainer Werner Fassbinder. – K: Michael Ballhaus. – T: Roland Henschke. – S: Juliane Lorenz. – D: 6 Tage (Oktober 1977). – L: 26 min.
Mitwirkende:
Rainer Werner Fassbinder, Liselotte Eder, Armin Meier.

Zum Inhalt
In diesem Omnibus-Film haben neun deutsche Regisseure über das politische und geistige Klima in der Bundesrepublik im Herbst 1978 reflektiert und ihre Beiträge zu einer Gemeinschaftsproduktion zusammengestellt. Die einzelnen Episoden sind durch Montage verbunden und durch Leitmotive miteinander verklammert. Die Chronik der Ereignisse in diesem bundesrepublikanischen Herbst des Jahres 1977 ist von drei Höhepunkten bestimmt:
– die Entführung und Ermordung des Arbeitgeberpräsidenten Hanns Martin Schleyer durch deutsche RAF-Terroristen;
– die Entführung der Lufthansa-Maschine »Landshut« durch vier palästinensische Terroristen und die Befreiung von 86 Geiseln in der somalischen Hauptstadt Mogadischu durch die Blitzaktion eines Kommandos der Bundesgrenzschutz-Spezialeinheit GSG 9
– die mysteriösen Selbstmorde von drei (Andreas Baader, Gudrun Ensslin, Jan Carl Raspe) der in Stuttgart-Stammheim inhaftierten Terroristen, deren Freipressung vornehmliche Zielsetzung der beiden Entführungsaktionen gewesen war.
Über die Ausgangslage der Regisseure informierte der Filmverlag der Autoren: »Unter dem Eindruck einer weit verbreiteten Terroristen-Hysterie, einer undifferenzierten Sympathisanten-Verfolgung, einer drohenden Kriminalisierung jeglicher Kritik an den bestehenden Verhältnissen, einer allgemeinen Überwachungs- und Zensurenangst, vor allem aber aus Furcht vor der unheiligen Allianz von

Terrorismus und Faschismus, begannen sie mit einem Film, der sich an die Demokratie unseres Landes wendet.«

Fassbinder spielt in seinem Beitrag noch einmal vor der Kamera durch, wie er selbst die Oktoberereignisse erlebte. Er präsentiert seine von Hilflosigkeit, Angst und Verzweiflung geprägten Reaktionen und Kommentare und ein politisches Streitgespräch mit seiner Mutter.

1978
Die Ehe der Maria Braun

R: Rainer Werner Fassbinder. – B: Peter Märthesheimer, Pea Fröhlich nach einer Idee von Rainer Werner Fassbinder. – K: Michael Ballhaus. – S: Juliane Lorenz. – M: Peer Raben. – A: Helga Ballhaus. – Produktionsleitung: Harry Baer. – P: Michael Fengler. P: Albatros. – K: 1975000 DM. – D: 35 Tage (Januar bis März 1978). – U: 20.2.1979 (Berlin, Filmfestspiele). – F: 35 mm, Farbe. – L: 120 min. – V: United Artists.

Darsteller:
Hanna Schygulla, Klaus Löwitsch, Ivan Desny, Gottfried John, Gisela Uhlen, Günter Lamprecht, George Byrd, Elisabeth Trissenaar, Isolde Barth, Peter Berling, Liselotte Eder, Volker Spengler, Hark Bohm u. a.

Zum Inhalt
Der Film spielt in einem dramatischen Jahrzehnt deutscher Geschichte. Er beginnt mit einer Kriegshochzeit im Jahre 1943, als Deutschlands Städte in den Bombenhagel alliierter Flugzeuge gerieten, und endet mit einer Gasherd-Explosion im Jahre 1954, just an dem Tag, an dem die deutsche Fußballnationalmannschaft in Bern Weltmeister wurde und das in Deutschland sich nach dem rasanten Wirtschaftsaufschwung verbreitende Gefühl, man ist wieder wer, bestärkte. Als Maria (Hanna Schygulla) und Hermann Braun (Klaus Löwitsch) 1943 heiraten, muß der Ehemann am Tag darauf schon wieder an die Front. Bei Kriegsende gilt Hermann als vermißt. Deutschland liegt in Trümmern, zwischen den Ruinen herrscht der Kampf ums Überleben. Maria wird Animierdame in einer Ami-Bar. Als der totgeglaubte Ehemann unerwartet aus der Kriegsgefangenschaft nach Haus zurückkehrt, lebt Maria mit Bill (George Byrd), einem netten farbigen Besatzungssoldaten, zusammen. In einem

Schlafzimmer-Zweikampf der beiden Männer erschlägt Maria wie in Trance ihren amerikanischen Freund. Hermann, der die Schuld auf sich nimmt, muß ins Zuchthaus. Maria indes, wieder allein, lernt den Unternehmer Oswald (Ivan Desny) kennen und macht kühl und zielbewußt in dessen Textilfirma Karriere. Im deutschen Wirtschaftswunderland wird aus der Trümmerfrau eine Prokuristin und Villenbesitzerin. Bei der Zuneigung, die sich zwischen Maria und Oswald entwickelt, legt Maria großen Wert auf ihre Unabhängigkeit. Mit Sehnsucht und Umsicht wartet sie auf die Entlassung Hermanns. Für ihn hat sie alles getan. Doch Hermann kehrt nicht gleich zu Maria zurück. Er hat mit Oswald, ohne Wissen seiner Frau, ein Abkommen getroffen, auf Maria zu verzichten, solange der Fabrikant, der seinen nahen Tod fühlt, am Leben ist. Als es schließlich so weit ist, daß die Eheleute in Glück und Reichtum zusammenleben können, funktioniert es nicht so recht. Aber bevor das richtig deutlich wird, löst Maria die Explosion aus, und alles fliegt in die Luft.

1978
Spiel der Verlierer

R, B: Christian Hohoff. – K: Horst Knechtl. – S: Juliane Lorenz, Franz Walsch (d. i. Rainer Werner Fassbinder). – M: Peer Raben. – A: Rosima Hasshoff.
P: Tango Film (Rainer Werner Fassbinder) in Zusammenarbeit mit dem WDR. – L: 80 min. – V: Filmverlag der Autoren.
Darsteller:
Jörg von Liebenfels, Maria Schell, Claus Holm, Martina Winkelbach, Margit Carstensen, Michael Ballhaus, Christiane Maybach, Armin Meier, Karl Scheydt, Angelika Milster u. a.

Zum Inhalt
In dem Film, der den Arbeitstitel »Und morgen wirst du um mich weinen« trug, verliebt sich ein fünfzigjähriger Fuhrunternehmer (Jörg von Liebenfels) in die fünfzehnjährige Tochter (Martina Winkelbach) eines Gastwirtsehepaares (Maria Schell und Claus Holm). Als die hochverschuldeten Eltern, die das Verhältnis aus berechnenden Gründen zunächst nicht ungern gesehen hatten, ihn wegen Verführung einer Minderjährigen anzeigen wollen, begeht der Fuhrunternehmer Selbstmord.

1978
In einem Jahr mit 13 Monden

R, B, K, S: Rainer Werner Fassbinder. – T, B: Karl Scheydt, Wolfgang Mund. – P: Isolde Barth.
P: Tango Film/Pro-ject Filmproduktion im Filmverlag der Autoren. – K: ca. 700 000 DM. – D: 25 Tage (Juli–August 1978). – U: 17.11.1978. – F: 35 mm, Farbe. – L: 124 min. – V: Filmverlag der Autoren.
Darsteller:
Volker Spengler, Ingrid Caven, Gottfried John, Elisabeth Trissenaar, Eva Mattes, Günther Kaufmann, Lilo Pempeit, Isolde Barth, Walter Bockmayer, Gerhard Zwerenz u. a.

Zum Inhalt
Der Titel des Films ist eine Anspielung auf eine von Fassbinder geteilte Ansicht, nach der in einem Jahr mit 13 Neumonden gefühlsbetonte Menschen besonders stark von persönlichen Katastrophen bedroht sind.
Der Film erzählt an Hand der fünf letzten Lebenstage die Geschichte des Transsexuellen Erwin/Elvira Weishaupt (Volker Spengler), der sich aus Liebe zu einem Mann, dem Bordellbesitzer, zum Grundstücksspekulanten aufgestiegenen Anton Saitz (Gottfried John), zur Frau hat umoperieren lassen. Elvira irrt, mit Trippelschritten begleitet von der »roten Zora« (Ingrid Caven), einer ihr freundschaftlich verbundenen Hure, durch den Beton-Dschungel der Großstadt Frankfurt und rekapituliert ihre Vergangenheit. Wo immer sie auf ihrem Opfergang, der verzweifelten Suche nach Liebe und Zuwendung, auftaucht, trifft sie auf Kälte, Einsamkeit und psychische Verelendung, auf Monstrosität, Gewalt und Terror. Am Ende ihres fünftägigen Leidensweges, nach einer Kette demütigender Begegnungen und schmerzlicher Enttäuschungen, bringt sie sich um.

1978/79
Die dritte Generation

R, B, K: Rainer Werner Fassbinder. – S: Juliane Lorenz. – M: Peer Raben. – T: Milan Bor, Jean Luc Marié. – A: Raul Gimenez, Volker Spengler. – P: Harry Baer.
P: Tango Film/Pro-ject Filmproduktion im Filmverlag der Autoren. – K: ca. 800000 DM. – D: 30 Tage (Dezember 1978 bis Januar 1979). – U: 13. 5. 1979 (Cannes). – F: 35 mm, Farbe. – L: 110 min. – V: Filmverlag der Autoren.
Darsteller:
Volker Spengler, Bulle Ogier, Hanna Schygulla, Harry Baer, Vitus Zeplichal, Udo Kier, Margit Carstensen, Günther Kaufmann, Eddie Constantine, Y Sa Lo, Hark Bohm, Claus Holm, Lilo Pempeit, Jürgen Draeger, Raul Gimenez.

Zum Inhalt
In diesem vom Autor im Vorspann als »Eine Komödie in 6 Teilen um Gesellschaftsspiele voll Spannung, Erregung und Logik, Grausamkeit und Wahnsinn« avisierten Film ist die dritte Generation des Terrors, im Gegensatz zu der ersten von 1968 und der zweiten (RAF), nicht mehr von irgendwelchen Idealen und politischen Vorstellungen bewegt, sondern nur noch von der Lust am riskanten Abenteuer, vom blinden Aktionismus. So ohne Perspektive wirken die Terroristen als leicht ausnutzbare Marionetten, lächerlich und gefährlich zugleich. Sie liefern dem Staat und den Mächtigen des Kapitals willkommene Vorwände für den Abbau demokratischer Tendenzen und den Ausbau des Machtpotentials. Auf dem Hintergrund dieses theoretischen Ansatzes entwickeln sich die wichtigen Handlungsteile des Films:
Peter Lenz (Eddie Constantine), Vertreter eines multinationalen Elektrokonzerns, aktiviert und finanziert eine Gruppe von Terroristen in Berlin, bis hin zur Inszenierung seiner eigenen Entführung. Zweck des Unternehmens: Ankurbelung des stockenden Fahndungscomputer-Absatzes, denn terroristische Aktionen lassen den Staat großzügige Einkäufe auf diesem Gebiet tätigen. So ist alles in bester perverser Ordnung. Die Industrie kann verdienen, die Polizei kann fahnden und jagen, die Terroristen können ihre Lust am Untergang zelebrieren und sich in immer sinnlosere, blutigere Aktionen hineinsteigern. Auch Verrat ist im Spiel: Ein Agent provo-

cateur liefert die einzelnen Mitglieder der Terrorgruppe fast alle den Kugeln der Polizei aus. Zum Schluß, am Faschingsdienstag, führen die Terroristen brav aus, was ihre Drahtzieher planten, und werden dabei gnadenlos zusammengeschossen.

1979 / 80
Berlin Alexanderplatz

R: Rainer Werner Fassbinder. – B: Rainer Werner Fassbinder (nach dem gleichnamigen Roman von Alfred Döblin). – Künstlerische Mitarbeit: Harry Baer. – K: Xaver Schwarzenberger. – S: Juliane Lorenz. – M: Peer Raben. – T: Carsten Ulrich. – A: Helmut Gassner, Werner Achmann. – Kostüme: Barbara Baum. – Produktionsleitung: Dieter Minx. – P: Peter Märthesheimer.
P: Bavaria Atelier GmbH / Italienisches Fernsehen RAI (im Auftrag des WDR). – K.: 13 Mill DM. – D: 154 Tage (Juni 1979 – April 1980). – F: 16 mm, Farbe. L: insgesamt 15,5 Std. – V: 28.8. – 8.9. 1980 (Venedig, Biennale). – TV: (ARD) 12.10.1980, 21 Uhr 05 (Folge 1, 90 min.) 13.10. – 29.12.1980, jeweils montags um 21 Uhr 30 (Folge 2 – 12, jeweils 60 min.); 29.12.1980, 23 Uhr (Epilog).
Darsteller:
Günter Lamprecht, Hanna Schygulla, Barbara Sukowa, Gottfried John, Franz Buchrieser, Claus Holm, Brigitte Mira, Roger Fritz, Hark Bohm, Ivan Desny, Annemarie Düringer, Elisabeth Trissenaar, Helen Vita, Herbert Steinmetz, Gerhard Zwerenz u. a.

Zum Roman, zum Hörspiel, zur ersten Verfilmung:
Der vierzehnteilige Fernsehfilm des berühmten Romans »Berlin Alexanderplatz« ist die zweite Verfilmung des Stoffes. Sein Autor Alfred Döblin (1878 – 1957) war seit 1911 in Berlin als Kassenarzt und Schriftsteller ansässig. 1933 emigriert, kehrte er nach dem Krieg, inzwischen zum Katholizismus konvertiert, nach Deutschland zurück. Der 1927 – 29 entstandene Roman, der Döblin Weltruhm einbrachte, gilt als der bedeutendste Großstadt-Roman in der deutschen Literatur, in dem mit exakter Poesie das Lebensgefühl jener Depressionszeit von Wirtschaftskrise und Arbeitslosigkeit Ende der zwanziger Jahre während der Weimarer Republik beschrieben wird. Sein Markenzeichen ist das Strukturprinzip der Collage, bei dem Menschenschicksale mit mythischen Allegorien und mit Wirklichkeitsfetzen der modernen Großstadtzivilisation

zusammenmontiert sind. Ein Kaleidoskop von inneren Monologen, Kriminalstories, Bibelzitaten, statistischen Angaben, Kinderreimen, Börsen- und Wetterberichten, Schlagertexten, Reklameslogans und Zeitungsmeldungen verdichtet sich zum Panorama einer Stadt und zum Signum einer Zeit.

Ein Jahr nach seiner Veröffentlichung (1929) hat Döblin selbst sein über 500 Seiten umfassendes Prosawerk zu einem siebzigminütigen Hörspiel verarbeitet. Es wurde am 30.9.1930 in Berlin unter dem Titel »Die Geschichte von Franz Biberkopf« gesendet.

Döblin war auch an der Abfassung des Drehbuchs für die erste Verfilmung des Romans beteiligt. Regie führte bei diesem 1931 an den Berliner Originalschauplätzen gedrehten Film Phil Jutzi (1896–1946), ein der sozialistischen Arbeiterbewegung nahestehender Filmemacher und Kameramann, dessen wichtigstes Werk der Stummfilm »Mutter Krausens Fahrt ins Glück« (1929) ist. In dem am 8.10.1931 uraufgeführten 90-Minuten-Film verkörperte Heinrich George, der auch im Hörspiel die Hauptrolle gesprochen hatte, den Franz Biberkopf. Daneben spielten u. a. Margarete Schlegel (Mieze) und Bernhard Minetti (Reinhold) mit.

Zum Inhalt

Titel der einzelnen Folgen:

1: Die Strafe beginnt.
2: Wie soll man leben, wenn man nicht sterben will.
3: Ein Hammer auf den Kopf kann die Seele verletzen.
4: Eine Handvoll Menschen in der Tiefe der Stille.
5: Ein Schnitter mit der Gewalt vom lieben Gott.
6: Eine Liebe, das kostet immer viel.
7: Merke – einen Schwur kann man amputieren.
8: Die Sonne wärmt die Haut, die sich manchmal verbrennt.
9: Von den Ewigkeiten zwischen den Vielen und den Wenigen.
10: Einsamkeit reißt auch in Mauern Risse des Irrsinns.
11: Wissen ist Macht und Morgenstund hat Gold im Mund.
12: Die Schlange in der Seele der Schlange.
13: Das Äußere und das Innere und das Geheimnis der Angst vor der Angst.

Epilog: Rainer Werner Fassbinder: Mein Traum vom Traum des Franz Biberkopf. (Ursprünglicher Titel: Vom Tod eines Kindes und der Geburt eines Brauchbaren).

Im Mittelpunkt steht der ehemalige Transportarbeiter und Zuhälter

Franz Biberkopf (Günter Lamprecht), ein intensiver Mensch mit starken, ungezähmten Empfindungen, gutmütig, verletzlich und zärtlichkeitsbedürftig, aber auch jähzornig, brutal und gewalttätig. Und er läßt sich seinen Glauben, daß die Menschen gut sind, und sei die Welt noch so schlecht, nicht nehmen. Berlin im Frühjahr 1927: Franz steht vor dem Tor des Tegeler Zuchthauses. Vier Jahre hat er gesessen, weil er seine Freundin Ida (Barbara Valentin) im Jährzorn erschlagen hat. Jetzt will er einen neuen Anfang machen, will anständig bleiben, will ein ehrliches Leben führen, das schwört er sich. Aber obwohl er ein paar Menschen hat, die zu ihm halten, findet er, zumeist arbeitslos, in der brausenden Metropole keinen festen Boden unter den Füßen. Im »Milieu«, unter Ganoven und Strichmädchen, Hehlern und Stehlern, Einbrechern und Zuhältern, gerät er wieder auf die schiefe Bahn, woran auch sein Freund Reinhold (Gottfried John) schuld ist, ein zwielichtiger Mensch, zu dem sich Franz magisch hingezogen fühlt. Reinhold verdankt er es auch, daß er unter ein Auto kommt und einen Arm verliert. Auch als Krüppel findet Franz Biberkopf wieder die Kraft sich hochzurappeln, und von vorne anzufangen; zusammen mit Mieze (Barbara Sukowa), der Unschuld vom Lande, seiner neuen Freundin, die gegen seinen Willen für ihn anschaffen geht. Und dann wird ihm diese Frau, »das Liebste der Welt«, genommen.

Mieze, die zarte, geliebte Freundin, wird von seinem Freund Reinhold umgebracht. Das erträgt Franz nicht mehr. Jetzt ist es endgültig aus mit ihm. Er kommt in die Irrenanstalt, hier wird er zur »Vernunft« gebracht. Zu einem brauchbaren Mitglied der Gesellschaft abgerichtet, sieht man ihn zuletzt als Hilfsportier in einer Fabrik.

1980
Lili Marleen

R: Rainer Werner Fassbinder. – B: Manfred Purzer unter Mitarbeit von Joshua Sinclair und Rainer Werner Fassbinder (nach Lale Andersens Autobiographie »Der Himmel hat viele Farben«). – Künstlerische Mitarbeit: Harry Baer. – K: Xaver Schwarzenberger. M: Peer Raben. – A: Rolf Zehetbauer. – P: Konstantin Torsch-Thoeren. – P. und H: Luggi Waldleitner.
P: Roxy-Rialto-Rex-Film. 1. KG. – K: 10,5 Mill. DM. – D: 47 Tage (Juli–September 1980) U: 16.1.1981. – F: 35 mm, Breitwand 1 : 1,66, Farbe. L: ca. 120 min. – V: Tobis, Berlin.

Darsteller:
Hanna Schygulla, Giancarlo Giannini, Mel Ferrer, Karl Heinz von Hassel, Erik Schumann, Udo Kier, Christine Kaufmann, Karin Baal, Gottfried John, Barbara Valentin, Hark Bohm, Elisabeth Volkmann, Adrian Hoven, Roger Fritz, Helen Vita, Rainer Will, Harry Baer, Lilo Pempeit, Raul Gimenez, Alexander Allerson, Rudolf Lenz u. a.

Zum Inhalt

Das Drehbuch des Films basiert auf einem Ausschnitt der Autobiographie von Lale Andersen (1913–1972), deren wechselvolle Karriere untrennbar verbunden ist mit dem berühmten »Lili Marleen«-Soldatenlied von den zwei Liebenden, die »vor der Kaserne vor dem großen Tor« stehen und sich trennen müssen.

1938 in Zürich: Die Tingeltangelsängerin Liselotte Bunterberg, genannt Wilkie (Hanna Schygulla), und der begabte Musiker Robert Mendelsson (Giancarlo Giannini) sind verliebt und wollen heiraten. Aber ihre Liebe steht im Schatten der nationalsozialistischen Gewaltpolitik und der bevorstehenden Weltkriegskatastrophe. Robert gehört einer konspirativen Gruppe der jüdischen Hilfs- und Flüchtlingsorganisation »Haganah« an, für die er als Kurier arbeitet. Seinem Vater (Mel Ferrer) und den anderen Organisationsmitgliedern gelingt es, die in ihren Augen gefährliche Liaison Roberts mit der deutschen Sängerin zu unterbinden. Wilkie wird aus der Schweiz ausgewiesen. Durch die Vermittlung des an ihr interessierten SS-Gruppenführers Henkel (Karl Heinz von Hassel) erhält sie ein Engagement in der Künstlerkneipe »Alter Simpl« in München. Hier singt sie zum erstenmal das Lied von der »Lili Marleen«, das, in den ersten Kriegstagen auf Platte aufgenommen, durch einen Zufall beim Soldatensender Belgrad landet und zu dem Weltkrieg-Zwo-Hit wird, zum gesungenen Nachtgebet und zum Symbol der Friedenssehnsucht aller Soldaten beiderseits der Front. Wilkie schwimmt auf der »Lili Marleen«-Welle ganz nach oben, zum gefeierten Star in Glanz und Luxus, mit persönlicher Protektion des »Führers«. Mit Politik indes will sie nichts zu tun haben, sie widmet sich, Krieg hin, Völkermord her, vornehmlich ihrer Erfolgskarriere. Mitten im Krieg sieht sie unverhofft Robert wieder, der, unter Lebensgefahr und falschem Namen, nach Berlin gereist ist. Nach einer Liebesnacht in einer kleinen Pension wird Robert von der Gestapo verhaftet. Wilkie übernimmt auf Bitten des Schriftstellers Günther Weisenborn (Rainer Werner Fassbinder), der einer deutschen, mit

226

der Haganah kooperierenden Widerstandsgruppe angehört, den gefährlichen Auftrag, anläßlich einer Front-Theater-Tournee Filmmaterial über Vernichtungslager aus Polen herauszuschmuggeln. Mit Hilfe des Materials wird Robert von der Haganah aus der Gestapo-Haft freigekauft. Wilkie, die sich verdächtig gemacht hat, sieht sich plötzlich vom Reichspropagandaministerium kaltgestellt: Ihr Pianist und Begleiter Taschner (Hark Bohm) ist zur Front abkommandiert, sie hat Auftrittsverbot, ihr Lied darf in Deutschland nicht mehr gespielt werden. Nur ihre Popularität bewahrt sie vor Schlimmerem. Um Wilkie, die aus Verzweiflung schon einen Selbstmordversuch unternommen hat, zu schützen, zwingen Robert und seine Widerstands-Freunde die NS-Propagandisten mit einer lancierten Falschmeldung über den KZ-Tod der »Lili Marleen« zu einem Dementi. Auf Befehl von Goebbels tritt Wilkie, mit Spritzen fit und Flitterglanz aufgemacht, einer gepuderten Ruine gleich, noch einmal im Wunschkonzert des Reichssenders im Berliner Sportpalast auf, um die von Radio Calais verbreitete Meldung zu widerlegen.

Gleich nach Kriegsende, das sie, ganz zurückgezogen aus der Öffentlichkeit, auf Helgoland überlebt hat, reist Wilkie nach Zürich, wo sie feststellen muß, daß ihr geliebter Robert, der gerade ein erfolgreiches Debüt als Konzertdirigent gibt, inzwischen anderweitig glücklich verheiratet ist.

1981
Lola

R: Rainer Werner Fassbinder. – B: Peter Märthesheimer und Pea Fröhlich. – Künstlerische Mitarbeit: Harry Baer. – K: Xaver Schwarzenberger. – Sch: Juliane Lorenz. – M: Peer Raben. – A: Raul Gimenez und Udo Kier. – Produktionsleitung: Thomas Schühly. – P: Horst Wendlandt.

P: Rialto Film / Trio Film und WDR. – K: ca. 3,5 Mill. DM. – D: 30 Tage (April–Mai 1981). – U: 20.8.1981. – L: 115 min. – F: 35 mm, Farbe. – V: Tobis, Berlin.

Darsteller:
Barbara Valentin, Armin Mueller-Stahl, Mario Adorf, Matthias Fuchs, Helga Feddersen, Karin Baal, Ivan Desny, Karl Heinz von Hassel, Sonja Neudorfer, Hark Bohm, Rosel Zech, Elisabeth Volkmann, Isolde Barth, Christine Kaufmann u. a.

Zum Inhalt

Die Story stützt sich lose auf Heinrich Manns Roman »Professor Unrat« (erschienen 1905), der 1930 Josef von Sternberg für seinen Filmklassiker »Der blaue Engel« (mit Marlene Dietrich) als literarische Vorlage diente.

Ort der Handlung ist eine kleine Stadt in der Bundesrepublik Deutschland in den fünfziger Jahren. Es ist Wirtschaftswunderzeit. Im Boom der Aufbaujahre bringt jeder, der Rang und Namen hat, seine Schäfchen ins trockene, am meisten Herr Schuckert (Mario Adorf), ein jovialer Bauunternehmer vom Typ »sympathisches Schwein«. Er hat sie alle in der Tasche, überall seine Finger im Spiel, nach seiner Pfeife wird getanzt. Auch nächtens in der von ihm erworbenen »Villa Fink«, wo die Honoratioren der Sadt den dicken Max markieren und die Damen des Hauses den tollen Vamp. Star in diesem sündigen Muff ist Lola (Barbara Sukowa), eine Edelnutte mit einem kleinen Töchterchen und dem Verstand auf dem rechten Fleck.

Alle reden von dem neu eingestellten Baudezernenten in der städtischen Verwaltung. Man ist in Sorge um einige nicht ganz astreine Bauvorhaben. Herr von Bohm (Armin Mueller-Stahl) soll nicht zu schmieren sein. Der konservative Moralist und Schöngeist hat vor, sein Amt korrekt zu führen. Und ausgerechnet in der verliebt sich Lola, und er sich in sie. Als der ehrenwerte Beamte dann, von Ensslin (Matthias Fuchs), einem kleinen Angestellten im städtischen Baureferat und verbitterten Träumer einer besseren Welt, ins Bordell geführt, gewahr wird, welchem Gewerbe seine sich tagsüber so romantisch gebende Angebetete nachgeht, setzt er zum Amoklauf an. Nun will er die Machenschaften des Klüngels aufdecken, den Korruptionsfilz ausmisten und »diese Hure« vernichten. Ein Skandal droht.

Aber alles wird gut, weil es bleibt, wie es war. Dank Schuckerts Cleverness und Lolas Charme arrangiert man sich zum zynischen Happy-End: Herr von Bohm führt Lola im weißen Brautkleid zum Traualtar; Schuckert bekommt sein Großprojekt, Lola die »Villa Fink«, Ensslin einen lukrativen Job bei Schuckert. Die »feine Gesellschaft« hat ein paar Mitglieder mehr.

1981
Die Sehnsucht der Veronika Voss

R: Rainer Werner Fassbinder. – B: Peter Märthesheimer und Pea Fröhlich. – K: Xaver Schwarzenberger. – RA: Harry Baer. – S: Juliane Lorenz. – M: Peer Raben. – A: Rolf Zehetbauer. – P: Thomas Schühly.
P: Laura Film/Tango Film in Co-Produktion mit Rialto Film/Trio Film/Maran Film. – K: ca. 2,6 Mill. DM. – D: 24 Tage (November–Dezember 1981). – U: 18.2.1982 (Berlin Filmfestspiele). – L: 105 min. – F: 35 mm, schwarzweiß. – V: Filmverlag der Autoren.
Darsteller:
Rosel Zech, Hilmar Thate, Cornelia Froboess, Annemarie Düringer, Doris Schade, Eric Schumann, Johanna Hofer, Rudolf Platte, Armin Mueller-Stahl, Peter Berling, Lilo Pempeit, Günther Kaufmann u. a.

Zum Inhalt
Fassbinder arrangiert mit dem Vorspann-Hinweis »BRD 2« den Film zusammen mit »Die Ehe der Maria Braun« und »Lola« zu einer Trilogie der deutschen Nachkriegsgeschichte, gespiegelt in drei Frauenschicksalen. Als Vorlage diente die Geschichte vom Leben und Tod der Schauspielerin Sybille Schmitz, die, im Dritten Reich zum Ufa-Star aufgestiegen, nach 1945 kaum noch Rollenangebote erhielt. Sie starb, morphiumsüchtig, 1955 im Alter von 46 Jahren an einer Tabletten-Überdosis.
München, Mitte der fünfziger Jahre. Der Sportreporter Robert Krohn (Hilmar Thate) lernt durch Zufall an einer Straßenbahn-Haltestelle die Schauspielerin Veronika Voss (Rosel Zech) kennen. Sie, ein Filmstar von gestern, ist noch immer attraktiv, wirkt aber auf merkwürdige Weise verstört und zerbrechlich. Sie hat den Boden unter den Füßen verloren, der Ruhm einer glanzvollen Karriere ist verblichen, Täuschung und Selbsttäuschung bestimmen ihre zerrissene Existenz. Die einstige Diva fürchtet sich davor, erkannt zu werden, und reagiert hysterisch, wenn es niemand tut. Eine seltsame Liebesbeziehung bahnt sich zwischen der exzentrischen Blondine und dem dagegen bieder wirkenden Sportreporter an. Er sieht sich den Wechselbädern ihrer neurotischen Launen ausgesetzt, die er bereitwillig hinnimmt.
Auf der Suche nach dem Geheimnis von Veronika Voss stößt Krohn

auf die Hintergründe: Die Schauspielerin ist morphiumsüchtig. Sie wohnt bei ihrer Ärztin, einer Frau Dr. Katz (Annemarie Düringer), die mit Hilfe von Herrn Dr. Edel (Eric Schumann), einem Beamten von der Gesundheitsbehörde, raffiniert getarnte Verbrechen begeht. Die Nervenärztin macht wohlhabende, psychisch zerbrochene Patienten mit Drogen abhängig und gefügig, nimmt ihnen ihr Vermögen ab und läßt sie sterben. Der Sportreporter und seine Freundin Henriette (Cornelia Froeboess) versuchen, die Ärztin mit einem Trick zu überführen. Doch als Henriette den Beweis in den Händen hat, wird sie ermordet. Und wenig später ist auch Veronika Voss tot. In der Praxis von Frau Dr. Katz wird sie gefunden, Todesursache: eine Überdosis Schlaftabletten. Zurück bleibt resignierend Robert Krohn, der Reporter. Nun hat er, zu Trauer und Schmerz, den Durchblick, aber keine Kraft mehr, sich gegen die Machenschaften aufzulehnen.

1982
Querelle

R: Rainer Werner Fassbinder (nach dem Roman »Querelle de Brest« von Jean Genet). – Künstlerische Mitarbeit: Harry Baer. – K: Xaver Schwarzenberger. – S: Juliane Lorenz. – M: Peer Raben. – A: Rolf Zehetbauer. P: Rüdiger Lange. – P: Dieter Schidor.
P: Planet Film, München/Gaumont, Paris, in Zusammenarbeit mit Sam Waynberg. – K: ca. 4,4 Mill. DM. – D: 23 Tage (März 1982). – U: 1.9.1982 (Paris). – L: 115 min. – F: 35 mm, CinemaScope 1 : 2,35. – V: Scotia, München.
Darsteller:
Brad Davis, Jeanne Moreau, Franco Nero, Laurent Malet, Burkhard Driest, Günther Kaufmann, Hanno Pöschl, Dieter Schidor, Roger Fritz, Vitus Zeplichal, Volker Spengler, Harry Baer, Isolde Barth, Robert von Ackeren, Wolf Gremm, Frank Ripploh.

Zum Roman
Wie wohl kein zweiter Autor in diesem Jahrhundert hat Jean Genet (geb. 1910 in Paris) Verwirrung und Empörung ausgelöst. Zensoren und Staatsanwälte verfolgten seine Publikationen, scharfe Kontroversen entzündeten sich an seiner Person und seinem literarischen Werk (Gedichte, Romane, Theaterstücke). Genets frühe Biographie ist gekennzeichnet von den klassischen Stationen einer Kriminellen-

Karriere: Kindheit ohne Eltern, Erziehungsheim, Jugendstrafan-stalt, Prostitution, Fremdenlegion, Gefängnis. Allein zwischen 1937 und 1943 ist er dreizehnmal zu Gefängnisstrafen verurteilt und aus fünf Ländern ausgewiesen worden. Danach zu lebenslanger Haft verurteilt, wurde er 1948 auf Fürsprache von Sartre, Cocteau und Picasso vom französischen Staatspräsidenten begnadigt. Sartre feierte Genet 1952 in einem voluminösen Essay als Heiligen, Mauriac forderte ein lebenslanges Publikationsverbot für den dichtenden Exzentriker, nannte ihn aber auch bewundernd einen »begnadeten Orpheus des Abschaums«.

»Querelle de Brest«, der vierte Roman Genets, ist unmittelbar nach dem zweiten Weltkrieg entstanden. Gegen die traditionelle Ethik und mit einer ungewöhnlichen Kraft der Sprache und Imagination schuf der Autor hier eine magische Welt des Bösen, die eigenen Gesetzen gehorcht. Homosexualität, Mord, Verrat und Todessehn-sucht sind die zentralen Motive. Der Roman erschien 1955 bei Rowohlt als erstes Werk des französischen Dichters in deutscher Sprache. 1956 konfiszierte die Staatsanwaltschaft die Auflage, der Verlag mußte ein Bußgeld von 1000 DM bezahlen. 1960 schritt die Justiz gegen die Veröffentlichung von Genets erstem Roman, »Notre Dame des Fleurs« (Merlin Verlag, Hamburg 1959), ein. Es kam zu einem der letzten großen Pornographie-Prozesse in der Bundesre-publik, der zwei Jahre später mit einem »Freispruch« endete. 1965 brachte Rowohlt »Querelle« erneut heraus – in einer leicht geänder-ten, auf den Text der Gesamtausgabe des Pariser Verlags Gallimard gestützten Fassung. Wer das Buch kaufen wollte, mußte sich ver-pflichten, »es verschlossen aufzubewahren, es Jugendlichen nicht zugänglich zu machen und es weder privat noch gewerblich auszu-leihen«.

Der Roman – von Kindlers Literaturlexikon als ein »Höhepunkt der Daseinsanalyse des modernen Menschen« eingestuft – galt lange Zeit als unverfilmbar. Dem italienischen Regisseur Bernardo Bertolucci war noch 1980 der Stoff zu heikel. Nachdem Werner Schroeter 1981 schon mit den Vorarbeiten begonnen hatte, wurde schließlich doch Fassbinder mit der Regie für die deutsch-französische Co-Produk-tion betraut.

Zum Inhalt

Der Film ist ausschließlich im Studio gedreht. Oscar-Preisträger Rolf Zehetbauer hat mit einer surrealistischen Hafenlandschaft eine Atmosphäre der verfremdeten Künstlichkeit geschaffen, die mit ihrer räumlichen Beschränktheit der subjektiven Realität und Komplexität des Geschehens gerecht zu werden sucht.

Im Mittelpunkt steht der Matrose Querelle (Brad Davis), ein Mann von versengender Schönheit, dem die Menschen auf Anhieb verfallen. Dieser geheimnisumwitterte »Engel der Einsamkeit« will sein, was er ist: ein Verbrecher. In der Hafenstadt Brest angekommen, ermordet Querelle einen Armenier, schmuggelt Rauschgift von Bord und trifft in der »Feria«, dem berüchtigtsten Bordell der Stadt, auf seinen Bruder Robert (Hanno Pöschl), mit dem ihn eine starke Haßliebe verbindet. Robert ist mit Lysiane (Jeanne Moreau), der Frau des Bordell-Wirts, liiert. Nachdem Querelle seinem Schmuggel-Kameraden, dem Matrosen Vic (Dieter Schidor), die Kehle durchgeschnitten hat, erlebt er traumhaft ein imaginatives Schwurgericht, das ihn zum Tode verurteilt. Danach treibt er es mit Nono, dem Bordell-Wirt (Günther Kaufmann), und kommt mit einem doppelgleisigen Polizeikommissar (Burkhard Driest) ins Hehlereigeschäft. Querelle kreuzt auch den Weg von Gil (Hanno Pöschl), einem jungen Bauarbeiter, der – hin und her gerissen zwischen Paulette und ihrem Bruder Roger (Laurent Male) – einen Kollegen ermordet hat, weil er sich in seiner Männerehre verletzt sah. Querelle verhilft ihm zur Flucht und verrät ihn gleichzeitig an die Polizei.

Querelles Schönheit, Rücksichtslosigkeit und Würde faszinieren auch seinen Vorgesetzten, den homosexuellen und introvertierten Schiffsleutnant Seblon (Franco Nero). Ähnlich wie Lysiane, die Bordell-Wirtin, die sich vor Verlangen nach dem Bruder ihres Geliebten verzehrt, ist Selbon dem Matrosen Querelle verfallen. Er sucht seine Zuneigung und schützt ihn vor dem Zugriff der Polizei. Aber Querelle liebt vor allem sich selbst – für die anderen bringt seine Nähe Lebensintensität, aber auch den Tod.

Bildquellenverzeichnis

H & H Fotografie, Klaus Hemme, Berlin; Ulrich Handl, München; Dieter Hanitzsch, München; Jörg Jochmann, Hamburg; Patrick La Banca, München; Mario Mach, Berlin; Archiv des Autors.

Gabriel Garcia Márquez
Die Erzählungen

Titel der Originalausgabe:
Ojos de perro azul / Los funerales de la
Mamá Grande / La increíble y triste historia de la cándida
Eréndira y de su abuela desalmada
Aus dem kolumbianischen Spanisch
von Curt Meyer-Clason
KiWi 222

Alle Erzählungen von Gabriel García Márquez in einem
Band.
Grotesk verzerrt, phantastisch überhöht, erzählt García
Márquez in seinen Geschichten von Gewalt, Tod und Ein-
samkeit, von der ewigen Wiederkehr der Dinge und von
der unentrinnbaren Zeit.

KiWi Paperbackreihe bei Kiepenheuer & Witsch

JOSEPH ROTH
DAS FALSCHE GEWICHT
Roman

KiWi 219

Voller Poesie, in brennenden Farben und unvergeßlichen
Bildern beschwört Joseph Roth in der Geschichte vom
Eichmeister, der aus Liebe schuldig wird, die Welt des ster-
benden k.u.k.-Österreich herauf. Den Untergang eines
redlichen Mannes in einem Reich der Schmuggler, Händler und Deserteure erzählt er »mit dem scharfen Verstand
des Psychologen und der einlullenden, verzaubernden
Spannung des Märchenerzählers«.   *Hermann Kesten*

KiWi Paperbackreihe bei Kiepenheuer & Witsch

PANAÏT ISTRATI
ONKEL ANGHEL

Roman

Titel der Originalausgabe:
Oncle Anghel
Aus dem Französischen
von Karin Rohde
KiWi 226

Panaït Istrati erzählt wie ein orientalischer Märchenerzähler vom Leben auf dem Balkan und von zwei Männern, die aus Leidenschaft sterben: dem Schnapshändler Onkel Anghel und dem Räuberhauptmann Cosma.

PANAÏT ISTRATI
KYRA KYRALINA

Roman
Mit einem Vorwort von Romain Rolland

Titel der Originalausgabe:
Kyra Kyralina
Aus dem Französischen von Elisabeth Eichholtz
KiWi 192

In *Kyra Kyralini* erzählt der Limonadenhändler Stavro drei Episoden aus seinem Leben, die aus dem verwöhnten Jungen Dragomir einen seelischen Krüppel und Narr gemacht haben: Die Geschichte seiner Kindheit, seiner Ehe und seiner 14jährigen Suche in den Ländern des Orients nach der Schwester, die verkauft und in einen Harem verschleppt worden ist.

KiWi Paperbackreihe bei Kiepenheuer & Witsch

Marek Hlasko
Der achte Tag der Woche
Erzählungen

Titel der Originalausgabe:
Osmy dzien ty godnia
Aus dem Polnischen von Vera Cerny und Hans Goerke
KiWi 221

In Marek Hlaskos unverblümt und lebendig geschriebenen Erzählungen entsteht die düstere Atmosphäre Polens in den 50er Jahren, als Terror, Verrat und Resignation herrschten. Mit seinem ungewöhnlichen Erzähltalent zieht Hlasko den Leser in Bann und überzeugt durch seine rebellische Ehrlichkeit.

KiWi Paperbackreihe bei Kiepenheuer & Witsch

Erich Maria Remarque
Der Weg zurück

Roman
Mit einem Nachwort von
Tilman Westphalen

KiWi 229

Voller Hoffnung auf ein besseres Deutschland kehren im
November 1918 ein paar Frontsoldaten in die Heimat zurück, wo man ihnen mit Unverständnis, Gleichgültigkeit
und offener Verachtung begegnet. Mit Spannung und Witz
schildert Remarque in der 1931 erstmals erschienenen
Fortsetzung des Millionenerfolgs *Im Westen nichts Neues*
den Weg dieser »verlorenen Generation« aus zerstörten
Träumen und Idealen »zurück ins Leben«.

KiWi Paperbackreihe bei Kiepenheuer & Witsch

Herbert Rosendorfer
Rom

Eine Einladung

KiWi 224

Diese Einladung nach Rom, die aus lauter Abschweifungen zu bestehen scheint, ist ein Intensivkurs besonderer Art. Mit seiner Kennerschaft und Lust, Orte und Zeiten plaudernd miteinander zu verbinden, führt Rosendorfer immer tiefer in das Geheimnis dieser Stadt, die »seit zweitausend Jahren *die Stadt*, die Mutter, die Seele, das Herz der Welt ist.«

KiWi Paperbackreihe bei Kiepenheuer & Witsch